Caspar Dohmen

Let's Make Money | Was macht die Bank mit unserem Geld?

orange ● press

Caspar Dohmen: LET'S MAKE MONEY – Was macht die Bank mit unserem Geld?
Freiburg: orange-press 2008

© Copyright für die deutsche Ausgabe 2008 bei orange ● press
Alle Rechte vorbehalten.

Die Deutsche Bibliothek – CIP Einheitsaufnahme
Ein Titelsatz für diese Publikation ist bei der Deutschen Bibliothek erhältlich.

Gestaltung: Katharina Gabelmeier
Lektorat: Undine Löhfelm
Gesamtherstellung: AZ Druck und Datentechnik GmbH, Kempten

Der Film LET'S MAKE MONEY von Erwin Wagenhofer ist eine Produktion der allegrofilm
www.allegrofilm.at

Verleih:
Delphi (Deutschland) **DELPHI** FILMVERLEIH www.delphi-film.de
Filmladen (Österreich) **FILM**laden www.filmladen.at
und Frenetic Films (Schweiz) **FRENETIC** FILMS www.frenetic.ch

Die im Text angegebenen URLs verweisen auf Websites im Internet.
Der Verlag ist nicht verantwortlich für die dort verfügbaren Inhalte,
auch nicht für die Richtigkeit, Vollständigkeit oder Aktualität der Informationen.

ISBN-13: 978-3-936086-41-6
www.orange-press.com

Vorwort

Eine abgebrannte Bibliothek, ein Hurrikan über einer Großstadt, das Abschmelzen der Polkappen samt in Folge steigendem Meeresspiegel – was an sich schon schlimm genug wäre, wird erst als richtig schmerzlich empfunden, wenn uns der Preis dafür genannt wird. Das scheint zumindest die Logik von Medien, Pressesprechern, Politik. Alles kann in Summen beziffert werden, der Verlust einmaliger Bücherschätze, viele tausend Tote, die Klimakatastrophe. Was nebenbei suggeriert, dass irgendwie auch jeder Schaden mit genügend Geld wieder reparabel sei, macht vor allem eines klar: Geld ist zum absoluten Maßstab geworden.

Gebannt starren wir auf die verglasten Bauten von Geschäftsbanken in New York, London oder Frankfurt. Hier werden Allianzen geschlossen, Märkte bereinigt und Industrien finanziert. Geld regiert die Welt, sagt man. Doch wer regiert das Geld?

Die Menschen in Deutschland waren empört, als der Handyhersteller Nokia sein rentables Werk in Bochum schloss und die Mitarbeiter entließ, um eine neue Fabrik in Rumänien aufzubauen. Sie waren entsetzt, als Spekulanten die Preise für Grundnahrungsmittel nach oben trieben und es in einigen Entwicklungsländern zu Hungersnöten kam. Sie sind wütend auf Banken, die durch die fahrlässige Vergabe von Krediten Hunderttausende Immobilieneigentümer in den USA in die Überschuldung trieben und eine Finanzkrise auslösten. Verantwortliche von Unternehmen, Banken oder sonstigen Finanzierungsgesellschaften werden der Gier nach immer höheren Renditen (und steigenden Bezügen) bezichtigt.

Allerdings kann sich jeder von uns ebenso fragen, ob er im Privaten nicht genauso handelt – und soziale und ökologische Kriterien völlig ausblendet, sobald es um die Wahl der Bank oder Versicherung, um Tarife oder die Höhe der Guthabenzinsen geht. Kriterien, die wir in anderen Lebensbereichen, vor allem, wenn sie uns selber direkt betreffen, durchaus berücksichtigen und von anderen ebenso berücksichtigt wissen wollen. Aber wer weiß schon, was auf der Bank mit seinem Geld passiert?

von Caspar Dohmen

Viele von uns profitieren bei Geschäften mit gravierenden Auswirkungen für Mensch und Umwelt, ohne es zu wissen. Das Finanzsystem ist eben keine Demokratie, in der alle Beteiligten umfassend Rechenschaft über ihr Tun ablegen müssen. Wir sind selber beteiligt an den Immobilienblasen, Entlassungswellen oder Unternehmensverlagerungen, die uns empören, wenn wir davon in den Nachrichten hören – und dafür reicht es in aller Regel schon, sich sein Gehalt auf ein Girokonto überweisen zu lassen. Mehr braucht es nicht, um sich in das weltweite Finanzsystem einzuklinken.

Der Wiener Filmemacher Erwin Wagenhofer verfolgt in seinem Film *Let's Make Money* die Spur unseres Geldes, und er begegnet ihm dort, wo spanische Bauarbeiter, afrikanische Bauern oder indische Arbeiter es vermehren. Er zeigt uns die gefeierten Fondsmanager, die das Geld ihrer Kunden jeden Tag aufs Neue anlegen. Er spricht mit Unternehmern, die zum Wohle ihrer Aktionäre ein fremdes Land abgrasen, solange die Löhne und Steuern niedrig sind und Umweltauflagen keine Rolle spielen. Der Film zeigt uns die Rückhaltebecken des weltweiten Geldflusses, wie Singapur, Zürich oder die Steueroase Jersey. Wir erfahren, wie die Politik seit den Siebzigerjahren die Bedingungen für reine Geldgeschäfte vereinfachte und so die Grundlage für den Boom der weltweiten Finanzindustrie mit ihren Zentren London, New York oder Frankfurt schuf. Wir begegnen Zeitzeugen wie John Perkins, der mit daran beteiligt war, dass Entwicklungsländer gezielt in die Verschuldung getrieben wurden, aber auch John Christensen, der heute auf Jersey eine Nichtregierungsorganisation für Steuergerechtigkeit führt.

Im Buch *Let's Make Money* nehmen wir noch einmal die Spur des Geldes auf, folgen seiner Geschichte und seinen vielen Verwandlungen, befragen uns selbst, warum wir an den Wert von bunt bedruckten Scheinen glauben. Wir blicken hinter die Kulisse der traumhaften Prospektwelt von Banken, Versicherern oder Investmentfonds und analysieren das System, das Finanzwelt, Wirtschaft und Politik miteinander verknüpft.

Warum gibt es überhaupt Banken? Warum gibt es Zinsen? Wer sind die Gläubiger? Wo leben unsere Schuldner und was tun sie, um die

Schuldzinsen zu bezahlen, die uns unsere Bank regelmäßig als Haben-zinsen gutschreibt? Nur zu gern lassen wir uns verführen vom Lock-ruf der Banken: »Lassen Sie Ihr Geld arbeiten!« Hässlich ist jedoch die Realität hinter den prächtigen Fassaden. Geld kann nicht arbeiten: Arbeiten können immer nur Menschen, Tiere oder Maschinen. Wir sehen, dass wir häufig als Anleger eine Entwicklung unterstützen, die wir als Staatsbürger, Arbeitnehmer oder Konsument ablehnen, und die uns am Schluss sogar selber schadet. Wir erfahren, wie es zu einer unglaublichen Geldvermehrung gekommen ist und wie die Spiel-regeln entstanden, die heute für unser Finanzsystem gelten.

Allmählich sehen wir, welche Konsequenzen es für unser Leben hat, dass sich die Geldströme vom Handel gelöst haben, dass die Geld-menge schneller steigt als die Produktion von Gütern und Dienstleis-tungen. Und dass doch, wenn auch nur von insgesamt recht wenigen, viel Geld verdient werden kann: und zwar einfach nur mit Geld.

Dieses Buch folgt nicht auf Schritt und Tritt dem Film oder erzählt ihn gar nach. Es setzt früher und grundsätzlicher an: Wo der Film uns mit dem Status quo konfrontiert, beginnt das Buch mit der Ent-stehung dieses inzwischen so komplex gewordenen Systems. Wo der Film Sinneseindrücke für den Zuschauer bündelt, bestimmt bei ei-nem Buch der Leser sein Tempo selbst – und so konnte mancher Zusammenhang erklärend vertieft werden, der im Film unerklärt bleiben musste.

Caspar Dohmen, Köln, September 2008

Kapitel I

Gewürze, Gold und Geld
Die Geschichte der Tauschmittel

Eine alltägliche Szene in einem Berliner Fastfood-Restaurant: »Ich nehme einen Hamburger, Pommes und eine Cola«, sagt ein junges Mädchen. Die Bedienung nennt einen Betrag. Das Mädchen gibt ihr ein mit Mustern bedrucktes buntes Stück Papier. Auf dem Papier steht eine Zahl. Und eine Bezeichnung: Euro. Die Bedienung nimmt das Papier entgegen und gibt der Kundin einige runde Metallstücke. Die Szene könnte sich ebenso in Tokio, Moskau oder London abspielen. Dann stünde auf dem Papier Yen, Rubel oder Pfund, sie erschiene den Menschen überall völlig normal. Dabei ist das Stück Papier für sich genommen zu nichts zu gebrauchen, es ist wertlos. Warum akzeptieren die Restaurantbesitzer der Welt trotzdem diese Papierscheine, ja, sind sogar bestrebt, möglichst viele davon zu besitzen? Sie vertrauen darauf, dass alle anderen Menschen die Scheine ebenfalls akzeptieren werden.

Dieselbe Szene vor einigen tausend Jahren. Ein Jäger kommt zur Höhle eines Bauern, in der ein Feuer brennt. Der Jäger ist hungrig und riecht, dass der Braten gar ist. Er bittet um ein Stück Fleisch, Fladen und einen Krug Wasser. Dem Bauern bietet er dafür ein Wolfsfell. Der winkt ab: kein Bedarf. Der Jäger kramt in seinen Sachen und holt einen Faustkeil hervor. »Einverstanden«, sagt der Bauer. Man lässt sich nieder und isst. Soeben hat ein Tauschhandel stattgefunden. So sah die Welt vor der Erfindung des Geldes aus.

Geld ist ein Tauschmittel für alle Waren und Dienstleistungen. Gäbe es dieses Zwischenglied zwischen Kauf, Verkauf und wieder neuem Kauf nicht, müssten wir wie unsere Vorfahren vor Tausenden von Jahren immer nach jemandem suchen, der das besitzt, was wir gerade benötigen; und wir müssten dessen Besitzer etwas anbieten, was einen Wert für ihn hat. Unter heutigen Umständen etwa: Man könnte anbieten, den Rasen zu mähen, auf die Kinder aufzupassen oder die Teller zu spülen. Da verginge allerdings viel Zeit mit Suchen, bis zwei Tauschpartner einander fänden. Die fabelhafte Erfindung des Geldes hat die Suchzeit verkürzt und die heutige Arbeitsteilung ermöglicht, anfangs noch begrenzt auf das Territorium der einzelnen Staaten, mittlerweile aber rund um den Globus.

Geld beruht auf einer Vereinbarung zwischen zwei Partnern, wobei auch der Staat eine wichtige Rolle spielt.

Im Lauf der Geschichte haben Menschen viele Dinge als Geld genutzt: Getreide, Dörrfisch, Fischzähne, Opium, Tee, Kokosnüsse, Reis, Rentiere, Büffel, Kakaobohnen und einiges mehr. Solche Güter hatten unabhängig von ihrer Geldfunktion einen unmittelbaren Wert für den Besitzer, er konnte sie benutzen oder verzehren, wenn er es wollte. Einige Bezeichnungen für Geld sind hergeleitet von dessen früherem Warencharakter. So stammt der Begriff »Salär« von dem lateinischem *salarius* ab, was »zum Salz gehörig« bedeutet. Man geht davon aus, dass die römischen Soldaten teilweise mit Salz entlohnt wurden. Solche Realentlohnung gab es bis ins neunzehnte Jahrhundert. Allerdings hatte Warengeld einen gravierenden Nachteil – es verdarb mit der Zeit. Unter anderem aus dem Grund bevorzugten die Menschen begehrte, knappe Metalle als Geldmittel, wie zum Beispiel Kupfer, Silber oder Gold.

Als Erste verfielen die Bewohner Mesopotamiens, des heutigen Irak und Nord-Syriens, auf die Idee, Edelmetallbarren gegen Waren einzutauschen, irgendwann im dritten Jahrtausend vor Christus. Anfangs hackten sie kleine Stücke von Gold- oder Silberbrocken ab. Barren mit einem einheitlichen Gewicht nannten sie Minas, Schekel oder Talente, ihr Wert war abhängig von Art und Gewicht des Metalls, nicht von der Form. Die Gewichte waren amtlich gekennzeichnet, dadurch kam der Staat ins Spiel. Schon in dieser Form diente Geld nicht nur als Tauschmittel, sondern auch als Recheneinheit für Preise und zur Wertaufbewahrung.

Die ersten Münzen wurden dann im siebten Jahrhundert v. Chr. von Kaufleuten im heutigen Gebiet der Türkei erfunden. Sie schlugen ein Löwenkopf-Siegel in daumengroße Barren aus einer in der Natur vorkommenden Legierung aus Gold und Silber namens Elektrum. Durch den Prägevorgang nahmen die Metallstücke eine flache Form an, ähnlich den Münzen, so wie wir sie kennen. Allerdings waren diese flachen, geprägten Barren so wertvoll, dass die Menschen sie vermutlich kaum zum Handel verwandten. Schließlich stellten die Griechen im dritten oder zweiten Jahrhundert vor Christus in großem Umfang Geldstücke aus Gold und Silber her, bisweilen auch aus Kupfer. Damit entlohnten sie Politiker und andere Würdenträger.

Gold hat in der Geschichte des Geldes eine besondere Rolle gespielt. Das liegt zunächst an seinem Glanz: Gold oxydiert nicht. Vergoldete Spitzen von Obelisken im alten Ägypten strahlten meilenweit. Gold fasziniert die Menschen bis heute, es galt immer als ein Zeichen von Macht und Reichtum. Herrscher führten blutige Kriege, um an Gold zu gelangen, Eroberer vernichteten dafür ganze Völker, wie zum Beispiel Christoph Kolumbus, der Entdecker der neuen Welt, der Indianer des Goldes wegen umbringen ließ.[1]

Heutzutage wird Gold unter sehr harten Bedingungen industriell geschürft, ob in 4.000 Metern Tiefe bei extremer Hitze in Stollen unter der südafrikanischen Savanne, in von Moskitos verseuchten Löchern im Amazonas oder zwischen den Gletschern der Anden. Gold ist wertvoll, weil es – gemessen an der Nachfrage – knapp ist. Und es bleibt knapp, weil es nur unter extremen Bedingungen gewonnen werden kann. Die ergiebigen Goldadern haben die Menschen längst ausgebeutet. Neues Gold gibt es nur noch in winzigen Spuren, fest umschlossen von harten Felsen. Die Krater, die Goldfirmen in die Landschaft sprengen, sind so groß, dass man sie aus dem All sehen kann. Denn durchschnittlich müssen 20 Tonnen Gestein zermahlen werden, will man eine Unze (= 31,104 Gramm) Gold gewinnen. Das reicht gerade mal für vier Goldringe. Wenn die Mahlwerke der Steinmühlen ihre Arbeit getan haben, gießen Arbeiter eine hochgiftige Zyanid-Lösung über den Gesteinsschutt, um noch die letzten Spuren Gold herauszuwaschen. In solcher Umgebung wächst kein Gras mehr.[2]

Wer Gold kauft, fördert diese Umweltzerstörung, die an vielen Orten auf der Welt stattfindet. China trotzt seiner Erde das meiste Gold ab, etwa 276 Tonnen jährlich. Südafrika gewinnt mit 272 Tonnen beinahe ebenso viel, die USA 238 Tonnen. Ghana, zweitgrößter Goldproduzent Afrikas, fördert 78 Tonnen. So startet einmal pro Woche ein Hubschrauber vom Gelände der Ahafo-Mine ins 290 Kilometer entfernte Accra, die Hauptstadt von Ghana. Von dort geht die Lieferung mit einem Flugzeug weiter, zum Beispiel in die Schweiz. Nur drei Prozent von dem Verkaufserlös des Goldes bleiben in Ghana, die anderen 97 Prozent bekommt der Minenbetreiber. Die Mine gehört einem der größten Minenbetreiber weltweit, der Newmont Mining Corporation, mit Sitz in Denver im US-Bundesstaat Colorado. Und so ist es fast immer: Die Erlöse aus der Goldgewinnung fließen vor allem in die reichen Industriestaaten.

Über die Jahrtausende haben die Menschen 150.000 Tonnen Gold aus dem Boden geholt und verarbeitet – eine überschaubare Menge. Das entspricht gerade mal einem Würfel mit einer Kantenlänge von 20 Metern, nicht größer als ein Mehrfamilienhaus.[3]

Gold erlebt als Wertgegenstand eine Renaissance. Wer zum richtigen Zeitpunkt in Gold investierte, der erzielte einen großen Profit. Denn der Preis für eine Unze Gold ist von 35 Dollar in den Siebzigerjahren auf knapp tausend Dollar heute gestiegen.

Der Trick mit den Quittungen

Das Papiergeld haben die Chinesen erfunden, schon im neunten Jahrhundert war es weit verbreitet. Goldschmiede waren irgendwann auf die Idee gekommen, Goldmünzen gegen eine Quittung aufzubewahren. Sie erleichterten den Eigentümern damit Transport und Bewachung, im Gegenzug verlangten sie eine Gebühr. Später benutzten die Menschen die Quittungen selbst als Zahlungsmittel, aus Goldschmieden waren Geldwechsler geworden. Irgendwann bemerkte einer dieser ersten Bankiers, dass er mehr Quittungen ausstellen konnte, als es seinem Goldbestand entsprach: Die Eigentümer tauschten ihr Gold nicht alle gleichzeitig ein. Er konnte darum mehr Geld in Umlauf setzen und mehr verdienen.

Auf diesem Prinzip beruht unser heutiges Bankwesen noch immer.[4] Aus den Quittungen wurden später Banknoten, aus den ausgebenden Instituten Notenbanken. Hier liegt der Ursprung der heutigen Edelmetallbestände der Notenbanken.

Das Papiergeld des mongolischen Kaisers Kublai Khan, einem Enkel von Dschinghis Khan, war eine der ersten Weltwährungen, die von China bis zum europäischen Baltikum akzeptiert wurde. Im Abendland hörte man durch Marco Polo von diesem Geld, also um 1300. Jedoch erst vier Jahrhunderte später nutzten es auch die Menschen in Europa. Die längste Zeit freilich – bis zur Entdeckung Amerikas 1492 – beherrschten Münzsysteme in Europa den Zahlungsverkehr. Wertmaßstab war dabei zumeist der Silbergehalt, den wiederum der Souverän festlegte; er besaß die Münzhoheit. Ging der staatlichen Münze das Silber aus, weil der König über seine Verhältnisse lebte oder Kriege führte, so wurde ohne viel Aufhebens der Silbergehalt der Münzen vermindert. Auf diese Weise hat Friedrich II. den Siebenjährigen Krieg finanziert. Kaufleute, die viel herumkamen, bemerkten selbstverständlich, dass dieses Geld nicht mehr »von altem Schrot und Korn« war, wie man damals sagte;[5] es hatte gegenüber den Münzen anderer Länder an Wert verloren.

Der grenzüberschreitende Handel nahm immer mehr zu, und so legten die Herrscher der bedeutendsten europäischen Länder im neunzehnten Jahrhundert den Wert des Geldes anhand einer gemeinsamen Bezugsgröße neu fest. Man beschloss, den Geldwert über das Goldgewicht zu definieren – und koppelte ihn damit an das Metall, welches (im Gegensatz zum in den anderen europäischen Regionen bevorzugten Silber) die damals führende Handelsnation England benutzte. Fortan war der Geldumlauf an den Goldbestand geknüpft, die Goldwährung war geboren. Alle Goldwährungen hatten untereinander einen festen Umtauschkurs, ob Britisches Pfund, Goldmark oder Französischer Franc. Notenbanken erfüllten die Deckungspflicht für die Banknoten, indem sie Gold ansammelten.

Der Erste Weltkrieg zerstörte dieses Währungssystem. Die Regierungen finanzierten den Krieg, indem sie schlicht die Notendruckpresse anwarfen und sich der Pflicht entledigten, Geldscheine in Gold umzutauschen, wenn deren Besitzer das verlangten. Daraufhin wuchs im Deutschen Reich der Umlauf an Reichsbanknoten während der vier Kriegsjahre von knapp drei auf 22 Milliarden Reichsmark.[6] Ein fatales Spiel, das sich im Zweiten Weltkrieg wiederholte.

Einzig für den US-Dollar galt weiterhin die Goldumtauschpflicht, freilich nur gegenüber ausländischen Notenbanken, nicht gegenüber Privatleuten; und das immerhin bis zum Jahr 1971 – so lange wie bei keiner anderen Währung der Welt. Aber auch dem Golddollar setzte die Finanzierung eines Krieges ein Ende: die des Vietnamkrieges.

Mittlerweile hat sich im Bewusstsein der Menschen die gedankliche Verbindung von Geld und Gold gelockert. Die modernen Währungen sind sogar völlig losgelöst vom Gold, man nennt sie »frei«. Der Staat hat die Verantwortung für die Stabilität des Geldwerts ganz übernommen. Regierung und Parlament allein können aber nicht garantieren, dass die Bürger und dass vor allem andere Länder eine Währung akzeptieren. Entscheidend ist, dass die Menschen auf den Geldwert einer Währung vertrauen. Um nicht möglichen Launen von Regierungen ausgeliefert zu sein, haben die Industrieländer den Notenbanken grundsätzliche Ziele wie Geldwertstabilität vorgeschrieben. Bei der Umsetzung ihrer Aufgaben sind die Notenbanken von den Regierungen unabhängig. Die Deutsche Bundesbank, berühmt für die Stabilität der D-Mark, war unabhängig; die Europäische Zentralbank (EZB), verantwortlich für den Wert des Euro, ist ebenso autonom. Weder Politiker aus den Ländern der Eurozone noch die EU-Kommission können den Notenbankern Vorgaben machen. Diese Unabhängigkeit soll für Vertrauen in die Währung sorgen. »Aus der Freiheit, zu vereinbaren, was man als Medium des Tausches von Gütern und Dienstleistungen untereinander wählt, folgt zwingend: Die entscheidende Funktion des Geldes ist das Vertrauen – das Vertrauen in die Kaufkraft des Geldes, heute und in Zukunft«, sagte der Bundesbanker Helmut Schieber im Jahr 2000.[7]

Allerdings sollte sich niemand von diesem Arrangement täuschen lassen: Egal ob EZB, amerikanische Federal Reserve System (FED) oder sonst eine Notenbank – sie alle verfügen nur noch über beschränkte Mittel, um die Geldwertstabilität zu gewährleisten. Denn für Geld gibt es längst eigene Märkte, und diese Geldmärkte sind inzwischen weltweit miteinander vernetzt. Geld kann man heute viel schneller und billiger als jedes andere Gut um die Erde befördern – virtuell. Geld ist, zumindest in seiner modernsten Form, nichts als Information, die im Computerzeitalter überall ihre Wege findet.

Wer wählt nun die Routen des Geldes aus? »Die Anleger der großen Geldbeträge, die institutionellen Investoren, haben heute die Funktion von Schiedsrichtern. Diese zeigen jemandem, der nicht die richtige Geldpolitik betreibt, zunächst die gelbe Karte; die gelbe Karte steht für höhere Wertschwankungen an den Märkten – das Geld wird erkennbar nervös. Und wenn dann nicht reagiert wird, dann kommt die rote Karte – das ist dann eine Währungskrise«, so Helmut Schieber.[8]

Der deutsche Versicherungskonzern Allianz, ebenso wie etwa der amerikanische Pensionsfonds Calpers oder die britische Bank HSBC sind solche sogenannten institutionellen Investoren: Unternehmen, die ihrer Bestimmung nach fortwährend Geld anlegen müssen und damit eine immense Macht haben. Sie arbeiten mit dem Geld ihrer Anleger, überwiegend Bürger der Mittelschicht, zum Beispiel in Form von Investmentfonds oder Lebensversicherungen. Diese Bürger könnten eigentlich in unglaublichem Maß Einfluss nehmen auf die Strategie der von ihnen beauftragten Investoren. Allerdings scheitert dies in der Praxis an mangelndem Wissen, fehlendem Interesse und unzureichender Abstimmung untereinander. Es gibt nur vereinzelt Initiativen kritischer Aktionäre, welche bei Hauptversammlungen von Unternehmen gegen bestimmte Handlungsweisen stimmen und damit Gebrauch machen von ihrer Macht.

Im Gegensatz zur Politik ist die Wirtschaft wenig demokratisch organisiert. Während regelmäßig über gesellschaftliche Politikverdrossenheit im demokratischen System geklagt wird, nehmen wir es in der Wirtschaft als selbstverständlich hin, dass wir nicht an den Entscheidungsprozessen partizipieren. Der oder die Firmeninhaber geben die Marschrichtung vor, und die Beschäftigten nehmen über die Betriebsräte bestimmte Mitbestimmungsrechte wahr. Aktiengesellschaften müssen umfassend und regelmäßig über ihr Tun und Lassen informieren; über die meisten anders organisierten Firmen erfährt man dagegen in der Regel wenig, unabhängig davon ob sie Familien oder Beteiligungsgesellschaften gehören.

Aber zurück zu den Chinesen. Wie ging es bei ihnen weiter nach der revolutionären Einführung des Papiergelds? Das Experiment scheiterte, weil sie zu viel davon druckten. »Man wählte sogar eine parfümierte Mischung aus Seide und Papier, um dem Geld zu höherem

Ansehen zu verhelfen, doch vergebens; Inflation und Geldentwertung entwickelten sich in einem Ausmaß, das mit den Zuständen in Deutschland und Russland nach dem Ersten Weltkrieg vergleichbar ist«, schreibt der amerikanische Historiker Luther C. Goodrich.[9] Druckt ein Staat bei gleichbleibender Gütermenge mehr Banknoten, dann leistet er der Inflation Vorschub, der Entwertung von Geld.

Heute hat man sich daran gewöhnt, dass die meisten Preise steigen, dabei ist Inflation kein Naturgesetz. Im neunzehnten Jahrhundert gab es Phasen, in deren Verlauf die Preise im Schnitt über Jahre gefallen sind. So gingen in den USA die Preise von 1880 bis 1896 um durchschnittlich 23 Prozent zurück.[10] In der großen Inflation nach dem Ersten Weltkrieg dagegen stieg der Preis für eine Tageszeitung in Deutschland von 0,30 Mark im Januar 1921 innerhalb von nur knapp zwei Jahren auf 70.000 Mark. Bei anderen Gütern verhielt es sich ähnlich. In einem solchen Fall, wenn der Geldwert rapide sinkt, spricht man von einer galoppierenden oder einer »Hyperinflation«. Eine Hyperinflation veranlasst die Menschen, zum Tausch von Waren zurückzukehren oder eine Ersatzwährung zu benutzen. So zogen in den Neunzigerjahren die Menschen in Moskau US-Dollar oder D-Mark dem Rubel vor, und amerikanische Zigaretten galten nach dem Zweiten Weltkrieg in Deutschland als Zahlungsmittel. Die Menschen wussten, dass andere Währungen oder Güter als Zahlungsmittel akzeptiert würden, sogar eher als die eigentliche, eigene Währung. In vielen Entwicklungsländern spielen heute Dollar oder Euro die Rolle einer stabileren Zweitwährung.

Geld und Kult

Der Geldbegriff wird immer schwerer fassbar: Heute kann man mit Bonusmeilen einer Fluggesellschaft auch Hotelübernachtungen bezahlen. Man kann alles als Geld verwenden, was andere Menschen als Bezahlung akzeptieren: »Geld ist, was gilt«, formulierte es der Kölner Finanzwissenschaftler Günter Schmölders prägnant.

Es gibt Wissenschaftler, die andere Zusammenhänge herstellen, wenn es um die hohe Bedeutung des Geldes für den Menschen geht. Sie verweisen auf religiöse oder kultische Bräuche. Die Menschen, so meinen sie, hätten Geld zunächst als Opfergaben für die Götter oder die Zahlungen an Priester erfunden.

Im Tempel von Ischtar, der Göttin von Leben, Tod und Fruchtbarkeit, zelebrierten die Priesterinnen des alten Ägypten ihre Riten, während zugleich Getreide für Notzeiten dort gelagert wurde. Die Bauern kamen somit ihren religiösen Pflichten nach, wenn sie ihren Anteil Weizen in den Tempel brachten. Dafür erhielten sie eine Schekelmünze, mit der sie zur Festzeit die Priesterinnen besuchen konnten. So bezahlten die Sumerer mit dem Schekel für den »heiligen Geschlechtsverkehr« im Tempel von Ischtar.

Wie viel Mythos in der Geldgeschichte steckt, zeigt ein Blick auf die Rückseite des Dollar: Das abgebildete Großsiegel stellt dar, wie die Gründungsväter der amerikanischen Union die Quelle der biblischen Offenbarung interpretierten. Sie hat die Form eines Pyramidenstumpfes, gekrönt mit dem Dreieck des Lichts und darin dem sehenden Auge Gottes – Symbol für die spirituelle Macht, die über die Entstehung der Materie gebietet.[11]

Unabhängig davon: Das Geld hat den Alltag des Menschen geprägt. In der griechischen Antike entstand in der lydischen Stadt Sardis der erste öffentliche Marktplatz, auf dem jeder seine Waren anbieten konnte, und zeitgleich fanden dort die ersten Glücksspiele statt. Geld veränderte nicht nur die Art und Weise des Tausches, sondern auch den sozialen Zusammenhalt. Der einzelne Mensch konnte sich aus seinem Familienverband lösen, falls er Geld hatte. »Geld wurde zum Bindeglied zwischen Fremden und ließ Bündnisse ganz anderer Art entstehen als im Tauschsystem.«[12] Geld schwächt die traditionellen Bindungen in Familie und Dorf und verhilft gleichzeitig dem Einzelnen zu Freiräumen.

Arbeit und die menschliche Arbeitskraft wurden zu einer Ware mit einem bestimmten, in Geld messbaren Wert, was wiederum die Voraussetzung dafür schafft, Zeit in geldwerten Einheiten zu messen. Das ermöglicht unsere arbeitsteilig organisierte Wirtschaft, in der wir für unsere Arbeit nach Zeiteinheiten entlohnt werden – ausgedrückt in Stundenlohn, Tagespauschalen, einem Monats- oder Jahresgehalt. Zeit ist Geld.

Was passiert mit diesem Geld, wenn es bei uns angekommen ist? Immer wenn wir Geld ausgeben, verleihen, spenden oder auf dem Konto liegen lassen, hat das in unserer Gesellschaft Folgen. Und diese Folgen sind ganz unterschiedlich: Verschenken wir Geld oder kaufen damit etwas, dann bekommt es jemand anders, der damit tun oder lassen kann, was er will. Verleihen wir Geld, dann kann ein Dritter es vorübergehend nutzen. Hortet man Geld, dann wird der Geldkreislauf unterbrochen, und weil weniger Güter ausgetauscht werden, produziert die Wirtschaft produziert weniger.

1 Eduardo Galeano, *Die offenen Adern Lateinamerikas*, Wuppertal 1973, S. 20ff

2 *Der Spiegel*, 12/2008

3 *Der Spiegel*, 12/2008

4 Bernard A. Lietaer, *Das Geld der Zukunft*, München 1999, S. 66

5 Mit der Jagd oder dem Bäckerhandwerk hat die Redewendung nichts zu tun, sondern geht vielmehr auf alte Begriffe aus dem Münzwesen zurück: »Schrot« bezeichnet das Gesamtgewicht eines Geldstücks, »Korn« das Gewicht des jeweiligen Edelmetallanteils.

6 *Der Spiegel*, 12/2008

7 und **8** *Der blaue Reiter*, 1/2000

9 L.C. Goodrich, *A Short History of the Chinese People*, London 1957, S. 152

10 N. Gregory Mankiw, *Grundzüge der Volkswirtschaftslehre*, Stuttgart 1999, S. 663

11 Bernard A. Lietaer, *Das Geld der Zukunft*, München 1999, S. 114

12 Peter Watson, *Ideen*, München 2005, S.134

Es werde Geld
Kredite

Ein junger Mann geht in ein Autohaus, ihm gefällt ein Wagen: nur 41.000 km gelaufen, fast wie neu. Preis 13.900 Euro. Über so viel Geld verfügt er nicht. Aber er braucht das Auto. Dringend! Seinen neuen Job als Versicherungsverkäufer kann er nur mit einem Auto erledigen. Der junge Mann liest im Angebotstext weiter: 189 Euro, 54 Monate, Restzahlung 6.000 Euro. Er verlässt das Geschäft und sucht »seine« Bank auf. Dort hat er ein Gehaltskonto, dort kennt man ihn. Er fragt nach einem Anschaffungskredit. Er rechnet, vergleicht das Ratenzahlungsangebot seiner Bank mit dem des Autoverkäufers, erwägt seine monatliche Belastung und entscheidet sich. So oder so – am Ende kommt ein Kreditgeschäft zustande. Nur derjenige bekommt Kredit, der vertrauenswürdig ist, dem man glaubt, dass er ihn auch zurückzahlen kann.[1]

Der Kredit ist Wegbegleiter des Geldes durch die Wirtschaftsgeschichte, ohne Kredit wäre vieles unmöglich: Menschen, die mit einer neugegründeten Firma neue Ideen umsetzen wollen, benötigen Kredit; gut florierende Unternehmen, die ihre Produktion ausweiten wollen, sind auf Kredit angewiesen; auch für private Verbraucher können Kredite vorteilhaft sein. Ohne geliehenes Geld könnten sich nur ganz reiche Leute ein Haus kaufen, die anderen müssten dafür sparen bis ins hohe Alter oder kämen überhaupt nie dazu. Mit einem Kredit kauft man heute, was man in der Zukunft abbezahlt. Man kann das »absparen« nennen.

Auf der anderen Seite gibt es auch Menschen, die ihr Monatseinkommen nicht komplett ausgeben, sondern es auf ein Ziel hin »ansparen«. Sie legen dieses Geld bei einem Kreditinstitut an, also bei einer Bank, einer Sparkasse oder einer Genossenschaftsbank.

Die Kreditinstitute vermitteln zwischen Sparern und Kreditgebern. Von den einen nehmen sie die Einlagen und reichen diese als Kredite an diejenigen weiter, die Geld aufnehmen möchten. Sie zahlen einem Sparer prozentual auf dessen Einlage einen (Haben-)Zins und verlangen von den Schuldnern einen etwas höheren (Soll-)Zins für den Kredit. Mit der Differenz bestreiten sie ihre Kosten und erwirtschaften Gewinn. Ihren Gewinn zahlen die Banken an die Eigentümer bzw. Aktionäre aus, Genossenschaften an ihre Mitglieder; Sparkassen sammeln den überwiegenden Teil des Gewinns als Kapital an, um ihr Geschäft betreiben zu können. Darüber hinaus haben die 446 deutschen Sparkassen 2007 über 465 Millionen Euro für gemeinwohlorientierte Leistungen ausgegeben.[2] Sie unterstützen Sportvereine, Museen, vor allem aber die regionale Wirtschaft. Großbanken arbeiten global, Sparkassen und Genossenschaftsbanken lokal.

Nehme ich für den Kauf eines Hauses eine Hypothek von 200.000 Euro auf, überträgt die Bank den Betrag auf mein Konto und schafft diese 200.000 Euro buchstäblich aus dem Nichts. »Dies ist die wahre Geburtsstunde des Geldes«.[3] Der Hauskäufer kann dann seine Rechnung bezahlen, er überweist das Geld auf das Konto des Verkäufers. So zirkuliert das Geld, bis der Hauskäufer sein Darlehen zurückbezahlt hat. »Dann verschwindet das Geld, kehrt es wieder in das Nichts zurück, aus dem es geschaffen wurde …«[4] Im Englischen bezeichnet man diesen Geldschöpfungsvorgang mit dem aus dem Lateinischen abgeleiteten Begriff »fiat money«[5]. Fiat steht dabei für Geld ohne Edelmetalldeckung. Jeder Kunde, der Geld auf die Bank bringt, ist damit ein Rädchen in dem weltweiten Geldschöpfungskreislauf.

Bei der Vergabe von Krediten wenden die Institute das Prinzip an, auf das schon ganz am Anfang die Goldschmiede gekommen waren: Sie können mehr Kredit einräumen als ihnen in Form von Einlagen zur Verfügung steht. Denn nicht alles durch einen Kredit bereitgestellte Geld wird zur selben Zeit abgehoben. Dieses Prinzips war sich der Staat bei der Einführung des Systems der »freien«, also einer von Edelmetallbeständen entkoppelten Währung wohl bewusst. Deshalb hat er den Kreditinstituten gewisse Auflagen erteilt und sie unter Aufsicht gestellt. In den meisten Ländern wird die laufende Kontrolle durch die Notenbanken ausgeübt, in Deutschland gibt es darüber hinaus noch die »BaFin«, die Bundesanstalt für Finanzdienstleistungsaufsicht.

Diese Institutionen überprüfen die Einhaltung der gesetzlichen Auflagen: So müssen zum Beispiel die eigenen Mittel einer Bank, das

Eigenkapital, in einem bestimmten Verhältnis zum gesamten Kredit-
volumen stehen, und der größte Einzelkredit, den sie vergibt, darf
einen bestimmten Prozentsatz ihres Eigenkapitals nicht überschreiten.
Die Notenbank schreibt den Kreditinstituten außerdem vor, welchen
Prozentsatz der Einlagen sie als Mindestreserve bei der Zentralbank
aufbewahren müssen und nicht an ihre Kunden verleihen dürfen.
Ursprünglich sollten die Mindestreserven dafür sorgen, dass die Banken immer über ausreichende liquide, also direkt auszahlbare Mittel
verfügen. Heute beeinflussen die Notenbanken damit vor allem den
Kreditumfang von Banken. Beträgt der Satz fünf Prozent, dann können Bank, Sparkasse oder Genossenschaftsbank aus jedem Euro auf
einem Einlagenkonto rein rechnerisch das Neunzehnfache an Kredit
»schöpfen«, bei zehn Prozent nur das Neunfache. Die Geldschöpfung
der Banken aus deren Kundengeldern wird also durch die Notenbanken gesteuert, ebenso wie die Ausgabe des Geldes. Nur die Notenbanken können Geldnoten drucken und Münzen prägen lassen und
in Umlauf bringen.
In ihrer Hand liegt auch eine andere zentrale Steuerungsgröße: der
Leitzins. Wir werden in den Nachrichten regelmäßig über seinen aktuellen Stand informiert, und auch wenn wir vielleicht nicht sofort etwas
mit der Zahl anzufangen wissen, hat sie doch großen Einfluss auf
unsere eigenen finanziellen Verhältnisse. Banken müssen, wenn sie
sich selber bei der Notenbank Geld leihen, dafür den Leitzins ent-
richten. Von seiner Höhe ist damit abhängig, wie viel Zinsen die Geschäftsbanken von uns für Kredite verlangen – und wie viel Zinsen sie
uns auf Spareinlagen zahlen. Ein hoher Leitzins bremst Inflation, ein
niedriger Leitzins dagegen kann (wenn die Erwartungen der Menschen an die künftige Wirtschaftsentwicklung dazu passen) Unternehmen zu Investitionen und Verbraucher zum Konsum stimulieren. Aber
das sind nur zwei Beispiele, wie mit Anhebung oder Senkung der Leitzinsen eine bestimmte Entwicklung in Gang gesetzt werden kann.
Namen und Höhe der Leitzinsen variieren bei den verschiedenen Notenbanken. Im September 2008 betrug beispielsweise der Hauptrefi-
nanzierungssatz der Europäischen Zentralbank 4,25 Prozent, die Federal Funds Rate der US-amerikanischen Fed lag bei 2,00 Prozent.

Der Bankkredit als Finanzierungsquelle von Unternehmen hat in den vergangenen zehn Jahren allerdings an Bedeutung verloren, zumindest im Euroraum. Ein paar Zahlen: Der Anteil der Unternehmen, die zur Finanzierung Aktien oder Anleihen einsetzten, stieg hier von 46 Prozent auf 56 Prozent, also um zehn Prozentpunkte. Der Anteil von Fremdkapital in Form von bei Banken aufgenommenen Krediten ging um fünf Prozentpunkte auf 28 Prozent zurück. Eine andere Art von Fremdkapital sind die von Unternehmen herausgegebenen Schuldverschreibungen, bei denen die Aussteller am Ende der Laufzeit dem Gläubiger das geliehene Geld verzinst zurückzahlen müssen. Anleihen, Obligationen und Pfandbriefe sind solche Schuldverschreibungen, und sie hielten stabil ihren vergleichsweise niedrigen Anteil von etwas mehr als drei Prozent. Gleichzeitig stieg der Anteil der Gelder, die private Beteiligungsgesellschaften für Unternehmen bereitstellen, in Europa in diesen zehn Jahren von unter zehn Milliarden Euro auf über hundert Milliarden Euro an, sprich er hat sich verzehnfacht.

So wie der Bankkredit weniger interessant geworden ist für Unternehmen, hat anscheinend auch die normale Spareinlage für den Privatanleger an Attraktivität verloren. Den Banken steht dadurch relativ gesehen auch weniger Geld zur Verfügung. Im Gegenzug erhöhten diejenigen, die Geld zum Anlegen übrig hatten, ihren Besitz an Aktien und Investmentfonds deutlich.[6]

Kredite im Sekundentakt

Nicht nur im Geschäftsleben, auch im Privaten machen die Menschen Gebrauch von Krediten. Wiederum eine ganz normale Szene: Ein Paar möchte eine Eigentumswohnung kaufen, und die jungen Leute verhandeln mit der Sparkasse über eine Hypothek. Die monatliche Belastung durch Zinsen und Tilgung wird berechnet, mit ihrem Einkommen verglichen und als erträglich empfunden. Die Bank prüft die finanziellen Verhältnisse des Kreditnehmers wie Einkommen, Beruf und bisherige Verpflichtungen, ermittelt so die Zahlungsfähigkeit (Bonität) des Paares. Man einigt sich, und planmäßig bezahlen die beiden dreißig Jahre später, vielleicht sogar etwas früher, die letzte Rate. So ist das in Europa meist noch die Regel.

Dieselbe Szene in den USA beginnt ähnlich, aber sie kann anders verlaufen: Nicht einmal für die Dauer der ersten zehn Jahre bezahlen die Wohnungskäufer kontinuierlich den gleichen Zins; sich auf einen festen Zins zu einigen, ist dort unüblich. Vielmehr steigen und fallen auch die Hypothekenzinsen mit dem allgemeinen Zinsniveau. Als nach einigen Jahren außerdem die Einkommensverhältnisse des Ehepaars schwieriger werden, bemerken die beiden, dass ein ihnen völlig unbekanntes Kreditinstitut die Hypothekenrechte erworben hat. Und diesem Institut ist das Kreditgeschäft fremd, es ist vor allem an einer Verwertung der Immobilie interessiert und wird den Kreditnehmern voraussichtlich keine Verlängerung des Kreditvertrags anbieten. Wenn dieser keinen anderen Kreditgeber findet, bringen sie die Hausbesitzer somit in eine äußerst schwierige Lage.

Noch in den Siebzigerjahren hielt eine Bank Kredite in den eigenen Büchern. Sie musste jeden Kredit mit eigenem Kapital unterlegen, dementsprechend waren die Möglichkeiten der Kreditvergabe eingeschränkt. Um dieser Beschränkung zu entgehen, haben sich die Banken einiges einfallen lassen: Ohne dass der Kreditnehmer etwas davon erfährt, verkaufen sie beispielsweise Hypotheken an Investoren: an Versicherungen, Pensionsfonds, Stiftungen oder andere Banken, die gerade Geld übrig haben.[7] Oder sie übertragen Kredite – und das sind bisweilen mehrere hunderttausend, im Wert von Milliardensummen – auf eine neue Gesellschaft an einem Ort, wo weniger strenge Aufsicht praktiziert wird als am Sitz Bank selbst. Das heißt, die Banken machen gnadenlos Gebrauch von unterschiedlicher Regulierung. Sie verlagern ihre Schulden und Geschäfte einfach in Zweckgesellschaften mit Sitz in weniger kontrollierten Steueroasen.

So entstand neben dem Bankensystem ein Schattenbankensystem: Die Zweckgesellschaften verkaufen dabei Wertpapiere, durch die Kredite abgesichert sind. Man nennt das CDOs, Collateralised Debt Obligations (verbundene Schuldverschreibungen), ABSs, Asset-Backed Securities (durch Vermögen gedeckte Sicherheiten), oder eben kurz »Kreditderivate«.

Amerikanische Banken entwickelten diese Methode aus zwei Gründen: Durch den Verkauf der Kredite streuten die Banken die Risiken breiter, ein grundsätzlich positiver Effekt. Sie sparten Kapital ein, konnten mehr Geschäfte machen und mehr Geld verdienen. Zunächst benutzten die US-Banken diese Methode nur zum Verkauf von Hypothekendarlehen, ab den Achtzigerjahren aber auch für das Kreditkartengeschäft, für Autofinanzierungen, Studentenkredite oder Leasingverträge. Die Banken gingen noch einen Schritt weiter: Sie zerlegten die Kreditpakete in fiktive Teile (Tranchen) von unterschiedlich hohem Risiko. Die Kreditnehmer unterschieden sich in ihrer Bonität, entsprechend unterschiedlich war die Wahrscheinlichkeit, dass sie ihre Kredite zurückzahlen würden. Anfangs hielt man das für einen genialen Schachzug: Mochte ein Kreditpaket insgesamt von mittelmäßiger Qualität sein, so konnten sie doch daraus Tranchen mit einem hohen Anteil Wertpapiere bester Qualität schneiden. Solche Tranchen konnten dann sogar die besonders hohen gesetzlichen Anforderungen erfüllen, denen institutionelle Anleger wie Versicherungen oder Pensionskassen in der Regel unterliegen.

Wer beurteilt nun die »Qualität«, die Kreditwürdigkeit? Es liegt auf der Hand, dass Alchemie im Spiel sein muss, wenn durch diese sogenannte Verbriefung aus einem Paket insgesamt mittelmäßiger Kredite am Ende fast nur noch »Wertpapiere mit Spitzenbonität« übrig bleiben. Man könnte auch von Täuschung reden. Das Urteil »unbedenklich« oder gar »beste Qualität« geben selbstberufene Schiedsrichter ab: Rating-Agenturen wie Moody's, Fitch oder Standard & Poor's, die damit hohe Gewinne machen. Sie überprüfen die Bonität von Firmen oder Finanzprodukten, gelten als Autorität, man vertraut auf ihr Urteil. Dabei geben sie nach ihrem offiziellen Selbstverständnis nur Meinungen wieder. Problematisch ist nur, dass die geprüften Unternehmen selbst die Ratingagenturen für ihre Bewertungen bezahlen.

Weltweit schauen jedoch viele Käufer nur noch auf das Gütezeichen der Ratingagenturen und kümmern sich nicht selber darum, welches Risiko auf den eingekauften Verbriefungen lastet. Dazu gehören nicht nur Privatanleger oder -anlageberater, sondern auch die Banken, die das System mit erfunden haben, ebenso wie Landesbanken in Deutschland, die mit Spekulation Geld für die Landeshaushalte verdienen wollten. Die spanischen und italienischen Aufsichtsbehörden allerdings durchschauten das riskante Spiel mit Kreditderivaten und verboten ihren heimischen Geldinstituten den Kauf solcher Papiere. Und die Bankmanager in Asien ließen von sich aus die Finger von dem unsicheren Geschäft – von einem Geschäft, das 2008 unter dem Stichwort »Subprime-Krise« berühmt-berüchtigt geworden ist.

Finanzielle Massenvernichtungsmittel

Als amerikanische Hauseigentümer bei steigenden Zinsen und stagnierendem Einkommen die Hypotheken nicht mehr bedienen konnten, stürzte das Kartenhaus von massenweiser Kreditvergabe an Kunden mit schlechter Bonität ein – erstmals weltweit wahrnehmbar, als zwei von der amerikanischen Investmentbank Bear Stearns verwaltete Hedgefonds im Juni 2007 vor der Pleite standen. Überall mussten Banken ihre Bilanzen berichtigen, einst hoch gehandelte Papiere entpuppten sich als wertlos. Die riskanten Finanzderivate, die ihren Erfindern zuvor Rekordgewinne gebracht hatten, waren zu einem »finanziellen Massenvernichtungsmittel« mutiert, wie es Warren Buffett ausdrückte, selbst einer der größten globalen Investoren.

Am 30. Juli 2007 retteten die deutschen Banken, allen voran die staatseigene Kreditanstalt für Wiederaufbau (KfW), in einer Eilaktion die Industrie Kreditbank (IKB) mit einer Milliardenspritze. Die Bank konnte ihre Zahlungsverpflichtungen nicht mehr erfüllen und brauchte frisches Geld. Am 6. August war der US-Hypothekenfianzierer American Home Mortgage Investment Corporation insolvent. So ging es Schlag auf Schlag weiter: Im März 2008 muss die US-Investmentbank Bear Stearns aufgeben, mit staatlicher Unterstützung erwirbt der Konkurrent JP Morgan die Bank. Im September verstaatlicht die US-Regierung Fannie Mae und Freddy Mac, die beiden größten Immobilienfinanzierer. Die Bank of America schluckt wenig später die angeschlagene Investmentbank Merrill Lynch. Für Lehman Brothers lehnt die US-Regierung jede Hilfe ab – die Bank geht nach hundertfünfzig Jahren pleite. Übrig bleiben von dem einst stolzen Quintett vorerst nur noch Goldman Sachs und Morgan Stanley. Ob sie am Ende auch noch fallen, kann im September 2008 nicht ausgeschlossen werden. »Die Kategorie der Wall-Street-Bank, die einst den Puls des Finanzplatzes New York bestimmte, gibt es nicht mehr.«[8] Einen Tag nach der Lehman-Brothers-Pleite übernimmt die US-Regierung auch das Ruder bei AIG, dem bis dahin weltweit größten Versicherer und einem der führenden Anbieter von privaten Altersvorsorgeprodukten in den USA. In der gleichen Woche gibt es eine Notübernahme des größten englischen Baufinanzierers HBOS durch den Finanzkonzern Lloyds – damit verschwindet eine weitere Großbank vom Kurszettel der Börsen. Die Anordnung kam vom britischen Premierminister Gordon Brown persönlich.

In diesen Tagen im Spätsommer 2008 pumpen die Zentralbanken aus den USA, Japan und Europa dreistellige Milliardensummen in den Markt, damit nicht noch mehr Banken in Geldnöte geraten. Vielerorts ertönt der Ruf nach einer stärkeren Regulierung der Finanzmärkte, und die US-Regierung reagiert: Am 19. September kündigt sie ein umfassendes Rettungspaket an – die einzige Alternative zu einem sonst zu erwartenden Kollaps weiterer Banken. US-Präsident George Bush begründet den Eingriff mit drastischen Worten: Nur so könne das Finanzsystem und die »gesamte amerikanische Wirtschaft« gerettet werden. Nach Einschätzung von Richard Shelby, republikanischer Senator des US-Bundesstaats Alabama, könnte die Umsetzung des Plans eine Billion Dollar kosten.[9] Auch die Finanzaufsicht in Deutschland greift zu einer radikalen Maßnahme – sie verbietet bis zum Jahresende den Leerverkauf von Aktien der größten deutschen Banken und Versicherer wie Deutsche Bank und Commerzbank oder Allianz und Münchener Rück. »In der derzeitigen Situation kann Shortselling die Unternehmen in den Untergang treiben«[10], sagt der Chef der Finanzaufsicht, Jochen Sanio. Und Bundeskanzlerin Angela Merkel fordert: »Wir brauchen neben nationalen Regeln auch mehr internationale Vereinbarungen gegen unverantwortliche Finanzspekulationen.«[11]

Im September 2008 ist kein Ende der Finanzkrise absehbar. Für den Schaden haften leider oft die Steuerzahler: Im Notfall verstaatlichen die Regierungen Banken oder übernehmen die Risiken. Allein die Rettung der IKB kostete den deutschen Steuerzahler aufgrund des Engagements der staatseigenen Kreditanstalt für Wiederaufbau ungefähr zehn Milliarden Euro. Die KfW verkaufte die Bank anschließend an den Finanzinvestor Lone Star für einen niedrigen dreistelligen Millionenbetrag, und so kommt es, dass die Börsenzeitung am 22.8.2008 schrieb: »Der Erwerber bekam auf Kosten der deutschen Steuerzahler ein faktisch risikoloses Einkommen hingeschoben, damit der Bund das leidige Problem IKB nur endlich loswird.«[12]

Die Finanzkrise dürfte die Staaten (und damit die Bürger) hunderte Milliarden Dollar gekostet haben – also ein Mehrfaches von dem, was eine Regierung in Deutschland, Frankreich oder Großbritannnien jährlich ausgibt.

1 Kredit: vom lateinischen Wort für glauben, »credere«

2 *Financial Times Deutschland*, 16.6.2008

3 und **4** Bernard A. Lietaer, *Das Geld der Zukunft*, München 1999, S. 127

5 lat. »fiat«: es werde, vgl. »fiat lux«: es werde Licht

6 Deutsche Bank Research, *Banken in Europa: Die stille (R)Evolution*, Frankfurt a. M. 2008, S. 22

7 Deutsche Bank Research, *Banken in Europa: Die stille (R)Evolution*, Frankfurt a. M. 2008, S. 18

8 *Süddeutsche Zeitung*, 17.9.2008

9 *www.spiegel.de,* 20.9.2008

10 Pressemitteilung BaFin, 19.9.2008

11 *Münchner Merkur*, 20.9.2008

12 *Börsenzeitung*, 22.8.2008

Kapitel III

Schuldenverkäufer
Banken und Sparkassen

Auch wer weder Kredite braucht noch Geld sparen will (oder kann), hat in der Regel ein Bankkonto. Von Staats wegen werden wir nicht dazu gezwungen. Im Alltag ohne eines auszukommen, ist jedoch schwierig: Vermieter wollen selten in bar bezahlt werden, auch Gehälter werden im allgemeinen aufs Girokonto überwiesen anstatt per Lohntüte ausgehändigt. Wer keine Bankverbindung angeben kann, scheint nicht zur zivilisierten Welt zu gehören. Inzwischen können mit Einwilligung der Eltern schon Kinder ab zwölf Jahren Girokonteninhaber werden – inklusive Internetbanking, bargeldlosem Zahlungsverkehr und begrenztem Dispo-Kredit. Wie ist dieses Bankensystem, an dem wir alle so selbstverständlich teilnehmen und immer früher teilnehmen sollen, entstanden?

Begriffe wie Giro, Konto, Bankrott, Saldo und Kredit zeugen von der Herkunftsgeschichte des modernen Bankwesens: Seine Geburtstunde schlug in den norditalienischen Stadtstaaten, in Genua, Florenz und Venedig. Dort entwickelten im vierzehnten Jahrhundert einige Handelsfamilien, Kommissäre und Spediteure das Geldgeschäft. Die 1472 als Monte di Pietà in Siena gegründete Banca die Paschi di Siena gilt als die älteste noch existierende Bank der Welt.

Die wichtigsten Kunden dieser Privatbankiers waren die reichen europäischen Fürsten, zu deren leidenschaftlichem Geltungsbedarf ein gigantischer Konsum von Luxusgütern, vor allem Tuchwaren, gehörte. Dafür benötigten sie die Dienste von Handel und Banken.[1]

Eine historische Katastrophe gab der weiteren Entwicklung des Geldgeschäftes in Europa einen gewaltigen Schub: die große Pest des Jahres 1348. Europa galt schon damals als ein stark bevölkerter Kontinent und begann, an seine ökonomischen Grenzen zu stoßen. Zwei Drittel der Menschen in Europa erlagen der Pest. Dieser entsetzliche Einschnitt hatte überraschende Folgen für die Wirtschaft.[2] Vermögen, die im Laufe des Weitervererbens über Jahrhunderte unter vielen Nachkommen aufgeteilt und immer kleinteiliger geworden waren, gerieten nun in den Besitz von wenigen. Plötzlich verfügten Menschen über

Kapital, die ohne die Folgen der Pest arme Schlucker geblieben wären. Jetzt hatten sie plötzlich Geld übrig! Diese Geldbündelung bildete die Basis für die Entstehung von Banken im späten Mittelalter: Ihre Kredite verschafften ihnen unmittelbaren Einfluss auf die Herrscher der Welt und bescherten ihnen politische Macht. Der Augsburger Bankier Jakob Fugger war zu seiner Zeit vermutlich mächtiger als ein amerikanischer Präsident heute. Wie er setzten alle, die von der brutalen Neuordnung der Vermögensverhältnisse durch die Große Pest profitierten, darauf, große Visionen realisierbar zu machen. In diesem wirtschaftlichen Boom nahm speziell Italien eine Schlüsselposition ein, heute in etwas vergleichbar mit dem kalifornischen »Silicon Valley« auf dem Gebiet der Computer- und Elektronik-Technologie. Damals ging es um den Transport von Gütern und Menschen, große Unternehmungen, die teuer waren und riskant. Schiffe auszurüsten, die zu Handelszwecken den Fernen Osten bereisten, kostete viel Geld – und das lieh man sich von den Banken.[3]

Privatbankiers haben über Jahrhunderte nicht nur das Finanzgeschehen in Europa dominiert, sondern auch die Politik mitgeprägt. Die Fugger, die Grimaldi, die Welser und andere deckten den Finanzbedarf der Herrschaftshäuser durch gewaltige Darlehen. Sie finanzierten Kriege in Europa und die Eroberung der Neuen Welt. Aus Amerika strömten Gold und Silber nach Europa, Indios mussten es unter unmenschlichen Bedingungen aus den Minen Lateinamerikas schürfen. Aus Afrika wurden Menschen in die Sklaverei nach Amerika geschafft. Das alles wirkte wie ein Katalysator für die allmähliche Entwicklung eines Wirtschaftssystems, das man später »Kapitalismus« nennen würde. Er begann mit dem Fernhandel und löste die Epoche der durch Zünfte geprägten Stadtwirtschaft ab, die als Merkantilismus bezeichnet wird.

Soviel Geld die Bankiers der Renaissance den Königen und Kaisern jedoch auch leihen mochten, soviel Silber und Gold durch die Konquistadoren Almagro, Cortez und Pizarro in die königlichen Kassen Spaniens und Portugals floss – es war nie genug. Heutzutage hieße es: Die Neuverschuldung wächst unaufhaltsam. Die spanische Krone war wegen hoher Ausgaben derart belastet, dass sie die meisten zu erwartenden Schiffsladungen Silber oder Gold bereits im Voraus an die deutschen, genovesischen, flämischen und spanischen Bankiers übertragen musste. Man ging sogar noch weiter: In einigen Fällen wurde den Bankiers das Recht zur Ausbeutung der Minen, ursprünglich eine hoheitliche Angelegenheit wie das Münzrecht, abgetreten. So schloss etwa der Augsburger Kaufmann Bartholomäus Welser mit Kaiser Karl V. im Jahr 1528 einen Generalvertrag über das heutige Venezuela. Welser, der die Flotten, die Ausrüstung und die Besatzung finanzierte, erhielt das Land dafür praktisch zum Lehen. »Die Spanier hatten die Kuh, aber andere waren es, die die Milch tranken«, schreibt der Schriftsteller Eduardo Galeano.[4] Europa blühte im sechzehnten Jahrhundert wirtschaftlich auf, vor allem dank des geraubten Goldes.

Die Industrialisierung der Finanzen
Über Jahrhunderte blieb das Bankgeschäft ziemlich unverändert. Im neunzehnten Jahrhundert führte die industrielle Revolution zu einer Umwälzung im Herstellungsprozess der Waren: Anstatt in Manufakturen wurden sie nun in Fabriken gefertigt, massenhaft. Dem musste sich das Bankgeschäft anpassen.

Die Banken, die bis dahin wenig mehr als die Finanzierung der Königs- und Fürstenhäuser und den Zahlungsverkehr zwischen den Unternehmen abgewickelt hatten, mussten nun enorme Geldmittel für risikoreiche Investitionen in Form von neu entwickelter Produktionsmaschinerie bereitstellen. Das Herzstück der Industrialisierung war die Dampfmaschine, von James Watt erfunden, um die englischen Kohlengruben wirksam zu entwässern. Allerdings hatte er lange suchen müssen, bis er in dem Kaufmann Matthew Boulton einen Visionär traf, der bereit war, in die Entwicklung und Umsetzung seiner Idee zu investieren. Boulton setzte sein Vermögen auf die Erfindung von Watt. In der Anfangszeit der industriellen Revolution steckten – so wie Boulton – meist reiche Privatleute Geld in solche neue Unternehmungen. Erst als für die Finanzierung der Eisenbahn dieser herkömmliche Weg zur Beschaffung der Mittel nicht mehr reichte, änderte sich das.

Der Kapitalbedarf der Industrie war größer geworden als bei allen bis dahin gekannten Vorhaben: Um in Nordamerika die Schienenwege von der West- zur Ostküste zu bauen, benötigte man Tausende von Geldgebern. Ein reicher Investor allein konnte das Geld nicht mehr aufbringen. So entstanden sowohl Fabriken als auch Banken in der Rechtsform von Aktiengesellschaften, die Kapitalgeber bündelten.

Als Erste ebneten die Engländer den Weg zu diesem Banktypus. 1826 hoben sie die Vorschrift auf, dass eine Bank nur sechs Teilhaber haben durfte. Betrachtete man bis dahin die persönliche Bekanntschaft zwischen Kunde und Bankier als Vertrauensgrundlage, so setzte man nun Vertrauen in das größere Kapital. Dem Vorbild Englands folgten schon bald andere Länder. In den deutschen Fürstentümern beteiligten sich viele Privatbankiers an der Gründung von Aktienbanken. Rasch übernahmen diese das Geschäft und beherrschten ab dem neunzehnten Jahrhundert den gesamten Geldmarkt in Europa.

Um den Kreditbedarf von Handwerkern, kleinen Gewerbetreibenden und Bauern dagegen kümmerte sich keine Bank. Sie waren in der neuen Wirtschaftswirklichkeit privaten Geldverleihern und deren Wucherzinsen ausgeliefert, ihre Lage verschlechterte sich zusätzlich durch die Konkurrenz der Industriekonzerne. Als Reaktion auf diese Entwicklung entstanden Mitte des neunzehnten Jahrhunderts Genossenschaftsbanken. In Deutschland gab es zwei Verfechter der Idee: Hermann Schulze-Delitzsch, der vor allem die Belange der Handwerker und Gewerbetreibenden im Auge hatte, und Friedrich Wilhelm Raiffeisen, der der Verelendung der Landbevölkerung etwas entgegensetzen wollte. Nach dem uralten Prinzip »einer für alle, alle für einen« legten die Mitglieder, meist Bewohner desselben Dorfes, ihr Geld bei der Genossenschaftskasse an und begnügten sich dabei mit niedrigen Zinsen, so dass die Kasse günstige Kredite an die Genossen vor Ort vergeben konnte. Jeder Genosse hatte eine Stimme, unabhängig davon, wie viele Anteile an der Genossenschaft er gekauft hatte. So konnten alle Genossen Einfluss nehmen auf die Geschäftspolitik der Bank. Heute sind die meisten Volks- und Raiffeisenbanken so groß geworden, dass sie sich in der Entscheidungsfindung ihrer Geschäftspolitik praktisch kaum noch von anderen Banken unterscheiden.

Sparkassen gibt es sogar schon länger, die erste deutsche Sparkasse wurde 1778 von wohlhabenden Hamburger Bürgern gegründet, als

»Ersparungskasse« der Allgemeinen Versorgungsanstalt.[5] Die erste kommunale Sparkasse in Deutschland entstand 1801 in Göttingen, und viele Gemeinden folgten dem Beispiel. Ihr Ziel war es, kleinen Leuten, die Erspartes bislang in den »Sparstrumpf« gesteckt hatten, eine sichere und rentable Anlage zu bieten. Deshalb verbürgten sich Städte und Gemeinden für den Bestand der Sparkassen. Anders als bei Geschäftsbanken ist das Streben der Sparkassen grundsätzlich also nicht auf höchstmöglichen Gewinn gerichtet, sondern bis heute auf das Gemeinwohl; deswegen müssen sie beispielsweise in Deutschland allen Kunden ein Girokonto anbieten oder die regionale Wirtschaft fördern. Während Sparkassen einigen (vor allem regionalen) Beschränkungen unterliegen, dürfen die anderen Kreditinstitute in Deutschland seit jeher alle Bankgeschäfte betreiben. Man spricht dabei vom Universalbanksystem.

Andere Länder, andere Sitten
In den USA gibt es für das Bankwesen andere Traditionen. In deren Trennbankensystem müssen Banken sich dem Grundsatz nach entscheiden, ob sie das Kredit- und Einlagengeschäft betreiben – und zwar nur dieses –, oder ob sie den Kapitalbedarf von Unternehmen mit anderen Mitteln decken wollen, in dem Fall als Investmentbanken. Diese sind wesentlich weniger reguliert als Geschäftsbanken, deshalb können sie riskanter agieren. Läuft es gut, verdienen sie fantastische Renditen. Vor diesem Hintergrund entstanden in den Vereinigten Staaten große Investmentbanken wie Goldman & Sachs, JP Morgan, Morgan Stanley. Dem Verbraucher sind ihre Namen schon vor der Bankenkrise langsam vertraut geworden: im Zusammenhang mit Firmenübernahmen, Fusionen und der weltweiten Welle der Privatisierung von Staatsunternehmen wie Post, Versorgern oder Bahn, mit denen wir direkt zu tun haben, oder von denen wir in unserem Alltag abhängig sind. Die Investmentbanken waren maßgeblich an dieser Privatisierung beteiligt, und auch an dem allgemein verbreiteten Bestreben, durch Fusion immer größere Konzerne zu bilden, haben sie in den vergangenen zwei Jahrzehnten viel Geld verdient. Seit Ende der Neunzigerjahre haben auch in Europa gerade Großunternehmen zunehmend

auf Mittel zurückgegriffen, wie sie Investmentbanken beschaffen können: Sei es neues Aktienkapital über die Börsen, sei es anderes Beteiligungskapital. Die exorbitanten Gewinne lockten immer mehr europäische Banken in das Geschäft des Investmentbanking. Die Deutsche Bank kaufte sich den entsprechenden Zweig in Form der britischen Investmentbank Morgan Grenfell sowie der New Yorker Investmentbank Bankers Trust dazu und rückte dadurch in die Weltliga auf.[6] Gelegenheiten zu großen Investitionen bieten sich nicht alle Tage, darum unterliegt der Gewinn der Investmentbanken starken Schwankungen. Aus dem Grund sind diese Institute für Krisen anfälliger als Kreditbanken, deren Geschäft quasi alltäglich läuft.

International haben die Banken seit Anfang der Neunziger immer mehr Geld verdient: So hat sich nach Angaben der Deutschen Bank von 1994 bis 2006 die durchschnittliche Rendite auf das eingesetzte Kapital nach Steuern für die acht wichtigsten europäischen Märkte mehr als verdoppelt, von 7,9 Prozent auf 16,8 Prozent. In Polen, Tschechien und Ungarn sprang sie sogar von 2,2 Prozent auf 22 Prozent. Bisherige Rückschläge infolge der Asienkrise 1997/98 oder des legendären Platzens der »New Economy« im Jahr 2002/03 hatten nur vorübergehende Folgen.[7]

Im Wettbewerb unter den deutschen Banken setzte sich vor einigen Jahren der Chef der Deutschen Bank, Josef Ackermann, ein ehrgeiziges Ziel: Die Kapitalrendite sollte 25 Prozent erreichen. Anfangs schüttelte man darüber den Kopf. Doch die Deutsche Bank schaffte es, dieses Ziel sogar noch zu übertreffen. Wie hat sie das gemacht? Sie konzentrierte sich ganz auf Geschäfte, die solch hohe Renditen abwerfen konnten. Im normalen Kreditgeschäft ist das kaum möglich. In dem Maße aber, wie sie diese Sparte vernachlässigen, verfehlen Banken einen Gründungszweck, nämlich die Bereitstellung von Kapital für die breite Wirtschaft. Und was eine andere Grundzielsetzung anbelangt – die Förderung neuer Ideen –, muss man von einem Marktversagen sprechen. Hier vergeben inzwischen die Staaten selber über Spezialinstitute wie die Kreditanstalt für Wiederaufbau (KfW) Existenzgründungsdarlehen und nehmen damit die Rolle ein, die eigentlich von den Banken ausgefüllt werden sollte. Indem sie diese Aufgaben an den Staat abschieben, lassen uns die Banken, die uns anfangs so gerne als Kunden gewinnen wollen, am Schluss im Stich.

Anfang 2007 schienen Investmentbanker noch die Herren des Universums. Mancher smarte Investmentbanker verdiente mehr Geld als der Chef der Deutschen Bank, Josef Ackermann. All dies ist erst einmal vorbei. Mit der Finanzkrise hat sich das Modell der Investmentbanken überholt. Plötzlich misstrauen sich alle Banken, leihen sich untereinander kaum noch Geld aus. Eine solche Situation hätten zwei Jahren zuvor noch fast alle Experten für sehr unwahrscheinlich gehalten. In dieser misslichen Lage besinnen sich die Banken plötzlich auf konventionellere Wege, um zu liquiden Mitteln zu kommen, wie das Engagement der Deutsche Bank bei der Postbank zeigt:»Die Postbank verbirgt einen Schatz, hinter dem gerade Top-Institute von Weltrang mit einem starken Investment-Banking her sein müssen: Liquidität. Milliarden und Abermilliarden haben Opa und Oma von Oberammergau bis Flensburg auf ihre Sparbücher bei der Postbank eingezahlt. Geld, das noch nie so wertvoll war wie heute, wo auch die Deutsche Bank hohe Zinsen berappen muss, um an Kapital zu kommen«.[9] Am 12. September 2008 erhält die Deutsche Bank den Zuschlag. Zunächst geben die Skeptiker an den Börsen den Takt an: der Aktienkurs der Deutschen Bank gerät ins Trudeln. Wenige Tage später, nach der Pleite der amerikanischen Investmentbank Lehman Brothers, nach der Übernahme von Merrill Lynch durch die Bank of America und der Fastpleite der AIG verstummt die Kritik der Investmentbanker. Langsam dämmert ihnen, dass ihr eigenes Geschäftsmodell auf der Liste der bedrohten Arten steht.[9] Wenn die Finanzkrise vorbei ist, wird sich die Wall Street gewaltig verändert haben. Das Geschäft mit Geld wird weniger riskant und weniger profitabel, strenger beaufsichtigt, langweiliger und altmodischer sein – dafür könnten die Nebenwirkungen der Finanzgeschäfte für die Gesellschaft dann weniger gravierend ausfallen.

1 Peter Watson, *Ideen*, München 2005, S. 630

2 David Herlihy, *Der schwarze Tod und die Verwandlung Europas*, Berlin 1997, S. 51

3 *Brand Eins,* 07/2003

4 Eduardo Galeano, *Die offenen Adern Lateinamerikas*, Wuppertal 1971, S. 34

5 Helmut Geiger, *Die deutsche Sparkassenorganisation*, Frankfurt a. M. 1992, S. 13

6 Lydia Krüger, Suleika Reiners, *Expansion ohne Grenzen*, Bonn/Berlin 2005, S. 14

7 Deutsche Bank Research, *Banken in Europa: Die stille (R)Evolution*,
Frankfurt a. M. 2008, S. 3

8 *Handelsblatt*, 14.7.2008

9 *Financial Times Deutschland*, 17.9.2008

Kapitel IV

Zeit ist Geld
Zins und Zinseszins

Wer Geld zurücklegen kann, der will es möglichst gewinnbringend anlegen. Manch einer gibt sich viel Mühe bei der Suche nach dem Tagesgeldkonto mit der höchsten Verzinsung, die entsprechenden Vergleichstabellen in Zeitungen und dem Internet sind ein Renner. Bekommt er bei einem Anbieter einen Viertelprozentpunkt mehr, überweist er sein Geld dorthin. Andersherum: Will jemand ein Haus kaufen, sucht er lange nach dem günstigsten Zinssatz – schon kleine Zinsdifferenzen summieren sich über lange Zeiträume zu hohen Beträgen. Die meisten Menschen richten ihr wirtschaftliches Handeln nach dem Zins aus. Was aber ist der Zins überhaupt, dieses wirtschaftliche Phänomen, das unseren Kulturkreis beherrscht? Bei genauerer Betrachtung ist der Zins nicht der Preis des Geldes, sondern, so der Volkswirtschaftler Ulrich van Suntum, »der Preis für die Zeit, genauer gesagt für zeitlich vorgezogenen Konsum, nach dem Motto ›Leben Sie jetzt – bezahlen Sie später‹«.[1]

Ohne Zins würde unsere kapitalistische Wirtschaft nicht funktionieren, weil die Menschen den Geldverleih einstellen würden – und den Märkten damit das notwendige Tauschmittel entzogen wäre. Ohne Zins könnten alle ihr Geld unter dem Kopfkissen aufbewahren. Nur wegen des Zinses wird Geld in den Wirtschaftskreislauf eingespeist, und je höher die Zinsen, desto bereitwilliger bringen die Menschen ihr Geld in Umlauf. Die Kehrseite der Medaille: je höher die Zinsen, desto geringer die Bereitschaft, Kredite aufzunehmen.

Die Höhe der Zinsen bestimmt indirekt auch die Rendite der Sachwerte, in die jemand investiert, wie zum Beispiel Produktionsanlagen. Nur wenn ich damit mehr verdienen kann, als mir die Bank an Zinsen bezahlen würde für ein entsprechendes Kontoguthaben, stecke ich mein Geld in solche Investitionen. Das gilt umso mehr, als unternehmerisches Handeln gewöhnlich riskanter ist als zum Beispiel der Kauf von Staatsanleihen. Damit hat die Höhe des Geldzinses entscheidenden Einfluss darauf, welche Unternehmungen überhaupt getätigt werden. Denn entscheidend für Investitionen ist nicht deren Sinn, sondern deren Rendite im Verhältnis zu Guthabenzinsen. Wenn Kleinanleger Aktien oder Anleihen von Unternehmen kaufen, gilt das Gleiche: Sie werden das nur dann tun, wenn sie von dieser riskanteren Anlage ein besseres Zinsergebnis erwarten als von sichereren Anlagen wie einem Tagesgeldkonto oder einem Bundesschatzbrief.

Steigende Zinsen sind also für unternehmerische Investitionen doppelt problematisch. Die finanzielle Verpflichtung gegenüber der Bank steigt aufgrund der Sollzinsen, Kredite werden teurer. Gleichzeitig sinkt aufgrund der vorteilhafteren Habenzinsen auf gespartes Geld die Bereitschaft privater Geldgeber, ihr Geld zum Beispiel in Aktien zu stecken, damit ist es für den Unternehmer auch an der Börse schwieriger, Kapital zu holen.

Über den Zins haben die Menschen schon immer gestritten: Durfte man überhaupt Zinsen nehmen? Und welche Zinsen waren moralisch als Wucherzinsen verwerflich? Die Geschichte des Zinses ist immer auch eine des Verbots. Schon im dreizehnten Jahrhundert definierte der Kirchengelehrte Thomas von Aquin den Zins als Preis für die Zeit, die der Verleiher auf sein Geld verzichte. Zeit jedoch sei ein Geschenk Gottes, das nicht verkauft werden dürfe. Zudem gehe der dabei entstehende Gewinn zu Lasten des Vermögens anderer, was im Gegensatz zu mit Arbeit verdientem Geld – gleichwohl ebenfalls aus dem Vermögen anderer stammend – nicht ziemlich sei für einen guten Christen.[2] Wer heute von Wucher spricht, meint unverhältnismäßig hohe Zinsen oder Preise; für die katholische Kirche jedoch war jahrhundertelang jede Zinszahlung Wucher, den sie als besonders schwere Sünde verdammte. Beim Wiener Konzil im Jahre 1311 jedenfalls forderten die Bischöfe gar eine Exkommunizierung der Herrscher, die nicht alle Wucherer in ihrem Herrschaftsbereich aburteilten. Der Alltag stärkte das kanonische Zinsverbot. Das Hochmittelalter war keine Zeit des Fortschritts in Europa, die Bevölkerungszahlen und die Wirtschaft stagnierten. Damals dienten Kredite nicht der wirtschaftlichen Expansion, sondern der Überbrückung von Notzeiten, wofür Kapital kostenlos zu haben sein sollte. Nichts als Diebe, Räuber und Mörder seien Zinsnehmer für ihn, wetterte auch Martin Luther rund zweihundert Jahre später.

Während man sich auf dem Kontinent noch etwas schwer tat mit einer grundsätzlichen und für alle geltenden Regelung für das Zinsnehmen, sorgte König Heinrich VIII im englischen Königreich für Klarheit: Die Suche nach einer Ehefrau, die ihm einen Thronfolger gebären sollte, hatte zum Bruch mit dem Papst geführt. Er trennte daraufhin die englische Kirche von der römisch-katholischen Kirche, setzte sich selber als Oberhaupt ein und legalisierte 1545, ein Jahr vor seinem Tod und erstmals in der abendländischen Welt, die Zinszahlung für alle. Auf der anderen Seite des Ärmelkanals war bei den Reichstagen 1500, 1548 und 1577 für Anleihen der Fürsten ein Zins in Höhe von fünf Prozent erlaubt worden. Somit konnten sie Anleihen mit einer entsprechenden Verzinsung insbesondere an die privaten Bankiers verkaufen; unter der Hand wurde diese Erlaubnis über eine bestimmte Zinshöhe aber auch allgemein auf Kredite bezogen. Im Westfälischen Frieden von 1648 wurde eine Verzinsung in gleicher Höhe von allgemeinen Darlehen dann auch offiziell für zulässig erklärt.

Seitdem halten die deutschen Rechtswissenschaftler das Zinsverbot für gewohnheitsrechtlich abgeschafft. Innerhalb der katholischen Kirche wurde die Lehre jedoch erst 1822 erstmals in Frage gestellt. Und es sollte noch mehr als 150 Jahre dauern, bis die katholische Kirche das Zinsverbot 1983 aus dem für sie geltenden kanonischen Recht strich. Die Sünde des Wuchers, nun allerdings definiert als die Berechnung von übermäßiger Zinsen zum unangemessenen Vorteil des Geldverleihers, gilt noch heute.[3]

Estelle und Mario Carota, zwei mexikanische Katholiken, hatten sich in den Achtzigerjahren an den Vatikan gewandt, um seine Position dazu zu erfahren. Sie hofften auf Legitimationsbeistand, der helfen könnte, die Schuldenlast der lateinamerikanischen Länder zu senken. Vom damaligen Leiter der Kongregation für die Glaubenslehre, Kardinal Josef Ratzinger, heute besser bekannt als Papst Benedikt XVI, erfuhren sie, die Lehre über den Wucher sei nie neu formuliert worden. »Informell wurde ihnen weiter mitgeteilt, dass es unglücklicherweise keinen einzigen Experten zu dieser Frage mehr in Rom gebe, weil sich unterdessen alle auf die Themen Sexualität und Abtreibung spezialisiert hätten«.[4]

Im islamischen Recht gilt bis heute ein Zinsverbot.[5] Die Vorgaben des Korans konkretisierten die islamischen Rechtsgelehrten in der Scharia, die sich auf die Überlieferungen vom Leben des Propheten Mohammed berufen. Sie wird in allen islamischen Ländern – außer der Türkei – in unterschiedlichem Umfang angewandt. Die Scharia verbietet Pornografie, Glücksspiel, Waffenhandel, den Kauf oder den Verzehr von Schweinefleisch oder anderem Fleisch, das nicht nach muslimischen Regeln geschlachtet wurde. Verboten sind folgerichtig auch Investitionen in Unternehmen, die mit diesen Produkten Geld verdienen. Zaid el-Mogaddedi, Managing Director des Institute for Islamic Banking and Finance, erklärt darüber hinaus: »Mit Geldzinsen erzielt man einzig aus dem Faktor Zeit einen Gewinn. Zeit aber ist ein öffentliches Gut, über das allein der Schöpfer verfügt.«[6] Allerdings waren die Muslime in der Umgehung des Zinsverbots durchaus kreativ, und bei mehr als dreihundert Banken in 75 Ländern sind heute schariakonforme Finanzprodukte erhältlich.

Zinsexperimente

Phasen geringer Zinsen haben sich bisweilen positiv auf die gesellschaftliche Entwicklung ausgewirkt. So gaben die Staufer im dreizehnten und vierzehnten Jahrhundert eine besondere Form von Geld aus, dessen Wert nicht von Dauer war – die sogenannten Brakeaten. Ein- bis zweimal im Jahr, möglicherweise zu einem vorher nicht bekannten Zeitpunkt, wurden sie von den Herrschern für ungültig erklärt. Alle Münzen mussten dann gegen neue Münzen eingetauscht werden, wobei man für vier alte allerdings nur drei neue erhielt. Selbstverständlich hortete kaum jemand dieses Geld mit dem eingebauten Verfallsdatum, sondern die Menschen gaben es schnell wieder aus, man machte Geschäfte. Wer jedoch Geld lieh, ging ein größeres Risiko ein, da der Verleiher über den Umtauschtermin hinaus einen Anspruch auf Rückzahlung des vollen Kredits hatte. Somit musste ein Schuldner deutlich mehr Geld zurückzahlen, wenn es während der Zeit des Abbezahlens zu einer Umtauschaktion der Münzen kam. Legalisiert oder nicht, die Geldverleiher nahmen auch Zinsen, aber weil damals alle ihr Geld ausgeben wollten, lagen sie sehr niedrig. Die Wirtschaft entwickelte sich, es entstand erstmals ein breiteres Bürgertum, das Kunsthandwerk blühte und vielerorts wurden große Bauwerke errichtet. Damals begannen die Kölner mit der Errichtung des Doms, obwohl sie wussten, dass sie die Fertigstellung dieses riesigen Bauprojekts wohl nicht mehr erleben würden.

Geldwirtschaft ganz ohne Zins? Dies haben die Menschen einige Male in der Geschichte versucht. In den Dreißigerjahren kreierten Menschen an verschiedenen Orten Komplementärwährungen, ob in Dänemark, Rumänien, Schweden, der Schweiz oder den USA. Die Vereinigten Staaten kann man als »Mutter der Komplementärwährungen« bezeichnen, schreibt Bernard A. Lietaer, einst bei der belgischen Zentralbank an der Entwicklung der europäischen Einheitswährung beteiligt, später Professor für Internationales Finanzwesen an der Universität von Louvain. Komplementär heißen diese Währungen, weil sie parallel zur offiziellen Währung eingesetzt werden. Sie entstanden auch in den Wirtschaftskrisen 1873, 1893 und 1907.

In der österreichischen Stadt Wörgl lebten 1932 etwa 4.200 Menschen. Von den 1.500 Arbeitslosen war die Hälfte auf die Armenfürsorge der Gemeinde angewiesen, der Gemeinde blieb kein Geld mehr für Investitionen. Die in Umlauf befindliche, damals noch an die staatlichen Goldreserven gebundene Geldmenge schrumpfte zusehends, ganz Europa litt unter der Weltwirtschaftskrise mit einer hohen Arbeitslosigkeit. Es herrschte Deflation, sprich der Geldwert stieg an, und damit war der Anreiz, Geld zu horten anstatt es auszugeben, hoch. Unter der rückläufigen Nachfrage litt die gesamte Wirtschaft, viele Menschen verloren ihren Arbeitsplatz. In dieser Situation kam es in Wörgl zu einem ungewöhnlichen Experiment:

Bürgermeister Michael Unterguggenberger, ein Sozialdemokrat und ehemaliger Lokführer, überzeugte seine Verwaltung und die Kaufleute davon, ein Experiment mit Schwundgeld, so wie es der umstrittene Sozialreformer Silvio Gesell vorgeschlagen hatte, durchzuführen. Man gab Arbeitswertscheine heraus, die durch den gleichen Betrag in österreichischen Schilling gedeckt waren. Mit dem Geld finanzierte die Stadt ein erstes Projekt. Weil die Scheine an Ultimo, dem letzten Geschäftstag jedes Monats, mit einer Marke als Nutzungsgebühr beklebt werden mussten, wollte jeder das Freigeld noch davor ausgeben. Damit zirkulierte dieses Geld viel schneller als gewöhnliches Geld, und Wörgl senkte seine Arbeitslosigkeit binnen eines Jahres um ein Viertel. Um diesen Mechanismus in Gang zu setzen, reichte es, wenn ein Geldschein in jedem Monat ein Prozent des Nennwerts verlor. Um diesen Verlust zu vermeiden, zahlten die Bürger sogar ihre Steuern im Voraus. Das Stempelgeld floss in die Stadtkasse und wurde für Gemeinaufgaben eingesetzt, wie zum Beispiel den Ausbau der Wasserversorgung. Jeder Schilling des Freigeldes schuf etwa zwölf- bis vierzehnmal so viele Arbeitsplätze wie die normalen Schillinge, die ebenfalls noch in Umlauf waren. Der Mechanismus, durch den das Horten von Geld unattraktiv wurde, erwies sich als enorm effektive Arbeitsbeschaffungsmaßnahme. Bald wollten viele Gemeinden in Österreich das System übernehmen. Doch dies verhinderte die Österreichische Zentralbank, die ihre zentrale Stellung im Geldsystem bedroht sah, sie erwirkte ein gerichtliches Verbot der Ausgabe von Notgeld. Wörgl musste zum alten Währungssystem zurückkehren, und die Arbeitslosigkeit lag schon bald wieder bei dreißig Prozent.

Erhalten hat sich bis heute der WIR (Wirtschaftsring-Genossenschaft), eine Komplementärwährung von einer Gemeinschaft kleiner Unternehmen in der Schweiz. Gegründet wurde der WIR 1934 von 16 Mitgliedern in Zürich. Er ist Schweizer Mittelständlern vorbehalten, und ein Mitglied gelangt über zwei Wege an den WIR: Entweder es verkauft eine Ware oder Dienstleistung an ein Mitglied; oder es erhält einen Kredit von dem Koordinationszentrum. Der WIR kann nicht bar ausgezahlt werden, er ist reines Buchgeld, mit dem sich die Unternehmen zusätzliche Liquidität verschaffen. Nehmen wir an, ein Haus kostet eine Million Franken, und der Käufer hat ein Fünftel der Summe. Dann kann er als Genossenschaftsmitglied zwei Hypotheken aufnehmen: 400.000 WIR und 400.000 Franken. Die WIR-Hypothek ist deutlich geringer verzinst als der Franken-Kredit. Die gesamte Zinsbelastung des Unternehmers liegt damit deutlich unter dem Marktzins. Weil der neue Hausbesitzer seine WIR-Schulden aber in der WIR-Währung abtragen muss, braucht er entsprechende Einnahmen. Damit steigt die Nachfrage nach Geschäftspartnern, die ebenfalls die Alternativwährung annehmen – eine Stimulation der regionalen Wirtschaft ist das Ergebnis. Weil dieses Geld ein reines Zahlungsmittel ist, bekommen die Halter dafür keine Zinsen. Und ein Umtausch in Franken ist verboten. Deswegen geben die Unternehmen das Geld möglichst schnell wieder aus – ein wichtiges Element, das aus der Freigeldlehre von Gesell übrig geblieben ist.[7]

Verschiedene Währungssysteme sind möglich. Wir haben es selbst in der Hand, sie nach unseren Bedürfnissen zu schaffen.

1 *Frankfurter Allgemeine Zeitung*, 17.7.2006
2 *DIE ZEIT*, 6/2003
3 und **4** Bernard A. Lietaer, *Das Geld der Zukunft* , München 1999, S. 131
5 *Neue Zürcher Zeitung*, 25.6.2008
6 *DIE ZEIT*, 19/2008
7 *Brand Eins*, 6/2004

Buntes Papier
Das Wertversprechen der Währung

»Geld regiert die Welt«, sagt der Volksmund. Recht hat er. Aber das ist nur die halbe Wahrheit. Denn es stellt sich die Frage: Wer regiert das Geld? Seit der Antike ist das Recht, Münzen zu prägen und in Umlauf zu bringen, Privileg der Herrschenden: Der Landesherr bestimmte, welche Währung in seinem Hoheitsgebiet Geltung hatte. Doch er konnte dieses Recht auch übertragen. Das geschah beispielsweise, wenn die Habsburger einer Stadt Markt- und Münzrecht verliehen. So entstanden in den vielen verschiedenen Hoheitsgebieten Europas seit dem Mittelalter unterschiedliche Währungen. Da aber alle Bezug nahmen auf den Edelmetallgehalt, war es grundsätzlich kein Problem, vom Reichstaler in den Silberfranken oder den Gulden zu wechseln. Weltmarkt und Weltgeld waren damals zeitweilig schon Realität, zumal bis weit in die Neuzeit viele Geschäfte im Realtausch abgewickelt wurden. Löhne beispielsweise wurden lange Zeit in Naturalien ausbezahlt. »Kost und Logis und zu Johanni einen Taler und ein neues Gewand«, hieß es in der Landwirtschaft. Während manche visionären Ökonomen von heute in einem stabilen und supranationalen Weltgeld die Lösung vieler Probleme sehen, war solches Weltgeld einst eine Selbstverständlichkeit. Seit den Tagen Karls des Großen existierte es in der Form von Münzen aus Edelmetallen, die untereinander austauschbar, also konvertibel waren. Entscheidend beim Tausch waren Gewicht und Reinheit der Münzen, Aussehen und Prägeort spielte keine Rolle.

Bei der Entwicklung der modernen Nationalstaaten ging die Währungshoheit von König und Kaiser über auf Parlament und Regierung. Seither bestimmt der Staat, welche Regeln für legale Geldgeschäfte gelten. Großbritannien war nach den Napoleonischen Kriegen zur Goldwährung übergegangen, über die Einhaltung der Regeln wachte die Bank von England. Den Weg schlugen nach 1870 alle anderen wichtigen europäischen Länder ein.

Im Ersten Weltkrieg kollabierte das System, mehrere voneinander getrennte Währungsblöcke entstanden. Das britische Commonwealth

– ohne Kanada – bildete mit den skandinavischen Ländern den Bereich des Pfund Sterling. Der US-Dollar herrschte in Nord- und Südamerika. Frankreich, Italien, die Schweiz, Belgien, die Niederlande und Luxemburg bildeten den Goldblock. Parallel zur währungspolitischen Aufsplitterung und durch sie auch wesentlich mitverursacht, kam es zu einer beschleunigten Teilung der jungen Weltwirtschaft in verschiedene Wirtschaftsräume.

Dabei wäre die Weltwirtschaft nach dem Ersten Weltkrieg dringend auf ein gemeinsames Währungssystem angewiesen gewesen. Denn sie entwickelte sich in Europa und den USA ungeheuer dynamisch: Die Einführung neuer Produktionsmethoden wie etwa der Fließbandarbeit des Autoherstellers Ford steigerte die Produktivität. Neue Erfindungen oder Entwicklungen begeisterten die Menschen: Radio, Kleinbildkamera, Reißverschluss, hitzebeständiges Glas, Haartrockner. Besonders in den USA glaubte man nach dem Ersten Weltkrieg an den Frieden – soeben war der Völkerbund gegründet worden – und an einen ewig währenden Aufschwung. Alle wollten daran verdienen. In Amerika kam es zu einem »Run« auf die Börsen, jedermann spekulierte, viele auf Kredit: Man konnte den Kredit morgen ja leicht mit den Kursgewinnen tilgen und die Aktien für sich behalten. So wurde kalkuliert, und so stark stiegen aufgrund des allgemeinen Ansturms die Kurse. Niemand rechnete mit einem Einbruch: Der damals bekannte Wirtschaftswissenschaftler Irving Fisher verkündete, es sehe so aus, als ob die Börsen ein »dauerhaftes Hochplateau« erreicht hätten. Nur sechs Tage nach diesem Ausspruch, am 24. Oktober 1929, brach die amerikanische Börse ein.

Vielen Spekulanten, die auf Kredit gekauft hatten, wurde der Boden unter den Füßen weggezogen: Ihre Aktien, Grundlage für die Kredite, waren plötzlich nicht mehr viel wert. Nun wollten die Banken Bargeld sehen. Wer sollte das beschaffen? Am wenigsten waren dazu die Spekulanten in der Lage, die auf Pump gekauft hatten. Panik griff um sich. Der Markt brach vollständig ein, jetzt, da jeder retten wollte, was zu retten war. Dadurch, dass Aktien massenhaft abgestoßen wurden, stürzten die Kurse ins Bodenlose. Auch Fisher verlor sein Vermögen.

Die Katastrophe an den Finanzmärkten wirkte sich unmittelbar auf die reale Wirtschaft aus, und zwar weltweit: Die Industrieproduktion sank in allen Ländern dramatisch, und die Zahl der Arbeitslosen in den USA stieg von 1,5 Millionen im Jahr 1929 auf beinahe 13 Millionen 1933, ein Viertel der damaligen Beschäftigten. Besonders hart traf es Farmer in den Vereinigten Staaten: Die Erzeugerpreise halbierten sich von 1929 bis 1933. Zehntausende Farmer verloren ihr Land, und weil sie ihre Hypotheken nicht mehr bedienen konnten, flüchteten viele von ihnen gen Westen, in der vagen Hoffnung auf einen neuen Broterwerb in der Industrie.

Auch Deutschland geriet in den Sog der amerikanischen Krise. Da Deutschland nach dem Krieg hohe Reparationszahlungen an das Ausland leisten musste, gab es wenig Kapital, um es in die eigene Wirtschaft zu investieren. Den ungeheuren Kapitalbedarf in den Zwanzigerjahren hatten amerikanische Investoren durch Kredite gedeckt. Nun befanden diese amerikanischen Anleger sich selbst in Geldnot und forderten zurück, was sie den deutschen Unternehmen bereitwillig für den Aufbau gewährt hatten. Viele Unternehmen überforderte die rasche Rückzahlung, vor allem Banken gerieten in den Strudel der Ereignisse. Die ohnehin labile Wirtschaft Deutschlands brach zusammen. Die Arbeitslosigkeit stieg innerhalb von vier Jahren von 1,4 Millionen auf 5,6 Millionen im Jahr 1932. Die Verelendung infolge der Weltwirtschaftskrise trieb die Massen den extremen Parteien rechts und links in die Arme und begünstigte so den Aufstieg Adolf Hitlers.

In diesen Jahren schrumpfte der Welthandel empfindlich. Dass die Krise mehrere Jahre anhielt, lag unter anderem an einer fehlerhaften währungspolitischen Reaktion der Staaten auf diese Entwicklung. Indem sie die eigene Währung gegenüber anderen abwerteten, sollten die Exportgüter gegenüber dem Ausland billiger, also wettbewerbsfähiger werden – und in gleicher Weise die Importgüter teurer. Die einheimische Produktion würde also auf doppelte Weise begünstigt. Doch das stellte sich als Trugschluss heraus. Da nach dieser simplen Vermutung nicht nur einer, sondern mehrere Staaten der eigenen Exportwirtschaft einen Vorteil zu verschaffen suchten, war die Folge lediglich ein Abwertungswettbewerb der Staaten, der den Welthandel noch mehr strangulierte. Die währungspolitischen Fehler der Zwischenkriegszeit wollten die großen Welthandelsnationen, die meisten im Kampf gegen das nationalsozialistische Deutschland geeint, auf jeden Fall vermeiden. Deshalb trafen sich Vertreter von 44 Ländern noch während des Zweiten Weltkriegs, im Juli 1944, in Bretton Woods (New Hampshire, USA) um eine neue Architektur der Weltwirtschaft zu diskutieren.

Unter den Teilnehmern war John Maynard Keynes, einer der bedeutendsten Wirtschaftswissenschaftler des zwanzigsten Jahrhunderts. Er vertrat als Finanzminister Großbritannien. Keynes wollte eine internationale Zahlungsunion schaffen, bei der alle Zentralbanken ein Konto unterhalten sollten. Darüber sollten die wechselseitigen Zahlungsflüsse zwischen den Währungen ausgeglichen werden: Länder, die mehr Devisen einnähmen als ausgäben, hätten ein Haben auf ihrem Konto. Umgekehrt hätten Länder mit mehr Ausgaben als Einnahmen ein Soll in den Büchern stehen. Die Konten selbst sollten in einer eigens geschaffenen Weltwährung mit dem schönen Namen Bancor geführt werden, wobei diese Währung allerdings nur als Verrechnungseinheit auf den Konten existieren sollte. Münzen und Scheine sollten in der Währung nicht ausgegeben werden. Kredite an Geschäftsbanken und Privatleute würden nur in den nationalen Währungen erteilt. Das System hätte es für Länder uninteressant gemacht, hohe Handelsüberschüsse (wie heute im Fall von China oder Deutschland) zu erwirtschaften gegenüber Ländern mit hohen Handelsdefiziten (wie aktuell die Vereinigten Staaten oder Frankreich). Überschüsse wären nämlich über Strafzinsen abgeführt worden. Der Freihandel wäre durch diese Währungsregeln begrenzt worden.

Keynes setzte sich mit seinem Vorschlag nicht durch. Stattdessen fand am 22. Juli 1944 die Idee des amerikanischen Verhandlungsführers Harry Dexter White die Zustimmung der Mehrheit. White war damals unter Henry Morgenthau Staatssekretär im US-amerikanischen Finanzministerium. Schon Mitte 1944 war allen bewusst: Nach diesem Krieg würde es weltweit vorerst nur eine einzige »Wirtschaftsmacht« geben, nämlich die USA. Im Mittelpunkt von Whites Plan stand folglich der US-Dollar. Dessen Wert hatte US-Präsident Theodore Roosevelt schon in den Dreißigerjahren festgesetzt, und zwar mit 35 Dollar je Unze Gold (31,104 Gramm). Die USA verpflichteten sich in Bretton Woods, künftig bei Nachfrage alle Dollar fremder Notenbanken in Gold einzulösen. Das bedeutete: Jeder Dollarschein hatte einen realen Gegenwert, wie früher bei der Goldwährung. Alle wichtigen Währungsländer legten ihrerseits den Kurs ihrer Währung gegenüber dem Dollar fest und vereinbarten auch untereinander starre Wechselkurse, sogenannte Paritäten. Das System war also asymmetrisch gestaltet: Es erlaubte den Vereinigten Staaten eine autonome Währungs- und Geldpolitik. Solange die anderen Länder nicht tatsächlich alle ihre Dollar in Gold umgetauscht haben wollten, konnten sie beispielsweise nach Gutdünken die Geldmenge ausweiten.

Die übrigen Mitglieder des neuen Weltwährungssystems mussten dagegen dafür sorgen, dass ihre festen Wechselkurse gegenüber dem Dollar stabil blieben. Je nach Lage mussten sie Devisen, zumeist Dollar, kaufen oder verkaufen. Nur bei dauerhaften Ungleichgewichten im Währungssystem konnten auf Vereinbarung die Wechselkurse verändert, die Währungen auf- oder abgewertet werden. Diese Währungsregeln funktionierten zwei Jahrzehnte lang problemlos. Dann kam es jedoch vermehrt zu Turbulenzen.

Der Vietnamkrieg kostete die USA weitaus mehr, als die Regierung ursprünglich angenommen hatte. Zu seiner Finanzierung mussten sie hohe Kredite aufnehmen. Erstmals warfen die Amerikaner im großen Stil die Notenpresse an und überschwemmten die Welt mit Dollar. Das brachte wiederum andere Länder in die Bredouille: Gemäß den Regeln von Bretton Woods mussten diese Dollar kaufen, um den eigenen Wechselkurs im vereinbarten Spielraum zu halten, dabei entsprach der Wert des Dollars – gemessen an seiner Kaufkraft – den fest vereinbarten Paritäten längst nicht mehr. In Ländern mit Überschüssen in der Außenwirtschaftsbilanz, wie Deutschland oder Japan, hatte das zwei Folgen: Erstens finanzierten sie indirekt den Vietnamkrieg mit. Zweitens importierten sie Inflation, denn der Kauf von Dollar, zu dem die Bundesbank sich gezwungen sah, dehnte den Geldkreislauf im eigenen Land aus, ohne dass dem ein entsprechend erweitertes Güterangebot gegenübergestanden hätte. Aus diesem Grund betrieb der deutsche Wirtschaftsminister Schiller die Aufwertung der D-Mark – am Ende mit doppeltem Erfolg: Er setzte sich durch und leitete eine Stabilitätsphase ein.

In den Sechzigerjahren fand – zunächst fast unbemerkt – noch eine andere große Veränderung statt, die bis heute fortwirkt. Wieder stand dabei der Dollar im Mittelpunkt. Damals wurde der Euro-Dollar geschaffen, eine reine Rechnungsgröße, die außer dem Namen nichts mit dem heutigen Euro zu tun hat. Die Schaffung des Euro-Dollar-Marktes trieb die Entwicklung des internationalen Finanzmarktes enorm voran.[1] Banken und Industrieunternehmen begannen, in großem Umfang selbstständig mit Devisen zu handeln – die Ablösung der Geldwirtschaft von der Realwirtschaft nahm ihren Ausgang. Bis dahin waren Geldaustausch und Handel spiegelbildliche Ereignisse gewesen: Wohin die Ware ging, von dorther kam Geld, und umgekehrt. Nun löste sich der Geldhandel aus dieser Gegenseitigkeit und entwickelte eine Eigendynamik. Das sollte große Folgen für die Wirtschaft haben.

Ein Euro-Dollar war weder Schein noch Münze, sondern eine abstrakte Währung; er stellte eine Schuldverpflichtung der Vereinigten Staaten gegenüber ausländischen Banken dar, einen kurzfristigen Kredit in Dollar-Währung, den sogenannte Gebietsfremde, europäische Handelsfirmen beispielsweise, US-amerikanischen Inländern gewährt hatten. Solche kurzfristigen Kredite entstehen fortwährend, beispielsweise durch Zahlungsfristen, sogenannte Ziele, wie sie im Außenhandel gewöhnlich eingeräumt werden: Wenn ich in eine Weinhandlung gehe und mit Bargeld eine Flasche Wein kaufe, entsteht kein Kredit. Aber wenn ein großer französischer Winzer 20.000 solcher Flaschen nach Amerika verfrachtet, kann nicht Zug um Zug Ware gegen Geld gewechselt werden. Ein solches Geschäft wird »abgewickelt«, wie die Exporteure sagen. Es gibt dafür fest vereinbarte Kreditfristen; aber der Exporteur, der sie gewähren muss, will sein Geld möglichst schnell haben, um es für das nächste Geschäft verwenden zu können. Deshalb verkauft er seine Forderung an eine Bank, die ihrerseits diese Forderung einsetzt. Indessen nimmt der amerikanische Käufer bei seiner Bank in den USA Kredit auf, um bei Fälligkeit die Lieferung aus Deutschland bezahlen zu können. Selbst wenn die Banken Forderungen und Verbindlichkeiten gegeneinander verrechnen, entstehen angesichts der Fülle solcher Geschäfte bei dem einen oder anderen Institut Überhänge, Gewinne also, die ihrerseits zu Krediten umgewandelt werden können.

Reich und trotzdem arm

Der internationale Geldmarkt war damals, in den Sechzigerjahren, in der Hand eines »exklusiven Klubs großer Banken«, rund fünfhundert an der Zahl,[2] und der Euro-Dollar ermöglichte London den Aufschwung zu dem neben New York bedeutendsten Finanzcenter. Denn dort konnten auch amerikanische Banken ohne die Beschränkungen arbeiten, denen sie in der Heimat unterworfen waren. Auch Banken aus verschiedenen europäischen Ländern gründeten Vertretungen in der Londoner City, um den politisch motivierten Restriktionen ihrer Regierungen zu entgehen.[3]

An der Konferenz von Bretton Woods hatte auch die Sowjetunion teilgenommen. Sie hatte ebenfalls die vereinbarten Verträge unterzeichnet, jedoch nie ratifiziert. Vielmehr zwang sie nach dem Zweiten Weltkrieg alle Satellitenstaaten in einen eigenen währungspolitischen Block, in dem der Rubel regierte, genauer gesagt der sogenannte Verrechnungsrubel. Grundsätzlich vereinbarten die beteiligten Staaten im »Rat für gegenseitige Wirtschaftshilfe« (RGW) im Rahmen ihrer Fünf-Jahres-Pläne nämlich den Realaustausch von Exportgütern zu festgelegten Preisen. Salden, die am Ende eines Wirtschaftsjahres nicht durch Güterlieferungen ausgeglichen werden konnten, sollten mit Verrechnungsrubeln beglichen werden. So die Theorie.

In der Praxis sprach die Sowjetunion bei der Festlegung der Preise das entscheidende Wort, und um den Saldenausgleich durch Rubel kümmerte Moskau sich wenig. So haben die DDR, Tschechoslowakei und Ungarn während der Ära Breshnew jahrelang den weichen Währungskurs in der Wirtschaftspolitik der UdSSR durch ihre Lieferungen alimentieren müssen. Und bei der Auflösung der DDR ist kein Mensch wegen des unausgeglichenen Saldos in Moskau vorstellig geworden.

Es gab keinen praktikablen Wechselkurs des Rubel zu westlichen Währungen, die Ein- uns Ausfuhr von Geld in die Sowjetunion unterlag strengsten Kapitalverkehrskontrollen. Dafür hatte die sowjetische Regierung den Kurs des Rubel zum Dollar mit eins zu eins festgelegt – auch wenn außer Touristen und Geschäftsreisenden, die ihn tatsächlich bezahlen mussten, alle Welt diesen Umtauschkurs belächelte. Dennoch: Solange die beiden politischen Blöcke einander gegenüberstanden, beteiligte sich auch die UdSSR am internationalen Geldgeschäft, und damit auch am Euro-Dollar-Markt. Schon bei Ausbruch des Koreakrieges 1950 hatte die Sowjetunion aus Angst vor einer Blockierung ihrer Konten ihre Dollar-Guthaben aus den USA nach Europa verlegt. Der sowjetischen Regierung erschien es damals sicherer, Einleger bei einer niederländischen, britischen oder schweizerischen Bank zu sein und diese Banken zwischen sich und den Schuldner in den USA zu schieben. Später war die Sowjetunion sogar durch eine eigene Bank in London vertreten.

Die ausschweifende Geldvermehrungspolitik der USA zum Auffüllen der Vietnamkriegskasse hatte Folgen. Als die Franzosen im Jahr 1969 ihre Dollarreserven in Gold tauschen wollten, reichten die Reserven der US-Zentralbank nicht einmal dafür aus. Binnen zehn Jahren hatten diese sich schon auf Gold im Wert von nur noch 10,8 Milliarden Dollar verringert. Und 1971 war es dann so weit: Präsident Richard Nixon musste die Eintauschverpflichtung der USA von Dollar in Gold aufkündigen. Der Dollar wurde von den USA abgewertet, die Regierungen der Partnerländer wie Deutschland und die Niederlande wurden zur Aufwertung ihrer eigenen Währungen gedrängt. Nach mehreren vergeblichen Versuchen der Partner, stabile Wechselkurse auf neuem Niveau zu vereinbaren und zu halten, brach das Wechselkurssystem von Bretton Woods im Jahr 1973 endgültig zusammen. Die Welt kehrte nach knapp dreißig Jahren wieder zu flexiblen Wechselkursen zurück.

Seither flimmern in den Handelsräumen der Banken auf den Monitoren die Wechselkurse der Währungen, die sich im Sekundentakt verändern können. Anlegern ermöglicht die Freigabe der Wechselkurse, »das Geld jetzt mit Geld zu vermehren, indem sie die ständigen

Schwankungen der Wechselkurse ausnutzen«.[4] Devisen werden häufig an verschiedenen Börsenplätzen zum gleichen Zeitpunkt zu unterschiedlichen Kursen gehandelt. So ist etwas möglich, was in der Branche Arbitrage genannt wird: Händler kaufen Devisen am »billigeren« Handelsplatz, um sie umgehend an dem »teureren« Handelsplatz weiterzuverkaufen.

Diese und ähnliche Geschäfte haben gewaltig zugenommen, seit wichtige Welthandelsländer wie die USA, Deutschland, Kanada sowie die Schweiz die staatliche Aufsicht über die Ein- und Ausfuhr von Devisen abgeschafft haben. Von da an handelten die Devisenhändler, die den Wert der Währungen nach den verschiedenen Anlagemöglichkeiten taxieren, die Wechselkurse unter sich aus. Länder, die noch an Devisenkontrollen festhielten, gerieten unter Druck. Unternehmen drängten ihre Regierungen zur Aufgabe der Regeln, um Zugang zu billigerem ausländischen Kapital zu erhalten. 1979 schafften die Briten die letzten Beschränkungen ab, ein Jahr später Japan, die Spanier und die Portugiesen folgten 1992.

Allerdings gibt es bis heute Länder, die an Kapitalverkehrskontrollen festhalten, wie zum Beispiel China mit seinem eigenartigen Mischsystem aus kommunistischem Parteistaat und staatlich gelenktem Kapitalismus. Die chinesische Währung, der Remimbi, ist heute an die Wertentwicklung eines Währungskorbs namens RMB gebunden, dessen genaue Zusammensetzung die Chinesen nicht verraten. Die Festsetzung der Wechselkurse durch die Peoples Bank of China (PBoC) erfolgt also nach intransparenten Regeln. Der RMB scheint aber deutlich unterbewertet – so erwirtschaftete China 2006 im Außenhandel mit anderen Staaten einen Leistungsbilanzüberschuss von 250 Milliarden US-Dollar. Die Chinesen handeln demnach wie viele europäische Industrieländer in den Zwanzigerjahren. Sie belassen über Interventionen am Devisenmarkt die Wechselkurse gegenüber Dollar, Euro und Yen künstlich niedrig.

Wie sich dieser gezielt niedrig gehaltene Remimbi auswirkt, beschreibt Hansjörg Herr, Professor an der Berliner Fachhochschule für Wirtschaft (FHW): »Hätte die PBoC keine Devisen gekauft und wären die Kapitalströme unverändert geblieben, dann hätte China im Jahr 2004 ein gigantisches Leistungsbilanzdefizit von über 200 Milliarden US-Dollar hinnehmen müssen. Denn die Kapitalzuflüsse hätten zu einer derartigen Aufwertung der RMB geführt, dass chinesische Güter ihre Wettbewerbsfähigkeit verloren hätten. Es sind somit nicht die niedrigen Löhne, die den Exporterfolg Chinas darstellen; es ist der von der PBoC gesteuerte Wechselkurs, der die Überschüsse erzeugt.«

Groß-Zocker

Die Welt des Devisenhandels kennt einige spektakuläre Beispiele. Danny Dattel ist nicht der Name eines Werbemaskottchens, sondern war eine der schillerndsten Figuren, die in den Siebzigern gegen den Dollar wetteten und damit erst einmal viel Geld verdienten. Dattel war Chefdevisenhändler der Herstatt-Bank in Köln. Sein Team arbeitete hektisch in einem Handelsraum, der von Mitarbeitern wegen seiner futuristischen Anmutung als Raumschiff Orion bezeichnet wurde, in Anspielung auf die TV-Science-Fiction-Serie aus den Sechzigerjahren. Auf den Monitoren flackerten allerdings keine fernen Galaxien, sondern Währungskurse: Dollar, D-Mark, Pfund oder Franc. Das Team der Privatbank spekulierte bei Devisentermingeschäften in einem Umfang wie sonst nur die großen Banken, bis zu 600 Kontrakte zeichneten die Devisenhändler täglich. Anführer Dattel, ein etwas fülliger Mittdreißiger, kaufte vor allem Dollar »leer«, das heißt, er beschaffte die Dollar erst zu einem späteren Zeitpunkt. Er war überzeugt, dass der Dollarkurs sinken würde. Zum Beispiel verkaufte er am 28. Februar 1973 eine Milliarde Dollar zum 31. Mai für drei Mark je Dollar. Und fiel der Dollar erwartungsgemäß bis Mitte Mai auf 2,50 Mark, konnte Dattel die Milliarde Dollar für 2,5 Milliarden Mark kaufen. Beim vertraglich vereinbarten Verkauf am 31. Mai erlöste er dann für eine Milliarde Dollar drei Milliarden Mark. Sein Gewinn: 500 Millionen Mark. Aber es ging auch umgekehrt. Solche Devisentermingeschäfte galten als narrensicher, solange die D-Mark gegenüber dem Dollar unterbewertet war. Schließlich musste die Deutsche Bundesbank eingreifen, wenn der Dollar-Kurs unter eine bestimmte Grenze sank. So sah es das System fester Wechselkurse vor. Was Zocker wie Dattel verdienten, zahlte also letzten Endes die Bundesbank.

Der Erfolg hielt sogar noch an, als diese nach dem Ende des Bretton-Woods-Systems im Jahre 1971 keine Unterstützungskäufe mehr für fremde Währungen tätigte. Nach der völligen Freigabe des Wechselkurses der D-Mark fiel der Kurs des Dollar gegenüber der bundesdeutschen Währung im Laufe der folgenden Jahre auf zwei zu eins. Scheinbar mühelos verdiente Dattel Geld, es herrschte Goldgräberstimmung. Als die Erfolgsserie riss und die Millionenverluste, die Dattels Crew zunächst verschleiert hatte, sichtbar wurden, war es zu spät: Iwan-David Herstatt, der die Privatbank aufgebaut und als persönlich haftender Gesellschafter geführt hatte, musste Insolvenz anmelden.

Dattel war einer der ersten Spekulanten, die zeigten, wie viel Geld man an den internationalen Finanzmärkten gewinnen oder verlieren konnte.[5] Mitte der Neunziger trat ein würdiger Nachfolger in seine Fußstapfen: Nick Leeson, ein 28-jähriger englischer Bankangestellter, ruinierte 1995 seinen Arbeitgeber, die 223 Jahre alte Barings-Bank. Leeson arbeitete in Singapur als Händler für das Institut und verheimlichte aus Ehrgeiz, wie riskant er spekulierte. Er wettete auf die Kursentwicklung japanische Elektrizitätswerke, und zwar im großen Stil. Nach dem Erdbeben von Kobe brach seine Spekulationskette zusammen. Das ehrwürdige Haus Barings, älteste Privatbank Englands, fiel mit: Wegen fehlgeschlagener Spekulation eines einzigen Händlers musste sie veräußert werden.

Dagegen überlebte die französische Großbank Société Genéral Anfang 2008 die eigenmächtigen Transaktionen des Händlers Jérome Kerviel, der seine Limits für Spekulationsgeschäfte drastisch überschritt und der Bank damit einen Schaden von 4,9 Milliarden Euro zufügte. Die Risiken der Spekulation sind enorm. Kein Mensch kann sie überblicken.

Dennoch laufen Verkaufsprozesse zum Teil sogar automatisiert ab, nicht mehr Händler entscheiden dann über Käufe und Verkäufe, sondern Computerprogramme. Nimmt man all diese Entwicklungen zusammen – Euro-Dollar-Markt, freies Währungssystem, Aufhebung der staatlichen Beschränkungen für den Kapitalverkehr – und zieht den technischen Fortschritt bei den Informationssystemen in Betracht; berücksichtigt man schließlich, dass etliche OPEC-Staaten jeden Tag mehr Geld durch den Ölverkauf einnehmen, als sie selbst für sinnvolle Investitionen ausgeben können, ganz zu schweigen für Güter des täglichen Bedarfs, so kann man sich vorstellen, dass die Kapitalströme im Laufe mehrerer Jahrzehnte ins Gigantische angeschwollen sind. Geld hat sich verselbstständigt, hat sich von der realen Güterwirtschaft gelöst und ist selbst eine Ware geworden.

So bekamen Anleger während der sogenannten Dotcom-Blase Ende der Neunzigerjahre, wenn sie Finanzprodukte aus der aufblühenden Internetbranche kauften, doppelt so hohe Renditen wie mit einer Investition in Industrie, Dienstleistung oder Landwirtschaft. Bei diesen Firmen wurde oft zum Zeitpunkt des Börsengangs noch nichts real erwirtschaftet. Was bei der Bewertung zählte, waren vor allem Prognosen über zukünftige Geschäfte. In den Augen vieler ein Systemfehler, da das Geld einseitig in monetäre statt reale Werte fließt.

Heute sind die Finanzmärkte das Gravitationszentrum der Weltwirtschaft. Keynes hatte ein solches System, in dem die reale Wirtschaft nur noch ein Anhängsel der Finanzmärkte ist, als Kasino bezeichnet. Die Politik hat den Finanzmärkten immer mehr Freiheiten erlaubt, und nach und nach haben diese alle Wirtschaftszweige und alle Regionen erfasst. Damit sind sie zum Motor dessen geworden, was man seit Beginn der Neunzigerjahre als Globalisierung bezeichnet. Drehscheibe des internationalen Kapitalverkehrs sind die Devisenmärkte. Es geht dabei um Zahlen mit vielen Nullen: Seit dem Zusammenbruch des Systems fester Wechselkurse haben die täglichen Umsätze von 15 Milliarden US-Dollar auf mehr als 3,4 Billionen US-Dollar zugenommen, das heißt, ein elfstelliger Betrag hat sich mehr als verzwanzigfacht.[6] Demgegenüber steht der gesamte Welthandel von Gütern und Dienstleistungen, der sich im Jahr 2005 auf knapp 20,67 Billionen US-Dollar belief. Im Vergleich heißt das: Weniger als sieben Tagesumsätze der Devisenbörsen hätten gereicht, um damit den gesamten Welthandel mit Gütern und Dienstleistungen zu finanzieren. Dies bedeutet ferner, dass weniger als zwei Prozent aller Devisengeschäfte tatsächlich etwas mit Warengeschäften zu tun hatten. 98 Prozent der Währungsgeschäfte dienten ausschließlich dazu, Gewinne aus den Schwankungen von Devisenkursen oder in fremden Währungen gehandelten Wertpapieren zu erzielen. Der Devisenhandel findet überwiegend in den großen Währungen US-Dollar und Euro statt, die 2007 rund 74 Prozent der Transaktionen ausmachten. Daneben spielen der japanische Yen und das britischen Pfund noch eine wichtige Rolle.Obwohl im System »freier Währungen« der Staat anfangs die Rolle des »Spielführers« an sich gerissen hatte, hat er sie inzwischen an Geld- und Kapitalmärkte verloren, die sich verselbstständigt haben.Das ganze Ausmaß der Verhältnisse zeigt eine Episode, die 1992 die Finanzwelt in ihren Bann zog:

Der Milliardär George Soros ging damals mit seinem Hedgefond, dem Quantum Fund, eine Wette gegen das Britische Pfund ein; er spekulierte auf dessen Abwertung und einen anschließenden Ausstieg der Briten aus dem Europäischen Währungssystem (EWS). Vor allem wettete er auf eine Abwertung des Pfund gegen den Dollar und die D-Mark. Konkret schloss er in großem Stil Termingeschäfte ab, bei denen er sich verpflichtete, zu einem späteren Zeitpunkt Pfund zu niedrigerem Kurs zu verkaufen. Das war möglich, weil das Europäische Währungssystem (EWS) durch die deutsche Einheit geschwächt war. Die Bundesrepublik hatte durch die Währungsunion ein bankrottes Industrieland übernommen: Durch den Umtausch von DDR-Mark in D-Mark im Verhältnis eins zu eins vergrößerte sich die Geldmenge ohne einen entsprechenden Anstieg der realen Gütermenge. Dadurch drohte Inflation, was die Bundesbank durch hohe Leitzinsen zu verhindern versuchte. Alle anderen Notenbanken der EWS-Länder mussten mitziehen, wollten sie die vereinbarten Währungsrelationen halten. Wegen der dadurch gestiegenen Kreditkosten senkten Unternehmen ihre Investitionsausgaben.

Die Deutsche Bundesbank wurde für ihre Geldpolitik international scharf attackiert, und Konzerne tauschten ihre Pfund-, Lire- und Peseten-Guthaben in andere Währungen ein, weil sie diese drei Währungen im Vergleich zur D-Mark für überbewertet hielten. Damit lagen sie richtig. Welche Auswirkungen dies für das Europäische Währungssystem (EWS) haben würde, und wie man daraus Nutzen für sich selbst ziehen kann, erkannten als Erste die Manager des Quantum Fund.

Das EWS hatte seit 1979 für stabile Währungen in Europa gesorgt. Ihre Strategie: Sie nahmen Kredite auf, liehen sich täglich größere Summen in britischem Pfund, wechselten diese gleich bei britischen Banken in D-Mark um, die diese wiederum bei der Bank of England orderten. Je mehr Anleger dem Beispiel folgten, desto eher würden der englischen Notenbank die D-Mark-Reserven ausgehen. London versuchte mit höheren Zinsen, dagegenzuhalten. Aber die Rechnung von Soros ging auf: Nach kurzer Zeit musste Großbritannien seine Währung deutlich abwerten und das Europäische Währungssystem verlassen. Nun konnte der Quantum Fund zum niedrigeren Kurs Pfund kaufen und damit seine Kredite begleichen. Auf die Bevölkerung umgerechnet, kosteten die vergeblichen Abwehrmaßnahmen der Notenbank jeden einzelnen Briten zwölf Pfund, Soros war dagegen auf einen Schlag um eine Milliarde US-Dollar reicher.

In den folgenden Tagen wiederholte sich der Vorgang mit der italienischen Lira und der spanischen Pesete. Nach einem Dutzend verlorener Abwehrschlachten der Notenbanken scheiterte wenig später der westeuropäische Stabilitätspakt. Die Notenbanken und damit letztlich den Steuerzahler kosteten diese wenigen Wochen mehr als 100 Milliarden Mark.[7] In den Augen der Anhänger des freien Devisenmarktes war das nichts Unrechtes.

Investoren profitierten seit Anfang der Siebzigerjahre auch in Lateinamerika und Asien von der Lockerung von Kapitalmarktkontrollen. Als kurzfristig in diese Länder gepumpte Spekulationsgelder aber plötzlich in großem Umfang wieder abgezogen wurden, wurden diese Regionen schwer in Mitleidenschaft gezogen. Die abrupte Umkehr der Geldflüsse führte zu einem massiven Verfall der Währungen in den betroffenen Ländern und schwächte die Bankensysteme.[8] Nach einem drastischen Zins- und Dollaranstieg kam es zur ersten größeren Schuldenkrise 1982 in Mexiko, die auch andere südamerikanische und afrikanische Länder erfasste. In den folgenden zehn Jahren kam es zu einem Nettofluss von Kapital vom Süden in den Norden.

Mittlerweile setzen die Finanzmärkte die Regierungen aller Länder unter Druck. Wohin die Entwicklung führen würde, hatte schon 1996 der ehemalige Präsident der Deutschen Bundesbank, Hans Tietmeyer, den Politikern bei einem Treffen im schweizerischen Davos gesagt. »Von jetzt an seid ihr unter der Kontrolle der Finanzmärkte.«[9] Das Problem dabei: Je freier das Kapital ist, desto mehr müssen die Regierungen die Besitzer von Geldvermögen begünstigen, damit diese ihr Geld nicht in ein anderes Land transferieren. Die Interessen der Geldvermögenden liegen bekanntlich in einer niedrigen Inflation, einem stabilen Außenwert der Währung und möglichst geringen Leitzinsen der Notenbanken. Und damit gerieten die Staaten in einen Standortwettlauf um die Vermögenden und Unternehmen. Gleichzeitig gediehen die Steueroasen vor den Küsten der Industrieländer. Die Staaten wurden erpressbar.

Die Schaffung einer einheitlichen Währung für den Euroraum wenige Jahre später versetzte dem florierenden Devisenhandel vorübergehend einen Dämpfer – mit dem Wegfall vieler nationalstaatlicher Währungen nahmen die Spekulationsmöglichkeiten ab. Der Euro, für dessen Geldwertstabilität die Europäische Zentralbank verantwortlich ist, senkte die Kosten für Handel treibende Unternehmen und ist seit 2002 offizielles Zahlungsmittel in 15 der 27 EU-Staaten und inoffizielles in einer ganzen Reihe mehr.

1 *WISO*, 3/2001
2 Ludwig Dohmen, *Geld, das keiner sieht – Narkotikum oder Finanzchance für die Wirtschaft: Euro Dollar*, WDR, 20.12.1966
3 Ramón Fernández Durán, *Global Finance Capitalism an Permanent War: The Dollar, Wall Street, and the War against Iraq*, 2004
4 Weed, *Schuldenreport 2003 – Die Umverteilungsmaschine*, 3.4.2003
5 *Süddeutsche Zeitung*, 11.3.2008
6 BIZ *Jahresbericht 2007*, S. 102
7 Hans-Peter Martin, Harald Schumann, *Die Globalisierungsfalle*, Hamburg 2006, S. 89
8 Joseph Stiglitz, *Die Schatten der Globalisierung*, Berlin 2007, S. 22
9 *Der blaue Reiter*, 11/2000

Kapitel VI

Die Dollarschwemme
Mehr Geld – aber nichts mehr wert

Einige Monate nach Ausbruch der Hypothekenkrise in den USA im Sommer 2007 forderte Josef Ackermann, Chef der Deutschen Bank und Chairman des Institute of International Finance (IIF), eine weltweit »konzertierte Aktion von Banken, Regierungen und Notenbanken«, um das verspielte Vertrauen in die Finanzmärkte zurückzugewinnen. »Ich glaube hier nicht an die Selbstheilungskräfte des Marktes«, waren seine Worte. Das Übel müsse an der Wurzel gepackt werden, die USA müssten versuchen, ihren Häusermarkt zu stabilisieren. So wie Ackermann sprachen damals viele Bankmanager – sie verwechselten absichtlich oder unabsichtlich Ursache und Wirkung.

Der Zusammenbruch des US-Häusermarkts mit seinen verheerenden Wirkungen war nämlich nur ein Symptom. Die Immobilienkredit-Blase wäre gar nicht entstanden, wenn die Banken nicht jahrelang verantwortungslos hunderte Milliarden Dollar in den Immobilienmarkt gepumpt hätten. Nur aufgrund günstiger Kredite konnten Bürger ein Haus erwerben, die früher wegen zu geringer Einkommen nicht im Traum daran gedacht hätten – und zwar Millionen von Bürgern. In dieser neuen Ära der Kreditpolitik stieg die Zahl der Hausbesitzer in den Vereinigten Staaten von 1994 bis 2006 um ganze fünf Prozentpunkte auf 69 Prozent.[1] Auf die amerikanische Wirtschaft wirkte dies wie ein gewaltiges Konjunkturprogramm. Die Strategie der Banken ging auf, solange die Immobilienpreise nach oben gingen. Angesichts der steigenden Preise für Eigentumswohnungen und Häuser wurden deren Besitzer sogar vermögender. Banken gewährten ihnen gerne weitere Kredite, eine Kreditblase begann sich aufzublähen. Diese Dynamik gilt nicht nur für die USA – in allen entwickelten Nationen stieg der Marktwert des Wohneigentums von 2000 bis 2005 von 40 auf mehr als 70 Billionen US-Dollar, schätzt die britische Wirtschaftszeitung *The Economist*.[2]

In den USA platzte die Blase 2007, allerdings mit spürbaren Folgen für die gesamte Weltwirtschaft. Plötzlich sahen alle, dass die Hausbesitzer ihren Verpflichtungen nicht nachkommen konnten.

Die Banken werden heute zu Recht für ihre Geschäftspraktiken kritisiert. Und eine härtere Regulierung durch die Aufsicht sowie den Gesetzgeber hätte die leichtsinnige Vergabe von Krediten verhindern können, durch die viele geschädigt wurden: sowohl die kreditbelasteten Hausbesitzer, deren Immobilien zwangsversteigert werden mussten, als auch die Steuerzahler schlechthin. Auch ohne persönlich in das Geschehen verstrickt zu sein, mussten sie letztlich für die Kosten der weltweiten Immobilienkrise aufkommen: wenn Regierungen Banken verstaatlichten oder für deren Verbindlichkeiten bürgten.

Bei der Suche nach den Verantwortlichen für die Kreditkrise muss man einen Schritt weiter gehen und die Rolle der amerikanische Zentralbank, der Federal Reserve (Fed) beleuchten. Sie hat durch ihre Zinspolitik die Kreditschwemme erst ermöglicht – insofern könnte man von einem Staatsversagen sprechen. Unter ihrem Präsidenten Alan Greenspan verlieh die Fed den Banken »zu sehr günstigen Konditionen« Zentralbankgeld, schreibt der Sachverständigenrat der deutschen Regierung in seinem Jahresgutachten 2007.[3] Dies war die Voraussetzung für die großzügige Kreditvergabe der Geschäftsbanken an die Bürger. Gleichzeitig vertrat Greenspan die Ansicht, keine Regulierung der Banken sei die beste Regulierung. »Diese Mentalität hat sich verbreitet«, so der Wirtschaftsprofessor Joseph Stiglitz beim Treffen von Wirtschaftsnobelpreisträgern im August 2008.[4]

Als Chef der amerikanischen Notenbank war Alan Greenspan von 1987 bis 2006 der mächtigste Bankenchef der Welt. Aus seinem Mienenspiel versuchten die Börsianer die Zukunft zu deuten wie einst im alten Rom die Auguren aus dem Vogelflug. Runzelte er die Stirn bei der Verkündung der amerikanischen Zinspolitik, konnte dies die Börsen erschüttern. Greenspan wurde extrem aufmerksam verfolgt. Wie weit dies ging, schildert er selbst in seiner Autobiografie:

»Auf dem Höhepunkt des Dotcom-Booms erfand der Fernsehsender CNBC das »Aktentaschen-Barometer«. Am Morgen vor den Sitzungen des FOMC folgten mir die Kameras auf dem Weg zur Notenbank. War meine Aktentasche schlank, so die Theorie, dann war ich unbeschwert, und der Wirtschaft ging es gut. War sie dagegen dick, stand eine Zinserhöhung bevor.«[5]

Unter Greenspan gab es mehr Dollar auf der Welt als je zuvor. Ob der Notenbankchef und seine Kollegen aus Überzeugung handelten oder ob die amerikanische Regierung Druck machte, ist nicht zu sagen. Das Resultat war jedoch immer das gleiche: die Geldmenge stieg und stieg. »Was möchte jeder Mensch haben? Mehr Geld. Also gab Greenspan den Menschen mehr Geld, aber nicht so viel mehr, dass sie merkten, dass sie nur Papierfetzen bekamen, für die sie sich immer weniger leisten konnten. Das ist das Geheimnis: den Menschen die Illusion zu lassen, sie hätten mit mehr Geld auch mehr Kaufkraft«, wie es der US-Finanzkolumnist Bill Bonner gegenüber der *Süddeutschen Zeitung* ausdrückte.[6]

Greenspan schritt ein, wenn der Wohlstand durch eine Krise bedroht schien – dann sorgte er dafür, dass Geld billig vorhanden war. So wie Anfang 2001, als die Internet-Blase geplatzt war. Als die Aktienkurse in den Keller gingen, eine Börsenbaisse einsetzte und Rezessionsängste aufkamen, da senkte die Fed siebenmal die Zinsen. Und als nach den Anschlägen vom 11. September 2001 erneut die Börsen einbrachen, Konjunkturängste aufflammten, da senkte die amerikanische Notenbank weitere vier Mal die Zinsen. Es braucht nicht viel Phantasie, um sich auszudenken, wie die Notenbank reagierte, als nach der Unternehmenspleite von Enron gefälschte Bilanzen für Unruhe sorgten: Sie verbilligte das Geld.

2003 lag deshalb der Leitzins und damit der Preis, zu dem sich Banken bei der amerikanischen Notenbank die Leitwährung der Welt ausborgen konnten, weit unter der Inflationsrate. De facto bekamen die Menschen Geld geschenkt. Angesichts eines derart niedrigen Zinsniveaus lohnte sich Sparen für die US-Bürger nicht mehr, woraufhin die ohnehin schon niedrige Sparquote noch weiter sank. Die Verbraucher orientierten sich an den Zinssignalen der Fed, leisteten sich auf Kredit ein gutes Leben und zahlten dafür am Ende einen hohen Preis.

Allerdings macht man es sich zu einfach, wenn man nur der amerikanischen Notenbank den schwarzen Peter zuschiebt. Letztlich kann keine Notenbank der Welt, auch die Fed nicht, sich wirksam gegen den Geldfluss stemmen, der von den Anlegern ausgeht. Die Zinssenkungen in den USA hätten sich kaum ausgewirkt, wenn viele Anleger nicht ohnehin ihr Geld in den USA hätten anlegen wollen, weil dort hohe Renditen zu erzielen waren, unter anderem, weil die Preise für Immobilien durch die Spekulation ungeahnte Höhen erreicht hatten. Der frühere Chef der deutschen Bank, Rolf Breuer, sprach es selber aus: »Anleger müssen sich nicht mehr nach den Anlagemöglichkeiten richten, die ihnen ihre Regierung einräumt, vielmehr müssen sich die Regierungen nach den Wünschen der Anleger richten.«[7]

Greenspan wurde von den Anlegern mehrfach als Retter der Weltkonjunktur gefeiert. »Der Boom auf dem privaten Immobilienmarkt hat die Wirtschaft gerettet. Enttäuscht vom Aktienmarkt haben die Amerikaner eine Immobilienorgie gefeiert«, schrieb beispielsweise der Wirtschaftskolumnist Robert Samuelson am 30. Dezember 2002 in *Newsweek*.[8] Kritik an der Politik der US-Notenbank haben vor dem Ausbruch der Immobilienkrise nur wenige geäußert. Und zunächst hat der neue amerikanische Notenbankchef Ben Bernanke darauf auch erneut mit einer Fortsetzung der Strategie des billigen Geldes reagiert. Billiges Geld ist jedoch eine entscheidende Zutat für jede Blase, neben den Erwartungen der Investoren, dass es einen neuen Trend mit besonderen Gewinnmöglichkeiten an den Finanzmärkten geben wird.

Am Ende steht eine Null

Obwohl die amerikanische Notenbank die Wirtschaft über Jahrzehnte mit einer Geldschwemme stimulierte, stieg die Inflation überraschenderweise nicht an; vielmehr schien das Schreckgespenst der Geldentwertung in den Siebzigerjahren von der Weltbühne abgetreten zu sein. Dabei nahm die Geldmenge deutlich schneller zu als die Gütermenge. Und damit hätte es theoretisch zu einer Geldentwertung kommen müssen. Warum war es diesmal anders als in der Wirtschaftsgeschichte? Die Ursache liegt in der Globalisierung.

Im großen Stil wurde die industrielle Fertigung in Billiglohnländer verlagert, was sich besonders plastisch zeigt am Beispiel Chinas. 1978 hatte die chinesische Regierung unter Deng Xiaoping den Startschuss für radikale wirtschaftliche Reformen gegeben. Seitdem entwickelte sich das Reich der Mitte zur Werkbank der Welt. Von Häfen wie Shanghai starten täglich Containerschiffe mit Alltagswaren wie Kleidung, Spielzeug oder Pfannen für Konsumenten in Amerika, Europa und Afrika. Da ein chinesischer Arbeiter meist nur ein Zehntel einer einheimischen Arbeitskraft kostet, konnten Unternehmen ganz neu kalkulieren. Sie verlagerten also die Produktion in großem Umfang nach Asien. Weltweit sanken die Preise für Konsumgüter, obwohl die Geldmenge zunahm. Weil Konsumgüter billiger wurden, stieg sogar der Lebensstandard vieler Menschen in den Industrieländern. Besonders viel konsumierten die Amerikaner, was allerdings ein Loch in die vor allem die Güterein- und ausfuhren umfassende Leistungsbilanz der größten Volkswirtschaft der Welt riss. 2007 betrug das Minus knapp 800 Milliarden Dollar – 5,7 Prozent aller in den USA für den heimischen Gebrauch hergestellten Waren und Dienstleistungen, sprich: des Bruttoinlandsprodukts.

Hätten sich alle an die Spielregeln gehalten, dann hätten beispielsweise auch Yen und Remimbi gegenüber dem Dollar aufgewertet werden müssen – so wie das mit dem Euro geschah. Doch in Schwellenländern wie China bestimmt die Regierung über den Wechselkurs der Währung. Die Volksregierung gab der Notenbank den Auftrag, zu intervenieren: Die Peoples Bank of China (PBoC) kaufte den Geschäftsbanken Dollar ab und stellte ihnen dafür Guthaben in der eigenen Währung zur Verfügung – in Form von Geld, das die PBoC selbst schaffen kann. Für eine Notenbank, die eine Aufwertung ihrer Währung verhindern will, gibt es im Grunde keine Grenze.

Gestopft wurde das Loch in den USA durch Kapitalzuflüsse aus dem Rest der Welt – und damit von den Sparern aus dem Ausland. Geldbesitzer aus verschiedenen Regionen der Welt kauften in den USA Wertpapiere, investierten direkt in amerikanische Unternehmen oder amerikanische Staatspapiere. Die Ersparnisse in Asien und den ölexportierenden Ländern verhalten sich spiegelbildlich zum kreditfinanzierten Konsum in Amerika. Am Ende ist die Summe aller Guthaben und Schulden immer Null, sie heben sich auf.

Die Politik der USA wird allerdings nur so lange funktionieren, wie die Geldbesitzer Vermögen in die Vereinigten Staaten transferieren.

Sollten die Anleger und Notenbanken eines Tages ihre Gelder doch abrupt abziehen, käme es zu einer plötzlichen Dollarabwertung samt der entsprechenden Aufwertung anderer Währungen. Die USA gerieten unter Inflationsdruck und müssten dann mit steigenden Zinsen reagieren, wodurch die Weltwirtschaft wiederum in ganz andere Turbulenzen geraten dürfte.

1 Alan Greenspan, *Mein Leben für die Wirtschaft*, Frankfurt a. M. 2007, S. 265

2 Alan Greenspan, *Mein Leben für die Wirtschaft*, Frankfurt a. M. 2007, S. 266

3 Sachverständigenrat zur Begutachtung der gesamtwirtschaftlichen Entwicklung, *Jahresgutachten 2007/2008*, S. 93

4 *Süddeutsche Zeitung*, 24.8.2008

5 Alan Greenspan, *Mein Leben für die Wirtschaft*, Frankfurt a. M. 2007, im Fototeil zwischen S. 408 und S. 409

6 *Süddeutsche Zeitung*, 19.6.2008

7 *DIE ZEIT*, 21/2000

8 Alan Greenspan, *Mein Leben für die Wirtschaft*, Frankfurt a. M. 2007, S. 265

Kapitel VII

Unsere liebste Geldanlage
Staatsverschuldung

Seitdem man Schulden machen kann, haben Regierungen sich Geld geborgt. Sie führten damit Kriege auf Pump, bauten Schlösser, bezahlten den Hofstaat. Schon die spanischen Könige standen im fünfzehnten Jahrhundert bei den Privatbankiers tief in der Kreide. Bis heute hat sich an dem Prinzip nichts geändert, fast alle Regierungen lassen anschreiben. Als unproblematisch gilt es, wenn ein Staat Kredite aufnimmt, um notwendige Straßen, Schulen oder Telekommunikationsnetze zu bauen, so wie Deutschland nach der Wiedervereinigung. Problematisch ist es, wenn Staaten mit Krediten die laufenden Ausgaben bestreiten, beispielsweise ihre Beamten mit Krediten bezahlen.

Es gibt verschiedene Möglichkeiten für Regierungen – ob Bund, Länder oder Gemeinden –, sich Geld zu borgen: Sie können es sich bei anderen Staaten oder privaten Unternehmen leihen. Meistens geben sie jedoch Anleihen aus. Wenn Deutschlands Finanzminister Geld benötigt, geht er nicht zur Bank. Manchmal erhöht er die Steuern, aber das ist unpopulär. Lieber leiht er sich Geld.

Um mit den Finanzprofis mitzuhalten, hat das Ministerium die »Deutsche Finanzagentur« gegründet, eine GmbH, deren einziger Gesellschafter die Bundesrepublik Deutschland ist. Von Frankfurt aus organisieren deren Mitarbeiter, darunter ehemalige Banker, das Management der 922 Milliarden Euro, mit denen der Bund in der Kreide steht. Unter anderem versteigern sie Anleihen an ausgewählte Banken: Die Bank, die den niedrigsten Zins fordert, bekommt den Zuschlag. Daneben verkauft die Agentur Anleihen auch an jeden Kleinanleger, wofür sie dann Anzeigen schaltet wie »Bundesobligationen bieten Ihnen alles, außer bösen Überraschungen«. Die Behörde arbeitet dabei wie eine Direktbank: Jeder Anleger kann bei ihr kostenlos ein Depot mit Staatspapieren führen. Früher mussten Schatzbriefe bei Banken oder Sparkassen gekauft werden. Heute können Anleger sogar Sparpläne bei der Bundesagentur abschließen.

Wie viele Zinsen eine Regierung ihren Gläubigern zahlen muss, richtet sich nach der Bonität des Landes. Die Einstufung machen wie bei

Unternehmen die Ratingagenturen, also private Unternehmen wie Standard & Poor's oder Moodys. Sie errechnen, wie wahrscheinlich es ist, dass ein Gläubiger seine Schuld nicht begleicht. Je höher das Ausfallrisiko, desto schlechter ist das Rating, und umso höher sind die Renditen, welche Anleger für die Anleihen verlangen können. Die Unterschiede sind groß: So müssen Regierungen der Dritten Welt für ihre Anleihen fünf- bis siebenmal höhere Zinsen zahlen als beispielsweise die amerikanische Regierung.

Die Gesamtschulden der Entwicklungsländer haben sich seit Anfang der Achtziger auf 2,19 Billionen Dollar mehr als vervierfacht. Gleichzeitig sind auch die Staatsschulden in vielen reichen Ländern, allen voran den USA, gestiegen. Überhaupt spielen die USA eine Sonderrolle, schließlich ist der Dollar die Leitwährung. Deswegen ist in den Vereinigten Staaten möglich, was sonst unmöglich wäre: Die Währung bleibt trotz eines jahrelangen Leistungsbilanzdefizits stabil.

Sollten sich die Finanzinvestoren und Notenbanken der Überschussländer jedoch entscheiden, Dollaranlagen in großem Stil in andere Währungen wie Euro, Yen oder Franken zu tauschen, könnten abrupte Erschütterungen der Wechselkurse die Folge sein. Die größte Eruption dürfte es geben, wenn China seine riesigen Dollarbestände verkauft, die es in den vergangenen Jahren angehäuft hat. Bislang konnten es sich die USA aufgrund ihrer hegemonialen Macht leisten, Wechselkursschwankungen zu ignorieren, Leistungsbilanzdefizite hinzunehmen und eine expansive Geld- und Fiskalpolitik zu betreiben. »Nun läuft dieser Kurs aus dem Ruder, die Welt hat mehrere ökonomische und politische Pole bekommen, und es gibt den Euro als eine zweite Weltreservewährung, gewissermaßen im Wartestand. Insofern ist die letzte Ursache der Probleme ein durch die Globalisierung entstandenes institutionelles Vakuum: ein Mangel an organisierter Koordination«, schreibt der Berliner Volkswirtschaftsprofessor Jan Priewe.[1] Die Berechnungen über die notwendige Dollarabwertung gehen weit auseinander, sie schwanken zwischen dreißig bis fünfzig Prozent gegenüber dem Euro und asiatischen Währungen.

Verglichen mit der amerikanischen Staatsverschuldung erscheinen die Schulden vieler Entwicklungsländer absolut betrachtet als gering. Die

USA erwirtschaften etwa ein Fünftel des jährlichen Welteinkommens. Angesichts dieser wirtschaftlichen Leistungsfähigkeit verkraften die USA einen gigantischen Schuldenberg von mehr als 8.400 Milliarden Dollar, dies waren 2007 mehr als sechzig Prozent des Bruttosozialprodukts.[2] Die Regierung der größten Volkswirtschaft der Erde war ebenfalls in der Lage, im Sommer 2007 wankende Finanzinstitute mit unvorstellbar großen Summen zu stützen, wie zum Beispiel 85 Milliarden Euro für den Versicherer AIG oder 70 Milliarden für die beiden Hypothekenfinanzierer Fannie Mae und Freddie Mac.[3]

Verglichen mit diesen Zahlen wirken die Beträge, um die es bei den Entwicklungsländern geht, beinahe läppisch – und doch sind diese die Hauptbetroffenen der Schuldenkrise. Für sie wird der Schuldenstand oft zu einem Entwicklungshemmnis, die Kosten für die Schuldenbedienung steigen schneller als die Erlöse aus der Wirtschaft. Im Jahr 2005 belief sich die Entwicklungshilfe der Industrieländer für 122 Länder der Dritten Welt auf 58 Milliarden Dollar. Das klingt nach sehr viel Geld. Im selben Jahr überwiesen dieselben Länder den Banken des Nordens 482 Milliarden Dollar als Schuldendienst: das Neunfache.[4] Die Auswirkungen dieses Prinzips, das nach 1982 ein Jahrzehnt lang zu einem Netto-Kapitalabfluss aus dem Süden geführt hatte, bezeichnet Peter Wahl, Finanzmarktexperte bei der Nichtregierungsorganisation Weed im übertragenen Sinn als »Bluttransfusion vom Kranken zum Gesunden«.[5]

Bei der Gruppe der armen, hochverschuldeten Länder, den sogenannten Highly Indebted Poor Countries, den HIPCs, hat es durch die HIPC-Initiative der Industrieländer von 1999 hin inzwischen eine gewisse Erleichterung gegeben; die Schuldenkrise, die jahrelang die Finanzbeziehungen zwischen Nord und Süd beherrschte, hat dadurch an Brisanz verloren. 41,3 Milliarden Dollar hat der reiche Norden bisher für eine Schuldenreduzierung bereitgestellt, geplant waren 70 Milliarden. Trotzdem müssen die armen Länder durchschnittlich jedes Jahr für die Tilgung und Zinsen der Kredite mehr Geld aufbringen, als sie mit dem Export ihrer Güter und Dienstleistungen verdienen.

Menschen oder Unternehmen, die sich überschulden, gehen in die Insolvenz – doch was passiert mit Staaten? Wenn die Schulden rascher wachsen als die Wirtschaftsleistung, brechen die Staaten irgendwann zusammen. Ein »Ausweg« ist die Geldvernichtung durch eine entsprechend hohe Inflation. Schuldner können sich dann mit wertlosem Geld ihrer Verpflichtungen entledigen, auf Kosten der Geldgeber, die auf diese Weise ihre Ersparnisse verlieren. Unsere Großeltern haben während der Weimarer Republik eine der größten Geldentwertungen der Geschichte erlebt. Konnte man im Juli des Jahres 1914 eine Papiermark noch in 4,20 Dollar umtauschen, so musste man im Januar 1923 schon 10.000 Papiermark hinlegen, und am 20. November 1923 schon wahnwitzige 1.000.000.000.000. Die Wirtschaft brach zusammen, die Arbeitslosigkeit stieg, die Reallöhne fielen ins Bodenlose.

Die absolute Höhe der Staatsverschuldung sagt allerdings überhaupt nichts aus. Viel aussagekräftiger ist es, die Schulden eines Landes an seiner Wirtschaftskraft zu messen, also an den Waren und Dienstleistungen, die seine Bewohner schaffen. Die deutsche Verschuldung beträgt gut 60 Prozent des Bruttoinlandsprodukts. In Österreich beträgt sie 64,2 Prozent, in der Schweiz 55,5 Prozent und in den USA 62,2 Prozent. Diese sogenannte Schuldenstandsquote ist in Europa seit dem Jahr 2005 gesunken, in den USA dagegen gestiegen.

Für staatliche Schuldner gelten andere Gesetzmäßigkeiten als für private, egal ob Verbraucher oder Unternehmen. Mit 3,6 *Billionen* Euro sind die deutschen Firmen viel höher verschuldet als der Staat. Und Privatpersonen müssen leider ganz anders rechnen: Anders als der Staat haben sie ihre Schulden zu Lebzeiten zurückzuzahlen.

Rein theoretisch könnten Staaten ihre gesamten Schulden abbauen. Praktisch sähe das so aus: Um die öffentliche Verschuldung in Deutschland auf Null zu bringen, müsste der Staat von jedem Bürger auf einen Schlag 19.000 Euro bekommen. Die Politiker sehen es heute schon als einen Erfolg an, wenn sie es schaffen, während eines Wirtschaftsbooms keine zusätzlichen Schulden zu machen. Allein der Bund schuldet seinen Bürgern heute 922 Milliarden. Mittlerweile haben sich die Bürger an das Wort Neuverschuldung und die Haushaltssituation, die es bezeichnet, gewöhnt. Längst vorbei sind die Zeiten der Grundsatzdebatten, die noch in den Sechzigerjahren geführt wurden, als Bund und Länder erst begannen, einen Teil ihrer Ausgaben über Kredite zu finanzieren. Was würde überhaupt passieren, wenn die Finanzminister der Industrieländer beschlössen, überhaupt keine Schulden mehr zu machen?

Die Summen, die jetzt in Staatsanleihen fließen, würden anderswo angelegt, riskanter – in Aktien, Unternehmensanleihen oder vielleicht auch in Beteiligungen an Hedgefonds. Unternehmen und Bürger müssten sich selber stärker verschulden, wenn der Staat als großer Schuldner wegfiele: Habenzinsen können nur gezahlt werden, wenn jemand anderes Sollzinsen bezahlt. Andererseits hätten die Regierungen bei einer geringeren Verschuldung viel mehr Geld für staatliche Aufgaben zur Verfügung.

42,45 Milliarden Euro wird die deutsche Bundesregierung im Jahr 2009 an Zinsen zahlen, das ist der zweitgrößte Haushaltsposten in einem Gesamtetat von 288,4 Milliarden Euro[6] – und mehr als das Vierfache der Bundesausgaben für Bildung und Forschung. Sie werden den Menschen gezahlt, die sich Staatsanleihen leisten können. Auch jeder, der eine Lebensversicherung besitzt, ist indirekt an Staatsanleihen beteiligt, da die Assekuranz-Manager den Löwenanteil, häufig mehr als achtzig Prozent der Spargelder, in festverzinsliche Anleihen investieren. Bezahlt werden die Zinsen der Staatsschulden aber mit Steuern, und damit von allen Bürgern: arm oder reich, und selbst von denen, die nur beim täglichen Einkauf von Nahrungsmitteln Steuern in Form von Mehrwertsteuer zahlen. Damit trägt Staatsverschuldung zu einer Umverteilung von unten nach oben bei.

1 *Aus Politik und Zeitgeschichte*, 7/2008
2 CIA, *The 2008 World Fact Book*, 2008
3 *Süddeutsche Zeitung*, 18.9.2008
4 Jean Ziegler, *Das Imperium der Schande*, München 2005, S. 71
5 *Aus Politik und Zeitgeschichte*, 7/2008
6 *Financial Times Deutschland*, 30.6.2008

Wall Streets
Wie Börsen funktionieren

Bilder von hektisch schreienden und wild gestikulierenden Menschen: Was man auf den ersten Blick für das Chaos am Schauplatz einer Katastrophe halten könnte, ist in Wirklichkeit eine Präsenzbörse. Im Fernsehen zeigt man uns, und sei es nur im Hintergrund, häufig Bilder von dieser Form der Handelsbörse, bei der Käufer und Verkäufer von Wertpapieren, Devisen oder Rohstoffen persönlich anwesend sind. Hier werden im Vergleich von Angebot und Nachfrage die Kurse ermittelt. In der Praxis sind die Präsenzbörsen durch die Computerbörsen weitgehend abgelöst worden.

Vor oder nach den Fernsehnachrichten wird uns der »Bericht von der Börse« geliefert, Aktienkurse werden kommentiert, und angesichts dieser Präsentation von Kursentwicklungscharts könnte bei dem Laien der Eindruck entstehen, es ginge an der Börse allein um Zahlen – Gewinne oder Verluste für Aktionäre. Dabei kommen wir nicht unbedingt auf die Idee, dass es Börsen schon viel länger als Aktiengesellschaften gibt.

Nach der Entdeckung Amerikas durch Christoph Kolumbus nahm der Handel sprunghaft zu. Es bestand Bedarf nach einem Zentrum zum Verkauf von Waren. Die erste internationale Börse wurde 1531 im belgischen Brügge eingerichtet. Der Name Börse leitet sich angeblich von der Kaufmannsfamilie von der Burse ab. Deren Name wiederum wird auf »beurs« zurückgeführt, das niederländische Wort für Geldbeutel, dessen Abbildung sie auch dreifach im Wappen trugen. Vor dem Haus der Familie sollen sich italienische Kaufleute regelmäßig zu Geschäften getroffen haben. An Börsen wird seither vieles gehandelt. Heute denkt man dabei meistens an Unternehmensbeteiligungen und Devisen; aber auch ganz handfeste landwirtschaftliche Produkte werden weiterhin an Börsen umgesetzt, wie zum Beispiel Kaffee und Tee, Ferkel und Rinder, Baumwolle und Getreide, Blei und Gold. Und selbstverständlich Mineralöl.

In den Siebzigerjahren holten manche Banken die Wertpapierbörse regelrecht ins Haus: Sie ließen die Kurse laufend auf Bildschirmen in die Schalterhallen übertragen. Inzwischen hat der Computer die Szene erobert. So wie er es dem Bankkunden erlaubt, rund um die Uhr Bargeld am Automaten zu ziehen, ermöglicht er es dem »Börsianer«, jederzeit und weltweit Wertpapiere zu kaufen. Irgendwo ist aufgrund der unterschiedlichen Weltzeitzonen (fast) immer eine Börse geöffnet – in New York, Tokio, Singapur, Frankfurt oder London. Über das Internet kann man hier oder dort seine Order, also seinen Auftrag zum Kaufen oder Verkaufen abgeben. Während wir uns daran gewöhnt haben, dass Informationen am unteren Bildrand von TV-Nachrichtensendern kontinuierlich als Textlaufband eingeblendet werden, wurden die Informationen früher zeitversetzt verbreitet. Geliefert werden sie von Nachrichtenagenturen wie Reuters oder Bloomberg, deren Dienste von Kunden abonniert werden können. Dazu zählen insbesondere Banken, die sich so direkt über Unternehmen und Aktienkurse informieren. Reuters hatte einst seinen Kunden einen Informationsvorsprung von sechs Stunden verschafft, indem die Agentur zwischen Brüssel und Aachen Brieftauben einsetzte. Heute sind durch den Computers alle Informationsdienste fast gleich schnell.

Bei einer Börse handelt es sich demnach nicht zwingend um einen physisch existierenden Ort, sondern um ein System, und davon gibt es verschiedene: An den Kassabörsen werden Leistung und Gegenleistung nahezu zeitgleich ausgetauscht. Dagegen benutzen Leute, die nicht sofort, sondern erst zu einem späteren Zeitpunkt an einem Geschäft interessiert sind, die Terminbörse: Sie erwerben zum Zeitpunkt des Geschäfts noch keine Waren oder Wertpapiere, sondern vorerst nur die Option, diese zu einem bestimmten Preis (= Kurs) zu einem bestimmten Termin zu erwerben. Durch solche Geschäfte kann ein Unternehmen sich über definierte Zeiträume gegen große Kursschwankungen absichern, beispielsweise beim Kauf oder Verkauf von Rohstoffen (Hedge-Geschäft). Spekulanten nutzen denselben Mechanismus hingegen, um mit wenig Kapitaleinsatz viel Geld zu gewinnen: Wer sich heute zur Lieferung von Rohöl in drei Monaten verpflichtet, braucht es jetzt noch nicht zu haben, er muss es nur innerhalb der Frist besorgen. Solchen Spekulationen schreibt man einen Teil der sprunghaften Rohölpreissteigerung in den Jahren 2007/2008 zu.

Zur raschen Information über das Börsengeschehen dienen sogenannte Indizes. Der Deutsche Aktienindex (DAX) ist ein Beispiel dafür. Er zeigt an, wie sich die dreißig umsatzstärksten deutschen Aktien zusammengenommen im Durchschnitt entwickeln. An der New Yorker Börse werden außerdem die Aktien von Unternehmen der wichtigsten Wachstumsbranchen notiert: Hersteller von Chips, Computern und Biotechnologie werden im Nasdaq zusammengefasst. Der Dow-Jones-Index, einer der ältesten Indizes überhaupt, umfasst ausgewählte Industrie-, Transport- und Versorgungsunternehmen. Über diese Beispiele hinaus gibt es heute Hunderte solcher Indizes, für spezielle Branchen, Regionen oder Wachstumswerte.

Ein Stück vom Kuchen
Wer eine Aktie kauft, der erwirbt einen kleinen Firmenanteil. Bevor ein Unternehmen Anteile über die Börse veräußert, wird umgerechnet: Wie viel ist das Unternehmen und folglich ein Stückchen davon wert? Daraus ergibt sich der Ausgabekurs (Emissionskurs). Ein Unternehmen wird im Normalfall von einigen Banken an die Börse gebracht. Sie setzen einige Zeit vorher Verkaufsspannen fest. Anhand der Order von Kaufinteressenten wird der Endpreis definiert, zu dem die Aktie an den Markt kommt. Bisweilen signalisieren nur sehr wenige Käufer Interesse – dann fällt der Börsengang aus. Wenn viel mehr Käufer da sind als Aktien, gilt eine Aktie als überzeichnet. Meistens wird die Zuteilung je Kaufwunsch dann rationiert.

Gibt ein bereits börsennotiertes Unternehmen im Laufe der Zeit weitere Aktien aus, entfällt auf jede Aktie ein geringerer Anteil des Unternehmens. Ob das aber den Wert der einzelnen Aktie beeinflusst, hängt vom Ausgabekurs ab: Liegt dieser unter dem bisherigen Kursniveau, so spricht man von einer »Verwässerung der Aktie«. Weil der Gesamtgewinn des Unternehmens auf mehr Aktien verteilt wird, sinkt die mögliche Dividende, der Gewinnanteil je Aktie. Auf Dauer kommt es natürlich darauf an, wie die Gewinnaussichten des Unternehmens sind, ob die Aktien halten, was sie versprechen.

Am laufenden Handel der Aktien verdienen die Unternehmen selbst nicht, dabei wechseln lediglich die Aktionäre. Durch die Ausgabe von

Aktien erhalten Unternehmen Eigenkapital. Von dessen Höhe hängt es wiederum mit ab, in welchem Rahmen ein Unternehmen fremdes Kapital bekommt, beispielsweise Kredite von Banken. Das haftende Eigenkapital ist ein wichtiger Indikator für die Krisenfestigkeit eines Unternehmens. Und sollte es doch einmal zu einer Krise kommen: Im Falle einer Insolvenz erhalten zunächst die Banken, dann erst die Aktionäre Geld aus der Konkursmasse.

In der Nachkriegszeit sank in Deutschland die Zahl der börsennotierten Aktiengesellschaften kontinuierlich. Erst in den zurückliegenden drei Jahrzehnten hat sich der Kreis der Börsenwerte wieder vergrößert. Zugleich ist der Umsatz des Aktienhandels rapide gestiegen: 1980 wechselte eine Aktie durchschnittlich alle zehn Jahre ihren Besitzer, im Jahr 2000 schon alle sechs bis sieben Monate. Dass das Auf und Ab der Kurse, die sogenannte Volatilität, parallel dazu deutlich zugenommen hat, ist ebenso Folge wie Ursache von solchen relativ kurzfristigen Investitionen. Häufiger als früher kommt es zu Konflikten zwischen kurzfristigen Gewinninteressen von Anlegern und langfristigen Interessen der Unternehmensentwicklung, wie der Entwicklung neuer Produkte oder Weiterbildung der Mitarbeiter. Das ist auch eine Folge von Veränderungen im Anlegerkreis: Pensions- und Investmentfonds, vor allem aber Hedgefonds oder private Beteiligungsgesellschaften achten oft mehr auf Kursgewinne als auf langfristige Dividenden. Institutionelle Anleger wie Lebensversicherungen, die den Versicherten eine gewisse Rendite bringen sollen, suchen so einen Ausgleich für das allgemein niedrige Zinsniveau. Solche institutionellen Anleger betrachten börsennotierte Unternehmen deshalb unter dem Gesichtspunkt, in welchem Maß der Wert der Aktie gesteigert, wie der »Shareholder-Value« maximiert werden kann. Da die Gehälter des Managements zu einem großen Teil an die Aktienkursentwicklung gekoppelt sind, besteht auch für die Unternehmensleitung ein großer Anreiz, in diesem Sinne zu handeln.

Die institutionellen Investoren verfügen, sofern sie größere Aktienpakete besitzen, sogar über den größten Einfluss auf die Unternehmen. Gegen ihren Willen kann ein Management heute selten agieren. Sie spielen eine maßgebliche Rolle bei der Wahl des Aufsichtsrates, bisweilen erzwingen selbst Aktionäre mit einem kleineren Aktienpaket eine drastische Änderung der Strategie des Unternehmens und verdienen dabei viel Geld.

So trieb Christopher Hohn, Chef des Hedgefonds TCI, die niederländische Traditionsbank ABN Amro in die Enge. In Brandbriefen an den Aufsichtsrat forderte Hohn die Aufspaltung des schwerfälligen und renditeschwachen Kreditinstituts. Hohns Fonds besaß selbst nur drei Prozent der Bankanteile, er konnte aber viele andere Aktionäre für sein Vorgehen gewinnen, da sie unzufrieden waren mit der Expansion der niederländischen Bank. Nachdem der Kurs in ihren Augen lange auf einem viel zu niedrigen Niveau verharrte, versprachen sich die Aktionäre eine deutliche Wertsteigerung durch die Zerschlagung. Vergeblich versuchte Unternehmenschef Rijkman Groenink, mit ABN Amro unter das schützende Dach der britischen Großbank Barclays zu schlüpfen. Es kommt zu einer zermürbenden Übernahmeschlacht, aus der schließlich 2007 ein Konsortium unter Führung der Royal Bank of Scotland (RBS) als Sieger hervorgeht. Nun wird ABN zerschlagen. Hohn hat sein Ziel erreicht: Er kann sein Aktienpaket an ABN nach der größten Bankübernahme in der Geschichte mit einem kräftigen Gewinn abstoßen. »Unsere Sicht ist, dass Anteilseigner als aktive Eigentümer handeln. Das ist für viele Unternehmensvorstände ungewöhnlich«, sagte Hohn zu seinem ABN-Coup.

Angesichts des aggressiven Vorgehens von Investoren gibt es heute einen gewissen Wettbewerbsnachteil börsennotierter Unternehmen gegenüber nicht börsennotierten Unternehmen, unter anderem, wenn es um die zeitliche Perspektive geht. So können Unternehmen über längere Zeiträume planen, wenn sie nicht jedes Quartal eine Bilanz vorlegen müssen, die sich wiederum auf den eigenen Aktienkurs auswirkt. Viele Aktienunternehmen sind heute nur noch getrieben vom Kapitalmarkt. So konnte sich der Autozulieferer Schaeffler aus dem bayerischen Herzogenaurach den dreimal größeren, DAX-notierten Konzern Conti aus Hannover einverleiben – als börsenferner, inhabergeführter Konzern braucht Schaeffler selber keine feindliche Übernahme zu fürchten.

Kapitel IX

Bipolare Störung
Spekulation zwischen Gier und Panik

Wie kostbar doch eine einzelne Blume sein kann! Selbst wenn sie so bald verblüht wie eine Tulpe. Tatsächlich ist die Tulpe ein besonders anschauliches Beispiel für wirtschaftlich völlig unerklärliche, fieberhaft ansteckende Spekulationen an Börsen, wobei der Wert des vermeintlichen Wertgegenstands plötzlich rapide sinkt, sich gar in Nichts auflöst, platzt wie eine Seifenblase.

Im sechzehnten Jahrhundert war die Gartentulpe aus Zentralasien nach Europa gelangt. Die Menschen waren fasziniert von ihren leuchtenden Farben, vor allem an den Fürstenhöfen, wo die Prunksucht keine finanziellen Grenzen kannte, wurde sie zum Statussymbol. Die Preise für Tulpenzwiebeln begannen zu steigen, und alle beteiligten sich an der Spekulation. Das ging lange Zeit gut. Im siebzehnten Jahrhundert erreichte die Entwicklung ihren Höhepunkt: Tulpenzwiebeln waren teurer geworden als Gold.

Der Spitzenpreis für eine Zwiebel lag bei – umgerechnet in heutige Wertverhältnisse – 87.000 Euro.[1] Aber plötzlich ging es nicht mehr weiter, fand sich bei solchen Preisen kein Käufer mehr. Die Spekulationsblase platzte. Der Zusammenbruch wirkte umso dramatischer, als die Holländer schon damals die Spekulation durch Termingeschäfte angefacht hatten: Als nämlich Zwiebeln knapp geworden waren, stellten sie Anrechtsscheine auf spätere Lieferung aus. Selbstverständlich liefen gerade diese Geschäfte ins Leere.

Nach dem Muster der Tulpenkrise sind seither viele Finanzkrisen verlaufen. Keine ist ihrem Ursprung nach rein ökonomisch zu erklären. Aber die wirtschaftlichen Folgen waren häufig katastrophal. Es ist wohl nur psychologisch zu erklären, wie ein solcher Prozess verläuft: Irgendwann verselbstständigen sich Gewinnerwartungen in einem solchen Ausmaß, dass bei den Spekulanten der kritische Verstand aussetzt; irgendwann vergessen sie, Versprechungen und Erwartungen auf ihre reale Chance zu überprüfen; irgendwann glauben die Anleger, dass ein neues Zeitalter anbricht, dass diesmal alles anders ist und die Gesetze von Angebot und Nachfrage nicht mehr gelten.

So werden Anleger seit Jahrhunderten in Wellen abwechselnd von Gier und Panik gepackt. Und regelmäßig vergessen sie die gewaltigen Folgen von Wirtschaftsblasen der Vergangenheit.

Zu Spekulationswellen kommt es regelmäßig, wenn die Käufer billig Kredit aufnehmen können, und es eine erfolgversprechende Investmentidee gibt. So wie bei der Goldblase in den Siebzigerjahren, dem japanischen Erfolg in den Achtzigerjahren, der Dotcom-Hysterie in den Neunzigern.

Gerade einmal acht Jahre ist es her, dass für die Bewertung von Unternehmen völlig neue Maßstäbe gelten sollten. Mit einem gigantischen Werbefeldzug, für den insgesamt dreihundert Millionen Euro ausgegeben wurden, wurde aus einem Volk von Aktienmuffeln ein Volk von Aktionären gemacht. »Was würdest Du dem jungen Vater empfehlen, der sich Sorgen um die Zukunft macht?«, fragt ein aus dem Fernsehen bekannter Schauspieler. »Mitgehen!«, kommt es ohne Zögern aus dem Mund seines *Tatort*-Kollegen Manfred Krug. »Mit wem?« »Na, mit der Telekom, wenn die wieder an die Börse geht!« Mit solch markigen Worten wurden in einem TV-Spot Aktien aus dem zweiten Börsengang des Staatsunternehmens Telekom angepriesen. Damals machten sich auch viele Politiker stark für das Papier, ein ungewöhnlicher Vorgang, erinnert sich der ehemalige Bundesinnenminister Gerhard Baum (FDP). »Ich kenne keine Fälle, keine vergleichbaren Fälle, in denen der Staat für eine Aktie wirbt. Das ist hier geschehen. Der Staat hat gesagt: Wir geben Dir ein Stück unseres Volksvermögens und da bist Du sicher aufgehoben!«[2]

Viele Menschen kauften daraufhin erstmals in ihrem Leben Aktien, und irgendwann auch andere als nur die von der Telekom. Es gab Magazine mit vermeintlich todsicheren Anlagetipps. Auf Partys beäugte man neidisch diejenigen, die beim Börsengang eines neuen Unternehmens Aktien ergattert hatten. Manch einer sprach ernsthaft darüber, dank Aktiengewinnen mit fünfzig in Rente gehen zu können. Viele Kleinanleger kauften sich damals sogar Aktien von Unternehmen der New Economy auf Pump. Ihr Traum vom schnellen Geld platzte ebenso wie der von Tulpenzwiebelkäufern drei Jahrhunderte zuvor. Alle, die die Party nicht rechtzeitig verlassen hatten, verloren dabei Geld: Die letzten zahlen immer die Zeche. Pech gehabt, könnte man sagen, da haben eben viele gezockt, und beim Zocken kann man nun mal verlieren. Doch bei jeder dieser Blasen gibt es auch Gewinner, nicht nur Verlierer.

Den Preis für die jüngste Immobilienblase haben vor allem die Immobilienbesitzer in den USA gezahlt, die ihre Häuser räumen mussten, weil sie angesichts steigender Zinsen ihre Raten nicht mehr zahlen konnten. 2,2 Millionen Zwangsversteigerungen von Immobilien gab es in den USA im Jahr 2007, fast eine Million mehr als ein Jahr vorher, vor dem Ausbruch der Immobilienkrise. Viele dieser Menschen werden finanziell nicht mehr auf die Beine kommen. Für den Schaden haften indirekt aber auch die Bürger in den Ländern, deren Banken sich an diesem Immobilienmonopoly beteiligt haben. Die Steuerzahler in den USA, Deutschland oder Großbritannien müssen dafür aufkommen, dass einige Großbanken wie Bear Stearns, Northern Rock oder die IKB vor der Pleite gerettet wurden. So verwendeten das US-Finanzministerium und die Notenbank Federal Reserve im Juli 2008 Steuergelder, um die beiden größten Immobilienfinanzierer des Landes, Fannie Mae und Freddie Mac, vor dem Zusammenbruch zu bewahren. Im September 2008 setzte die US-Regierung schließlich einen staatlichen Vormund für die beiden angeschlagenen Institute ein, welche die Hälfte der amerikanischen Immobilien finanziert haben. Schätzungsweise kostet der Eingriff den US-Steuerzahler 25 Milliarden Dollar.

Solche Banken können aufgrund ihrer schieren Größe damit rechnen, bei einer Schieflage vom Staat gerettet zu werden. »Too big to fail«, heißt dies in der Sprache der Ökonomen. Gehen große Institute pleite, dann könnte dies das ganze Finanzsystem ins Wanken bringen. Deshalb werden sie regelmäßig gestützt. Verstaatlichung, in der Regel ein Schreckensbegriff für die Privatwirtschaft, ist in diesem Fall die einzige Rettung – und enthebt die Unternehmen von der Verantwortung, die Folgen der Risikogeschäfte selber zu tragen. Die Regel, dass Scheitern zur Marktwirtschaft gehört, wird außer Kraft gesetzt. Fatal ist dies, wenn die Banken dies als Freifahrschein für riskante Geschäfte auffassen.

Nouriel Roubini, Wirtschaftsprofessor von der New York University, empfindet die Milliardenhilfen der amerikanischen Regierung für die Banken als »Sozialismus für die Reichen«; es sei ein korruptes System, in dem Gewinne privatisiert und Verluste vergesellschaftet werden.[3] In der Tat kommen die Eliten, »die vorher die Risiken geschaffen und zum Teil glänzend daran verdient haben«, in der Finanzbranche und Politik mit einem blauen Auge davon. Noch in den Neunzigerjahren hatte die US-Finanzelite angesichts der Wirtschaftskrise in Japan gefordert, keine Bank künstlich am Leben zu erhalten.[4] Dass die Verlustsozialisierung nun gerade in dem Land Schule macht, indem die politische Klasse sehr offensiv den Marktliberalimus propagiert hat, nennt Nouriel einen »Treppenwitz der Wirtschaftsgeschichte«. Allerdings wird die Politik angesichts von etwa hundert als gefährdet eingestuften Banken eine Grenze ziehen müssen. Die Gier der Finanzeliten wird nämlich teuer für den US-amerikanischen Steuerzahler: Zum Stopfen der riesigen Hypothekenlöcher werden die öffentlichen Ausgaben gedrosselt oder die Steuern erhöht werden. Das Land zahlt den Preis für die Gier und Fehler der Manager.

Gewinner und Verlierer
Noch während die Immobilienblase platzte, füllte sich an den Rohstoffmärkten schon die nächste Blase mit Luft. Die Anleger verfolgten dabei eine einfache Idee: Einem begrenzten Angebot stand eine steigende Nachfrage gegenüber, vor allem aus den aufstrebenden Volkswirtschaften wie China. Allerdings setzten, wie bei der Dotcom-Blase, die meisten Kleinanleger erst spät auf den Trend: Öl, Kupfer, Mais oder Reis hatten zu dem Zeitpunkt schon deutliche Preissprünge hingelegt. Einigen Wirtschaftswissenschaftlern gilt der massenhafte Verkauf von Anlageprodukten eines bestimmten Typs an Privatanleger mittlerweile als ein Indikator für bald fallende Kurse. Für die Kleinanleger mögen damit Vermögensverluste verbunden sein – viel drastischer jedoch waren vorher die Folgen des durch die Spekulation angeheizten Preisanstiegs bei Nahrung und Energieversorgung für Menschen, die sich selbst nie in ihrem Leben Anlageprodukte werden leisten können. Für viele Menschen in den Entwicklungsländern wur-

de sogar ihre tägliche Ration Reis unbezahlbar. Gewinner waren die Investoren, die prächtige Rendite auf ihre Rohstoffinvestments einstrichen. Darunter Institutionen oder vermögende Privatinvestoren, aber sicher auch Kleinanleger, die sich auf Anraten ihres Anlageberaters mit Indexfonds auf Rohstoffe eingedeckt hatten. Getrommelt wurde ausreichend für diese Fonds: »Alle Welt spricht über Rohstoffe – mit Agriculture Euro Fonds können Sie an der Wertentwicklung von sieben der wichtigsten Agrarrohstoffe partizipieren«, warb zum Beispiel die Deutsche Bank.

Die Schlussfolgerung, was wir im reichen Norden mit dem Hunger in Afrika zu tun haben, ist eigentlich nicht schwer zu ziehen und auch nicht sehr kompliziert – vielmehr geben die Geldinstitute unverschlüsselte Interpretationshilfe: »Begrenzt und begehrt« stand in einem Werbefoto der Fondstochter der Deutschen Bank, auf dem in einem Schubkasten Kaffee, Soja, Baumwolle, Kakao, Weizen, Zucker und Mais zu sehen waren.

Wo wird als nächstes das große Geld gemacht? Diesmal könnte die Spekulation den Goldpreis in ungeahnte Höhen treiben. Keine Frage, in unserer Zeit entstehen und platzen Blasen immer schneller. Das ist eine Folge der unglaublichen Geldvermehrung, die in den vergangenen Jahrzehnten stattgefunden hat – das Geld will bewegt werden. Seine Besitzer suchen weltweit nach Anlagemöglichkeiten. Wer überblickt dabei schon, wo sein Fonds, seine Lebensversicherung oder auch seine Riester-Rente angelegt werden? Darüber entscheidet ein Kapitalanlagevorstand, Anleger können dies innerhalb einer Geldanlage selten selber bestimmen. Und Ihre Lebensversicherung könnte Aktien eines Bauunternehmers gekauft, Ihre Bank einen Kredit an einen der Bauentwickler vergeben haben, die an der (im folgenden Kapitel ausführlich beschriebenen) spanischen Immobilienblase beteiligt sind – es gibt viele Möglichkeiten, wie Sie unfreiwillig Teilnehmer an dieser Entwicklung geworden sein könnten. Dabei gibt es in Prospekten der Finanzkonzerne haufenweise Informationen: Von Sicherheit, Risiko und Rendite ist die Rede, aber nicht von den wesentlichen Nebenwirkungen der Geldanlage. »Sie unterschreiben vielleicht in Ihrem Land einen Pensionsfonds, und ihr Geld geht in Siedlungen dieser Art in Spanien«, sagt der Städtebauprofessor Duran. Sie könnten dabei sein, wenn sie dem verführerischen Lockruf von Banken und Versicherungen gefolgt sind: Lassen Sie Ihr Geld arbeiten!

Deutsche Bank & Co speisen unser Geld in den weltweiten Geldkreislauf ein. Wohin genau die Milliardensummen fließen, erfahren wir selten. Erst wenn hier Transparenz geschaffen wird, wenn wir wissen, wie unser Geld wirkt, werden wir entscheiden können, was wir damit machen wollen.

1 *Frankfurter Allgemeine Zeitung*, 17.7.2008
2 ARD/Südwestrundfunk, *Report Mainz*, 7.4.2008
3 *Der Spiegel*, 30/2008
4 *Handelsblatt*, 28.7.2008

Kapitel X

Der Beton-Tsunami
Der Preis der Rendite

Ist dies das Paradies für den Anleger? Ein Blick aus dem Kleinflugzeug zeigt weiß gestrichene Häuser und Villen in grünen Oasen, die sich aus der staubigen Landschaft herausschälen. Zwischen den Gebäuden Bäume, kleine Seen und Golfplätze mit großen Rasenflächen. Schon ab 120.000 Euro könne jeder Eigentum in Polaris World erwerben, erläutert José Luis Hernández, Vorstandschef der Bauflächenentwicklungsfirma Polaris World. Noch 2007 allerdings kosteten die Villen hier bedeutend mehr, nämlich rund eine Million. Prestigeträchtig erstreckt sich ein Golfplatz inmitten der Siedlung.

Vor allem in den Jahren 2000 bis 2007 konnte der Bauentwickler mit seinen Präsentationen Investoren aus aller Welt für Bauprojekte auf der iberischen Halbinsel gewinnen. Polaris World bedient Interessierte in elf Ländern, unter anderem in Großbritannien, den USA, Deutschland und Hongkong. Seine Zentrale in Murcia, im Südwesten Spaniens, hat nicht als Einzige kräftig an dem jahrelangen Bauboom verdient: Außerdem gab es Bauunternehmen und Handwerker, die die Gebäude und Straßen errichtet haben. Es gab die Banken, die mit Krediten sowohl für die Baufirmen als auch für die Käufer Geld verdienten. Und es gab es die Investoren, die gute Gewinne einstreichen konnten – wenn sie zum richtigen Zeitpunkt ein- und wieder ausgestiegen sind. Irgendwann drehten sich die Baukräne immer schneller, wollten immer mehr Anleger dabei sein. Es war einer dieser Momente, in denen viele glauben wollten, dass die Preise endlos steigen würden. »Let's make money« lag in der Luft, und wer sich davon mitreißen ließ, kaufte Immobilien, nicht selten auf Pump. Stiegen die Preise nicht jährlich um zweistellige Raten? Beton war das Material dieses Booms, kein sehr vergänglicher Baustoff, und: eine sichere Anlage. So versprachen es die Immobilienverkäufer in Hochglanzanzeigen, und die Käufer glaubten es ihnen gerne.

Im Jahr 2007 war es soweit – die Blase platzte, die Preise der Häuser fielen bis zum Sommer 2008 um ein Drittel, die Aktienkurse spanischer Immobilienfirmen um bis zu 80 Prozent.[1] Im Juli war der spanische Immobilienkonzern Martinsa Fadesa, Eigentümer von 170.000 Wohnungen sowie nahezu 28 Millionen Quadratmeter Bauland, dann am Ende. Es war die größte Firmenpleite der spanischen Geschichte.[2] Wie hatte das passieren können? Das Unternehmen hatte zuvor mit Neubau-Immobilien Millionensummen verdient. Es hatte Land gekauft, vor allem in Spanien, aber auch in anderen Ländern wie Großbritannien, Polen, Deutschland oder der Dominikanischen Republik. Dieses Land hatte es »entwickelt«, mehr oder weniger flächendeckend bebaut und dann fertige Immobilien wie Ferienhäuser, Hotels, Golfplätze oder Shopping Malls weltweit an Investoren verkauft. Zum Verhängnis wurde der Firma die Immobilienkrise. Der Konzern verkaufte nicht mehr genügend, um die Entwicklungskosten seiner Neubauprojekte zu finanzieren. Am Ende konnte er seine Rechnungen nicht mehr bezahlen.

Weitere Pleiten drohen. Ferienhausentwickler wie Polaris World, Aifos und Marina d'Or wurden bereits mehrfach der Korruption bezichtigt und in einigen Fällen verurteilt, »viele ihrer Objekte stehen leer, nur mit Mühe und weiteren Krediten halten sie sich über Wasser«. Sie sind deutlich kleiner als Martinsa Fadesa und nicht an der Börse notiert, darum ist ihre Lage weniger offensichtlich. »Aber ihre Situation ist kritisch«, sagt Manuel Romera von der Business-School Instituto de Empresa.[3] Dass es den Branchenführer getroffen hat, erschüttert die Spanier. »Das bedeutet, dass uns das Schlimmste noch bevorsteht«, schrieb die Zeitung *El País* im Juli 2008.[4]

Seit die Preise in den Keller gefallen sind, stehen 15 Prozent aller spanischen Immobilien leer. Viele von ihnen waren für Feriengäste gebaut, manche erwarben Investoren einzig zur Renditesteigerung. Zahlreiche Makler haben aufgegeben – die Chancen, weiter Anleger in diesen zeitweise von Phantasiepreisen geprägten Bereich zu locken, sind gering. Viele Ferienhausbesitzer werden ihre Immobilien nur noch mit Verlust verkaufen können. Dagegen können nun die Spanier mit einem kleineren und mittleren Einkommen aufatmen – sie sind diejenigen, die von dem Preiseinbruch profitieren dürften. In den vergangenen Jahren hatten sich aufgrund des überhitzten Immobilienmarktes viele von ihnen gar kein Eigentum mehr leisten können.

Da in Spanien die Menschen traditionell häufiger in den eigenen vier Wänden wohnen, machte sich das entsprechend knappe Angebot an Mietwohnungen besonders schmerzhaft bemerkbar.[5]

Die Folgen der Blasenbildung im spanischen Häusermarkt werden das Land noch einige Jahre beschäftigen. Denn sie hat nicht nur eine Bauwüste hinterlassen: »Wir schaffen mitten in der Wüste eine Grünfläche mit Unmengen von Wasser. Ein Golfplatz dieser Größe verbraucht dieselbe Menge Wasser wie eine Stadt mit 20.000 Einwohnern«, sagt Ramon Fernandez Duran, der sich an der Universität Carlos III in Madrid mit den Folgen des Immobilienbooms beschäftigt. Für ihn ist es ein Alptraum. Er fasst mit seiner Hand in den Rasen. »Absolut künstlich«, konstatiert der hagere, graumelierte Stadtplaner.[6] Zuletzt haben sie in Spanien jedes Jahr etwa 800.000 Wohnungen gebaut. Obwohl die Hälfte den Bedarf an Wohnraum gedeckt hätte, stoppten die Behörden die Bauwelle nicht. Schließlich wollten viele Ausländer hier leben. Der ganze mediterrane Raum sei zu einem bis unters Dach getäfelten Badezimmer verkommen, zu einem wohlklimatisierten Wohnzimmer mit kostenloser Energie, in dem Pensionäre aus halb Europa und aus der ehemaligen Sowjetunion wohnen wollten, schreibt der spanische Schriftsteller Rafael Chirbes in der *Süddeutschen Zeitung*.[7] Die Hotelgäste duschen, die Schwimmbecken der Ferienanlagen sind gefüllt, die Golfplätze werden bewässert.

Dies sei eine dieser Siedlungen, die auf einer Kombination mit Golfplätzen beruhten, stellt uns Duran eine Anlage vor, deren Rasen gerade mit Frischwasser gesprengt wird. Gleich neben dem satten Grün des Golfparadieses beginnt trockenes Land. Der Wissenschaftler führt das hundertfache Entstehen dieser Plätze ausschließlich darauf zurück, dass Investoren damit zeitweilig außergewöhnlich hohe Renditen verdienen konnten – mit fatalen Folgen für die Umwelt. Spanien ist schon heute der trockenste Staat Europas. In der Region Andalusien liegt die einzige Wüste des Kontinents. Tabernas nennt man diese trockenste Region auf dem europäischen Festland. Es ist eine Landschaft, die man aus dem Kino kennt. Für Italo-Western wie Sergio Leones »Spiel mir das Lied vom Tod« war die bizarre Felsenkulisse in den Sechzigern und Siebzigern der ideale Drehort. Ähnlich spektakuläre Schauplätze dürfte Spanien schon bald mehr zu bieten haben. Was mehrere Tausend Jahre Landwirtschaft nicht allein zuwege gebracht hatten, haben Massentourismus, hohe Bevölkerungsdichte und Industriekonzentration sowie das neue Phänomen der wasserschluckenden Freizeitindustrie möglich gemacht: Zwei Drittel des Landes drohen zu verwüsten.

Als Spanien im Jahr 2005 von der schlimmsten Dürre seit sechzig Jahren heimgesucht wurde, versiegten vielerorts Brunnen und Quellen. Stauseen trockneten aus, Gräser und Büsche verdorrten. Bauern konnten ihre Felder nicht bewässern. Das Wasser musste über weite Strecken mit Tankwagen aus Flüssen herangeschafft werden. Die Golfplätze wurden nichtsdestoweniger weiter bewässert. Von dem Wassermangel ist bei den Verkäufern der Immobilien mit Golfplatzanschluss dementsprechend auch keine Rede: »Wohnen in einer traumhaften Landschaft. In einem Land, dessen Lebensqualität zu den besten der Welt zählt. Die Wärme der Sonne spüren. Von Komfort umgeben sein. Nur noch tun, was Sie tun wollen und ausschließlich auf Qualität setzen. Voller Lebensfreude genießen. Zeit haben für menschliches Miteinander. Zeit für Ihre Hobbys ... Murcia ist daher der ideale Ort für sonnenhungrige Golfer. Kulturträchtig. Landschaften um die Hauptstadt Murcia und das historische Cartagena prägen das Naturparadies zwischen Wasser, Bergen und Stränden.«[8] Die Wiederholung des Versprechens einer traumhaften Umgebung ohne jegliche Beeinträchtigung hat etwas Gebetsmühlenartiges.

Ruinenbaumeister

Wer in Spanien investierte und rechtzeitig den Absprung schaffte, konnte prächtig Geld verdienen. Schließlich waren die Immobilienpreise in den Jahren 1998 bis 2006 tatsächlich um durchschnittlich zehn Prozent pro Jahr gestiegen. Auf den Baustellen fanden viele Menschen Arbeit, häufig Migranten, von denen in den vergangenen Jahren 4,5 Millionen nach Spanien gekommen waren – verglichen mit der Gesamtbevölkerung Spaniens (46 Millionen) eine erstaunliche Zahl. Die Bauwirtschaft entwickelte sich zum Wirtschaftszweig mit dem größten Einfluss im Land. Auf sie entfiel 2006 mehr als ein Zehntel des Bruttoinlandsprodukts.[9] »Von den elf bedeutendsten Baufirmen der Welt sind sieben spanisch«, sagt der Städteplaner Duran. Die sagenhaften Gewinne lockten auch Kriminelle an – Unsummen an Schwarzgeld wurden verbaut. Geld aus Steueroasen, Geld, das zum Teil taschenweise angeschleppt wurde. Spanien habe sich in der Zeit in ein Lieblingsland der Geldwäscher verwandelt, sagt Duran. »Bin Laden« nannten die Einheimischen scherzhaft den 500-Euro-Schein, der in gebündelter Form ein verbreitetes Zahlungsmittel beim Immobilienkauf war: Alle wissen, dass es ihn gibt, aber niemand hat ihn je gesehen.

Dass viele Häuser an der spanischen Küste gegen das Baurecht verstoßen, ist unter diesen Umständen keine große Überraschung mehr. Bauunternehmen verschafften sich die Genehmigungen von den lokalen Behörden regelmäßig, indem sie Beamte bestachen. Oft prüften die Ämter gar nicht, ob die Regeln eingehalten würden.

Jetzt geht das spanische Umweltministerium gegen die Schwarzbauten an der Küste vor. Allein in Malaga und Marbella soll es mehr als 18.000 illegal gebaute Wohnungen geben. Im Frühling 2008 musste der Chef von Polaris World, José Luis Hernández, vor Gericht aussagen, da das Unternehmen in einen Bauskandal mit den lokalen Behörden verwickelt ist. Auch der ehemalige Eigentümer von Polaris World, Facundo Armero, steht unter Verdacht, ebenso wie wohl auch der größte spanische Ferienkomplex-Entwickler Marina d'Or eine schmutzige Weste hat. Gegen das international stark expandierende Unternehmen laufen aktuell mehrere Prozesse wegen illegaler Bauten. Wie Marina d'Or wirbt Polaris World, die auch auf dem deutschen Markt aktiv sind, mit entwaffnender Direktheit weiter für seine Ferienhäuser, als sei nichts gewesen: »Komm zu uns, und Du wirst sehen, dass wir noch Häuser verkaufen!«[10]

Ramon Fernandez Duran hat für die Bauwelle, die Küsten und Inseln überrollt hat, ein treffendes Bild gefunden: »Beton-Tsunami«. Die Architekten des niederländische Büros MVRDV betrachten die »Costa Iberica« als eine einzige Stadt, die sich von der französischen Grenze bis nach Gibraltar erstrecke und internationalen Investoren gehöre.

»Die Bürger hatten keinen Vorteil von diesen 800.000 Wohnungen, die jährlich in Spanien gebaut wurden«, lautet auch das Fazit des Topografen Miguel Angel Torres, während er mit dem Auto an der zersiedelten Costa del Sol entlang fährt. Über Jahre hat sich hier der Beton in die Küstenlandschaft gefressen, es gibt kaum noch freien Platz. Der Kilometer vom Strand bis ins Inland ist bereits zu achtzig Prozent bebaut. Die Baufirmen beginnen die letzten Naturräume zu besetzen.

»Wenn Sie Geld in einem Pensionsfonds einer europäischen Bank haben, steckt Ihr Geld sehr wahrscheinlich in diesen Bauten«, sagt der Kritiker Torres. Da kauften Leute Grundstücke, Wohnungen oder Gebäudekomplexe, die sie vor Ort nie angeschaut haben. Ein Blick ins Internet habe vielen Käufern ausgereicht. Torres kurvt die Straßen der Costa del Sol entlang, bis das Hotel Alarorobico zu sehen ist. Das Meer schäumt weiß auf, in der rauen Landschaft ragen Kräne in die Luft. Das Gebäude ist stufenförmig konstruiert, wie eine Pyramide. Nun ruhen die Bauarbeiten, dabei hatte die Firma Azata dort viel vor. Ein Dutzend weiterer Pyramiden sollte hier entstehen, ebenso wie die unvermeidlichen Golfplätze und andere Freizeitanlagen. Aber Umweltaktivisten haben das Bauprojekt bereits vor Jahren gestoppt. Im Jahr 2008 schließlich haben die Folgen der weltweiten Finanzkrise dem spanischen Bauboom dann schlagartig ein Ende gesetzt, die Geldkarawane ist weiter gezogen.

Sie hinterlässt Spuren: Die spanischen Banken müssen hohe Ausfälle fürchten. Zwar vergaben sie keine Risikohypotheken wie die Banken in den Vereinigten Staaten, dennoch verteilten die Banker sehr großzügig Kredite, sogar Bescheinigungen über Schwarzeinkünfte als Ergänzung zum Lohnzettel sollen sie akzeptiert haben. Die laxe Kreditpolitik rächt sich jetzt.[11]

Einige Banken mussten sich zum Ausgleich für die ausbleibenden Kreditzahlungen bereits Geld bei der Europäischen Zentralbank leihen. Dafür hinterlegten sie vor allem immobilienbesicherte Wertpapiere. Das Problem: Niemand weiß, was diese Papiere wirklich wert sind. Denn angesichts der globalen Vertrauenskrise gibt es dafür keinen funktionierenden Markt mehr. EZB-Präsident Jean Claude Trichet steckte angesichts dieser Situation in einem Dilemma. Hätte die Zentralbank die immobilienbesicherten Wertpapiere der spanischen Banken als Sicherheit abgelehnt, wären diese in arge Liquiditätsnöte geraten. Die EZB entschied sich darum, sie mit einem Sicherheitsabschlag anzunehmen, auf die Gefahr hin, vielleicht selber darauf sitzen zu bleiben.[12]

Bräche jetzt trotzdem eine Bank aus Spanien zusammen, dann hätte die EZB möglicherweise unverkäufliche Papiere im Tresor. Das Statut sieht vor, dass in diesem Fall alle nationalen Zentralbanken haften, die Deutsche Bundesbank träfe es wegen ihres gegenüber anderen Notenbanken der Euroländer vergleichsweise großen Gewichts besonders. Die Gewinne der Bundesbank würden sinken, der Bund hätte weniger Einnahmen. Und damit beträfe der Schaden schließlich alle Bürger in Deutschland.

Solche dynamischen Entwicklungen wie die in Spanien, Auslöser von Kettenreaktionen, werden sich in unserem heutigen Finanzsystem immer wiederholen. Die Geldmenge steigt viel schneller als die reale Produktion, und gleichzeitig sind die Anleger für möglichst schnell möglichst hohe Renditen so begierig, neuen Trends zu folgen, dass sie dabei die sozialen und ökologischen Kosten ausblenden.

1 *Financial Times Deutschland*, 9.9.2008
2 *Financial Times Deutschland*, 16.7.2008
3 *Wirtschaftswoche*, 4.8.2008
4 *Handelsblatt*, 16.7.2008
5 *Neue Zürcher Zeitung*, 29.1.2008
6 Interview Erwin Wagenhofer
7 *Süddeutsche Zeitung*, 21.7.2008
8 GFS Allfinanz (www.gfs-allfinanz.com)
9 Bundesagentur für Außenwirtschaft, 2007
10 *Capital*, 23.4.2008
11 *die tageszeitung*, 28.4.2008
12 *Capital*, 14.2.2008

Die Agenten
Wem wir unser Geld anvertrauen

In den letzten dreißig Jahren haben Investmentgesellschaften den Globus erobert. Sie spielen wie Banken und Börsen eine Mittlerrolle zwischen Sparern und Schuldnern. Wer Geld übrig hat, kann es bei ihnen anlegen – und zwar in gebündelter Form: Investmentgesellschaften »legen Fonds auf«, das heißt sie verkaufen Anteilscheine für einen ganzen Anlagetopf und kaufen mit den Einnahmen Aktien, Anleihen, Immobilien oder Kombinationen daraus. Das »Portfolio«, das sie damit zusammenstellen, ist in der Regel charakterisiert nach Branchen, Themen oder Regionen. Dementsprechend kann der Anleger wählen aus verschiedenen Varianten, deren Name sie zum Beispiel als Biotechnologie-, Wasser- oder Asienfonds ausweist. Steigt der Wert des gesamten Anlagetopfs, dann wird der einzelne Fondsanteil mehr wert. Sinkt der Anteil, dann verliert der einzelne Anteil entsprechend an Wert.
Die weltweit verbreitete englische Bezeichnung deutet es bereits an: Investmentbanking hat seine Wurzeln in den USA. US-Banken mussten sich aufgrund einer gesetzlichen Regelung ab dem Jahr 1933 entscheiden, ob sie Investitionsgeschäfte, Wertpapiergeschäfte und Beratungen bei Firmenübernahmen betreiben wollten oder das Kredit- und Einlagengeschäft. Damit zog die US-Regierung die Lehren aus der Weltwirtschaftskrise und schützte die gewöhnlichen Banken vor den Folgen riskanter Spekulationen. Erst 1999, in der Regierungszeit von Bill Clinton, wurde dieses Trennbanksystem abgeschafft. Eine ähnliche Regelung gab es lange auch in Großbritannien, während es in Kontinentaleuropa dagegen schon immer üblich ist, dass normale Geschäftsbanken Investmentfonds verkaufen. Sie gründen dafür aus juristischen Gründen separate Kapitalanlagetöchter, wie beispielsweise die Deutsche Bank die DWS, die Sparkassen die Deka oder die Volks- und Raiffeisenbanken die Union Invest.
Mit Investmentfonds können bereits kleine Summen, zum Beispiel fünfzig Euro, auf verschiedene Aktien und Anleihen verteilt werden. Dadurch wird das Risiko gestreut und die Gefahr von Verlusten ver-

ringert, die Chance auf außergewöhnliche Gewinne allerdings auch. Indirekt wird man bei einem Investmentfonds Anteilseigner beziehungsweise Gläubiger von vielen hundert Unternehmen. Für diese Bündelung verlangt die Investmentgesellschaft Verwaltungsgebühren vom Anleger. Zusätzliche Kosten entstehen durch das Fondsmanagement, weswegen einiges von unserem Geld bei den Investmentgesellschaften selbst hängen bleibt.

Die Anlageprofis sollen die Garanten dafür sein, dass möglichst hohe Gewinne anfallen – so die Botschaft der Werbung. Idealerweise würden Fondsmanager aufgrund ihrer Expertise vom Markt unterbewertete Aktien und deren Potential erkennen und dem Portfolio des Fonds hinzufügen. Skeptische Finanzökonomen sind dagegen der Meinung, dass sich der Wert eines Unternehmens ziemlich gut in seinem Aktienkurs widerspiegelt. Deswegen sei es schwer, dem Markt ein Schnippchen zu schlagen. Und tatsächlich werfen passive Indexfonds, die anstatt eines individuellen Portfolios einfach einen Index wie zum Beispiel den Eurostoxx abbilden, im Durchschnitt eine etwas bessere Rendite als der Durchschnitt aller aktiv von Managern geführten Fonds. Da keine Profis für ein ausgeklügeltes Fondsmanagement bezahlt werden müssen, liegen zudem die Verwaltungsgebühren viel niedriger.

Die Manager der gezielt zusammengestellten Fonds können entscheidenden Einfluss nehmen auf Unternehmen, von denen sie große Mengen Aktien halten. Meist drängen sie auf eine bessere Performance der Unternehmensaktien, das heißt es geht bei solcher Einflussnahme auf die Unternehmensstrategie fast immer um die Rendite. Andere Unternehmensziele wie Zufriedenheit von Kunden, Mitarbeitern oder Nachhaltigkeit der Produktionsabläufe oder Produkte spielen, wenn überhaupt, eine untergeordnete Rolle.

»Grillen« heiß es, wenn sich die Vorstände eines Unternehmens den Analysten der Fonds stellen müssen. Auf den wichtigen Hauptversammlungen von Aktiengesellschaften, bei denen der Vorstand entlastet, die Aufsichträte gewählt, Kapitalerhöhungen oder Fusionen beschlossen werden, stellen die Fondsvertreter sogar oft die Mehrheit des anwesenden Kapitals – dann bestimmen sie, wohin das Unternehmen steuert. Während Aktionäre ebenfalls bei der Hauptversammlung ihre Ansichten darlegen können, hat man als Käufer eines Fonds selber keinen Einfluss auf die Unternehmenspolitik; man vertraut ganz den Managern des Fonds.

Das sieht schon etwas anders aus, wenn man direkt an einem sogenannten Private Equity Fonds, einer Sonderform von Investmentgesellschaften beteiligt ist. Wer direkt dabei sein will, sollte mindestens 200.000 Euro dafür übrig haben; ab der Größenordnung wird er von den »Wealth-Management«-Beratern der UBS, der Deutschen Bank oder Sal. Oppenheim bedient. Aber nicht nur bei reichen Privatpersonen wird das Geld eingesammelt, auch bei Pensionsfonds, Banken und Versicherungen. Auf die Art kann ich mich als Kleinanleger letztlich doch in solche privaten Beteiligungsgesellschaften einkaufen: Ich muss dafür nur Anteile an einem Dachfonds erwerben, der seinerseits Anteile von Beteiligungsgesellschaften besitzt. Oder ich werde Aktionär einer börsennotierten Beteiligungsfirma. Ohne es zu wissen, kann ich auch über meine Lebensversicherung oder als Arbeitnehmer über einen Pensionsfonds meines Arbeitgebers an einer dieser Firmen beteiligt sein.

Private Equity Fonds haben in der Regel eine Laufzeit von über zehn Jahren. Darum müssen die Investoren langfristig agieren – ein Punkt, in dem sie sich von Hedgefonds unterscheiden, mit denen sie manchmal verwechselt werden. Wie gehen Private-Equity-Gesellschaften vor? Sie kaufen Unternehmen, egal ob Mittelständler, Konzerntöchter oder börsennotierte Unternehmen. Letztere nehmen sie anschließend häufig von der Börse, ihr Kapital wird von dem Moment nicht mehr öffentlich angeboten – es ist »private« geworden.

Die Beteiligungsfirmen halten die Unternehmen im Durchschnitt drei bis sieben Jahre, strukturieren sie um, indem sie weniger profitable oder unprofitable Bereiche verkaufen oder ganz schließen und verkaufen anschließend für einen höheren Preis. Den Gewinn schütten die Beteiligungsgesellschaften an ihre Anleger aus, mit einem Teil des Geldes werden die Fondsmanager bezahlt.

Auch Private-Equity-Gesellschaften entstanden Ende der Siebzigerjahre zunächst in den USA. Damals war es in den Industrieländern üblich, dass Konzerne ihre unprofitablen Bereiche mit den Gewinnen der profitablen Bereiche quersubventionierten. Das konnte sinnvoll sein, wenn der schwache Bereich damit auf Vordermann gebracht wurde, war aber sinnlos, wenn die Sanierung ausblieb. Unternehmen mit vielen Tochterunternehmen aus verschiedenen Branchen, sogenannte Konglomerate, werden deshalb in der Regel pauschal mit einem Abschlag bewertet. Bisweilen sind die Einzelbereiche eines Unternehmens mit ihren realen Werten wie Immobilien, Patenten und Maschinen zusammen jedoch viel mehr wert als die aktuelle Börsenbewertung des Gesamtunternehmens. Diese Tatsache machten sich die Beteiligungsgesellschaften zunutze.

Wenn sie einen Konzern kauften, dann von Anfang an mit dem einzigen Ziel, ihn umzubauen. Unprofitable Bereiche wurden in der Regel gleich geschlossen oder verkauft. Bei so einer Zerschlagung eines Unternehmens verdienten sie häufig auch am Verkauf von Immobilien oder Schutzrechten wie Marken und Patenten, wodurch die Beteiligungsgesellschaften kurzfristig hohe Gewinne für ihre Investoren einfahren konnten. Es gibt Fälle, in denen die Beteiligungsgesellschaften eine notwendige Sanierung durchführen. Allerdings gefährden solche neuen Eigentümer dennoch oft den langfristigen Erfolg eines Unternehmens, wenn sie beispielsweise wichtige Mitarbeiter entlassen oder die Investitionen in neue Produkte reduzieren. Auf diese Weise können sie zwar über einen gewissen Zeitraum die Rendite erhöhen – die Voraussetzungen für dauerhaft profitables Arbeiten schaffen sie damit nicht. Jochen Sanio, der Präsident der deutschen Finanzaufsicht BaFin, befürchtete 2006 gar ein »Blutbad«; durch die hohe Verschuldung drohe solchen Unternehmen beim nächsten konjunkturellen Abschwung der Untergang.

Früher agierten Beteiligungsgesellschaften in aller Stille, aber das gelingt ihnen heute immer weniger. Beteiligungs-Manager wie Ivan Boesky, Carl Icahn oder Guy Wyser-Pratte haben dafür eine zu große Bekanntheit erlangt. So kam Boesky an der Wall Street unter dem Beinamen »Ivan der Schreckliche« zu einem gewissen Ruhm. Mitte der Achtzigerjahre ermittelte die Staatsanwaltschaft wegen verbotener Insider-Geschäfte gegen ihn. Er wurde zu drei Jahren Gefängnis und einer Geldstrafe von 100 Millionen Dollar verurteilt. Insidergeschäfte sind vielleicht nicht per se charakteristisch für Private-Equity-Manager, und Boesky ist eine extreme Figur der Beteiligungsszene, aber er brachte die Philosophie seines Business' gut auf den Punkt bei einer Rede vor Absolventen der University of California, zu der er ein Jahr vor seiner Verhaftung zu eingeladen worden war: Es sei gut, wenn man habgierig ist. Er wolle sogar behaupten, dass es gesund sei, habgierig zu sein. »Du kannst gierig sein und dich dabei gut fühlen.« Bezeichnend war, dass die Absolventen Boesky applaudierten.

Auftritt der Heuschrecken

Die Geschichte des weltgrößten Herstellers von Badezimmerarmaturen, Grohe, eignet sich gut als abschreckendes Beispiel für die wenig schönen Folgen des Einstiegs einer Beteiligungsgesellschaft.

Die Eigentümerfamilien Grohe und Rost hatten die Lust an der Fortführung verloren und verkauften das kerngesunde Unternehmen 1999 an den Finanzinvestor BC Partners. Grohe war damals mit einem Weltmarktanteil von über fünfzig Prozent größter Anbieter von Badezimmerarmaturen und erwirtschaftete eine Rendite von zehn Prozent. Der Finanzinvestor nahm es von der Börse und veräußerte es fünf Jahre später an die Kollegen von Texas Pacific sowie die Credit-Suisse-Tochter CSFB. Kurze Zeit später steckte den Medien jemand ein Gutachten der Unternehmensberatung McKinsey: Grohe sollte demnach einen Teil seiner Produktion nach China verlagern sowie 3.000 von 4.500 Stellen in Deutschland abbauen. Dabei war die Firma bei einem Umsatz von 911 Millionen Euro und einem operativen Gewinn von 186 Millionen Euro jährlich wahrlich kein Sanierungsfall. Tausende Mitarbeiter demonstrierten, die Medien berichteten über die Methoden der Finanzinvestoren. Am Ende lief der Fall glimpflicher ab als befürchtet – ob wegen der Proteste oder weil die neuen Besitzer in Wirklichkeit nie vorgehabt hatten, den radikalen Ratschlägen von McKinsey zu folgen, bleibt ungeklärt. Tatsächlich schlossen sie ein Werk im brandenburgischen Herzberg und kündigten 830 Mitarbeitern. Gleichzeitig erhöhten sie die Schlagzahl in dem Werk, um den Gewinn weiter zu erhöhen: Während früher eine Armatur nach zwanzig Tagen erst die Fabrik verließ, sind es heute nur noch drei Tage. Dass man trotz gestiegener Wettbewerbsfähigkeit an der Zukunftsfähigkeit des Unternehmens zweifeln muss, liegt an den hohen Schulden, die die neuen Eigentümer dem Unternehmen aufgebürdet haben. Bis heute gehört Grohe den Finanzinvestoren.

Renditen von teilweise mehr als hundert Prozent erreichen die Fonds, indem sie Firmen überwiegend mit fremdem Geld, insbesondere Bankkrediten kaufen. Die Rechnung geht auf, wenn das Verhältnis zwischen Ausschüttung an die Fondszeichner und Zinsen für das geliehene Kapital stimmt. Ein Beispiel: Angenommen, ein Finanzinvestor verkauft eine für 200 Millionen Euro erworbene Firma zwei Jahre später für 300 Millionen Euro und hätte den Kaufpreis komplett mit Eigenkapital finanziert. Angesichts eines Gewinns von 100 Millionen Euro hätte er dann eine Eigenkapitalrendite von 22 Prozent erzielt. Ganz anders geht die Rechnung, wenn er für den Kauf 160 Millionen Euro Kredit aufgenommen und selbst nur 40 Millionen Euro Eigenkapital eingesetzt hätte. Bei einem Zinssatz von acht Prozent müsste er für zwei Jahre 25,6 Millionen Euro Zinsen an die Bank zahlen. Doch diese Zinsen zahlt das Unternehmen, die Schulden zur Kaufpreisfinanzierung werden fast immer auf die erworbenen Unternehmen abgewälzt. Zwar könnte der Investor nach zwei Jahren abzüglich der Zinsen nur noch einen Verkaufspreis von 274,4 Millionen Euro realisieren, wovon die Bank als Kreditgeber auch noch 160 Millionen Euro bekäme. Der Investor aber hätte demnach 114,4 Millionen Euro eingenommen. Seinem viel kleineren Einsatz von 40 Millionen Euro stünden also 74,4 Millionen Euro Gewinn gegenüber, was einer Eigenkapitalrendite von bemerkenswerten 69 Prozent entspricht.

Häufig genehmigen sich die Finanzinvestoren außerdem noch eine Sonderausschüttung auf Kosten des Unternehmens, sprich: Sie bürden ihm einen zusätzlichen Kredit auf. Es muss die Schulden bedienen, was den finanziellen Spielraum des Unternehmens einengt. Sollte es tatsächlich einmal einen Kredit für neue Investitionen aufnehmen müssen, beispielsweise um neue Anlagen zu bauen, könnten die Banken wegen der Höhe bestehender Verpflichtungen abwinken. Für die Finanzinvestoren dürfte das zu dem Zeitpunkt kein Problem mehr sein. Zu dem Zeitpunkt haben sie vermutlich genug Geld verdient und das Unternehmen schon verkauft.

Wie war es bei Grohe? Zwei Jahre nach dem Erwerb durch TPG und Credit Suisse saß das Unternehmen immer noch auf einem Schuldenberg von 1,15 Milliarden Euro. Die Verschuldung betrug mehr als das Achtfache des jährlichen Gewinns aus dem laufenden Geschäft. Das bedeutet, dass Grohe bis 2014 jährlich 86 Millionen Euro allein an Zinsen zahlen muss.[1] 2006 verdiente Grohe durch den Verkauf seiner Produkte 171 Millionen Euro, nach Abzug aller Belastungen lag das Nettoergebnis allerdings bei *minus* 96 Millionen Euro.[2] Von der Ratingagentur Standard & Poor's (S&P) wird Grohe derzeit mit der Bonitätsnote »B« eingestuft, was fünf Stufen unter der als unbedenklich geltenden Investment-Klasse liegt.

Angesichts der Vorgänge bei dem westfälischen Unternehmen prägte im Wahlkampfjahr 2005 der damalige SPD-Parteichef Franz Müntefering für die Finanzinvestoren das Bild von der Heuschrecke, die gnadenlos alles abgrast und weiterzieht. Überall auf der Welt gibt es Schlagzeilen über Fälle wie Grohe. Mittlerweile werden auch in Großbritannien, dem Mutterland des Kapitalismus, Beteiligungsgesellschaften als Plünderer (engl. *raider*) gebrandmarkt. Selbst das konservative amerikanische *Wall Street Journal* kritisiert die Verschuldungspraktiken und die Gebührenpolitik der Gesellschaften.[3]

Um eine Übernahme zu verhindern, wenden inzwischen immer mehr Unternehmen gleich selbst die Heuschreckenmethoden an, ganz nach dem Motto: Wenn sich ein Unternehmen nicht weiter auspressen lässt, lohnt sich die Übernahme für einen Fonds nicht mehr. So strichen der Versicherer Allianz und die Deutsche Bank Tausende Stellen, obwohl sie von einer Krise weit entfernt waren. Unter dem Druck der Kapitalmärkte verkaufen Unternehmen auch regelmäßig Tochterunternehmen, bevor ein möglicher Fondsinvestor auf die Idee kommt, dass diese sich nach einer Übernahme vielleicht gewinnträchtig veräußern ließen. Siemens trennte sich innerhalb weniger Jahre gleich von mehreren Sparten, ob Handyproduktion oder dem Automobilzulieferer VDO. Der Autohersteller Daimler trennte sich von Chrysler, die Deutsche Post von der Postbank.

Noch stärker als Private Equity Gesellschaften sind Hedgefonds, ein anderes Investmentmodell, auf kurzfristige Erfolge aus. Da sie kaum staatlicher Regulierung unterliegen, dürfen sie im Grunde alles kaufen und verkaufen, was am Finanzmarkt zu haben ist. Hedgefonds verfolgen unterschiedliche Strategien: Sie kaufen faule Bankkredite von Unternehmen, um durch die Hintertür die Macht bei diesen zu übernehmen, erwerben hoch spekulative Anleihen oder wetten auf Firmenübernahmen oder Kurse.

Diese Spekulanten und deren Anleger sehen darin nichts Unrechtes. Ist solche Spekulation generell von Übel? Man könnte sagen, dass schließlich jeder Anleger spekuliert. Kauft er eine Staatsanleihe der USA, geht er zum Beispiel das recht kleine Risiko ein, dass die USA den Staatsbankrott erklärt. Weil das Risiko geringer ist als bei den meisten anderen Ländern, erhält der Käufer eine relativ niedrige Rendite. Käufer von Aktien stellen einem Unternehmen Geld zur Verfügung, wofür sie an den Gewinnen und Verlusten beteiligt werden. Wer sich am Markt mit Optionen beteiligt, riskiert jeden Tag den Verlust seines Kapitals, dafür verlangt er höhere Renditen.

Wie so vieles hat auch das Phänomen Spekulation zwei Seiten: Wenn Spekulanten es mit ihrer Beteiligung am Geschehen möglich machen, dass Bauern bessere Planungssicherheit haben, weil sie schon heute ihre künftige Ernte zu einem festen Preis verkaufen können, ist das positiv. Wenn jedoch durch eine groß angelegte Spekulation der Preis für Nahrungsmittel in die Höhe getrieben wird, ist das schädlich. Spekulant ist nicht gleich Spekulant.

Erste Allgemeine Verunsicherung

Ohne günstige Kredite könnten Private Equity Gesellschaften oder Hedgefonds längst nicht so viele Geschäfte machen. Und günstig waren die Bankkredite, weil die Zinsen der Notenbanken über Jahre niedrig waren. So kam es zu der weltweiten Geldvermehrung und Kreditflut. Gleichzeitig suchten institutionelle Investoren wie Privatbanken, Stiftungen oder Pensionskassen händeringend nach Investitionsmöglichkeiten – ihr Anteil der Beteiligung an Hedgefonds ist dementsprechend innerhalb einer Dekade auf sechzig Prozent gewachsen, und reiche Privatpersonen machen nur noch knapp vierzig Prozent aus. Auch herkömmliche Lebensversicherer investieren auf der Suche nach höheren Renditen vielfach in Hedgefonds. So legt sogar die LVW, ein genossenschaftlich organisierter Versicherer aus Münster, einen Teil der Versichertengelder in Hedgefonds an.[4]

Bei Versicherungen denkt man gewöhnlich als Erstes an die Absicherung gegen Risiken und weniger an eine Geldanlage. Dabei gehören sie weltweit zu den größten Kapitalanlegern. Sie legen die Beiträge aus den Sachversicherungen ebenso an wie die Beiträge aus den Lebensversicherungen. Allerdings gelten für Versicherer bei riskanteren Investments wie Aktien oder Hedgefonds zum Schutz der Anleger bestimmte Höchstgrenzen. Sie werden von den nationalen Aufsichtsbehörden vorgegeben.[5] Die Versicherer sind zum Beispiel in Deutschland der bedeutendste Käufer von Aktien. Bei starken Kursschwankungen können sie dadurch in bedrohliche Situationen geraten. So verloren die deutschen Lebensversicherer in den Jahren 2000 bis 2002, zur Zeit der New Economy-Pleite, rund hundert Milliarden Euro an der Börse. Hätten die Versicherer ihre Verluste unverzüglich abschreiben[6] müssen, wie es eigentlich vorgeschrieben war, wären viele Insolvenzen die Folge gewesen. Doch der Staat änderte die Regeln. So erwischte es nur die Mannheimer Lebensversicherer, für die die Branche daraufhin eine Auffanglösung schuf: Sie gründeten Protektor, eine Art Finanzhaftpflichtversicherung für Versicherungen selber. Sie soll im Krisenfall die Policen von angeschlagenen Lebensversicherern übernehmen, damit den Versicherten kein Schaden entsteht.

Wer sich als Versicherter nicht unvorbereitet auf den Notfalleinsatz von Protektor verlassen will, kann im Geschäftsbericht nachlesen, in welchem Umfang sein Versicherer in welche Anlagekategorien investiert. Die Transparenz geht allerdings nicht so weit, dass wir als Anleger über Einzelengagements informiert werden. Ein Urteil darüber, ob wir mit der Art der Investments einverstanden sind oder nicht, ist für uns als Versicherte darum schwer zu bilden. Hätten wir Durchblick, dann könnten wir uns beim Kauf einer Police entscheiden: ob wir mit unserem Geld zu nachhaltiger Entwicklung beitragen wollen oder zur möglichen Destabilisierung unseres eigenen Arbeitsmarktes.

1 *Handelsblatt,* 1.9.2008

2 *Wirtschaftswoche,* 28.4.2008

3 Angela Maier, *Der Heuschreckenfaktor,* München 2007, S. 24

4 Hennessee Group LLC, *Sachverständigengutachten 2007,* S. 137

5 Deutschland: Bundesanstalt für Finanzdienstleistungsaufsicht, Schweiz: Eidgenössische Bankenkommission, Österreich: Österreichische Finanzaufsicht

6 »Abschreiben« bezeichnet grundsätzlich ein Verfahren, mit dem die Wertminderung von Vermögensgegenständen in der Bilanz erfasst wird. Hier geht es darum, dass die von einem Versicherer mit den Kundengeldern gekauften Aktien (in dem Fall die Vermögensgegenstände) an den Börsen weniger wert sind. Versicherer sind gesetzlich verpflichtet, ihre Vermögensbilanz entsprechend zu korrigieren.

Geschäft mit der Angst
Der Markt Altersvorsorge

Viele Menschen sparen, sofern sie etwas auf die Seite legen können, fürs Alter. Die Gelder addieren sich weltweit zu gewaltigen Beträgen, die von der Finanzindustrie gewinnbringend angelegt werden sollen. Man kann darum durchaus von einer Altersvorsorgeindustrie sprechen. Sie spielt eine mächtige Rolle im weltweiten Wirtschaftssystem.

Wenn wir finanziell für unsere alten Tage vorsorgen wollen, begeben wir uns in einen Dschungel von Möglichkeiten: Da gibt es die staatlich geförderte Riester-Rente in verschiedensten Varianten, die fondsgebundene oder kapitalgedeckte Lebensversicherung, Fondssparpläne, Aktien, Anleihen, Immobilienfonds und so weiter. Kaum jemand behält da den Durchblick, weshalb viele Sparer den Ratschlägen eines Finanzberaters folgen. Der kommt von einer Versicherung, einer Bank oder bezeichnet sich als unabhängiger Makler. Am Anfang der Beratung werden in der Regel Möglichkeiten und Bedarf ausgelotet: Wie hoch ist das Gehalt? Wie viel Geld geben Sie monatlich aus? Welchen Lebensstandard wollen Sie im Alter haben? Es geht um Rendite und Anlagebeträge, oberflächlich betrachtet auch um Sicherheit. Andere, grundsätzlichere Fragen spielen keine Rolle: Was passiert eigentlich mit dem Geld? Wo wird es angelegt? Wie wirkt sich die Inflation auf die Anlage aus? Wie stabil ist das Wirtschaftssystem? Machen Geldanlagen über mehrere Jahrzehnte überhaupt Sinn?

Es wäre naiv, von Leuten, die an der Vermittlung von Finanzprodukten verdienen, einen wirklich unabhängigen Rat zu erwarten. Schließlich folgen sie bei der Beratung meist der Höhe ihrer Provision für die unterschiedlichen Produkte. Und sie verkaufen die Produkte, die ihre Arbeitgeber beziehungsweise die Unternehmen, mit denen sie kooperieren, im Angebot haben – mehr nicht. Wer einen der wenigen wirklich unabhängigen Vermögensberater aufsucht, bezahlt für dessen Arbeit ein Honorar. Eine Garantie für neutrale oder gar gute Beratung ist das natürlich auch nicht. Und wen auch noch die ökologischen oder sozialen Auswirkungen der Anlagen interessieren, der darf leider auch hier keine Auskünfte erwarten.

Da ein immer größerer Teil unserer Altersvorsorge aus privater Vorsorge statt gesetzlicher Rente bestehen soll, muss für immer mehr Geld irgendwo auf dem Erdball eine Anlagemöglichkeit gefunden werden. Beim Umlageverfahren wird das Geld von den Beschäftigten zu den Rentnern, von den Jungen zu den Alten umverteilt. Nach diesem Prinzip funktioniert die gesetzliche Rente in vielen Staaten. Beim Kapitaldeckungsverfahren dagegen werden die Beiträge des zukünftigen Rentners einem Kapitalstock zugeführt, der vom Versicherungsträger in Sachwerten und Wertpapieren angelegt wird. Das über die Verzinsung angewachsene Kapital soll die jeweiligen Ansprüche des Versicherten in der Zukunft decken. Diese Form der Finanzierung bedeutet, dass die volle Last der Rentenansprüche in der Gegenwart getragen werden muss; dass wir jetzt quasi Geld für zwei aufbringen müssen: unser Ich der Gegenwart und unser Ich der Zukunft.

Am Umlageverfahren verdient niemand Geld. Es müssen allein die Verwaltungskosten für die umverteilenden Behörden getragen werden.[1] Ganz anders bei der privaten Vorsorge – hier fallen einige zusätzliche Kosten an: Werbekosten wollen gedeckt sein, Gewinne für die Finanzkonzerne, die Kosten für die Verwaltung der Lebensversicherung und die Provisionen für die Verkäufer der Produkte. Ein Verkäufer von Lebensversicherungen kassiert häufig sieben Prozent der Beitragseinnahmen als Provision – in vielen Fällen, ohne dass dies klar und deutlich aus den Vertragsunterlagen herauszulesen wäre.

In den angelsächsischen Ländern sorgen die Menschen schon lange privat vor. In Kontinentaleuropa dominiert immer noch das Umlageverfahren, doch Gegner dieses Systems und Befürworter von privater Vorsorge gehen in die Offensive. Ihr Ansatzpunkt ist die demografische Entwicklung: Das Umlageverfahren sei schlicht nicht mehr praktikabel, da die Zahl der Kinder bei steigender Lebenserwartung sinke. Dass immer weniger Beitragszahler für immer mehr Rentner aufkommen müssen, könne auf Dauer nicht funktionieren. An dem Punkt soll das Kapitaldeckungsprinzip in seinen verschiedenen Varianten Abhilfe schaffen. Dabei legt der Sparer in seiner Erwerbstätigenzeit Geld auf die Seite, in Form von Aktien, Renten oder Immobilien. Dieses Geld, verzinst, soll er später als Rentenzahlung zurückbekommen.

So weit die Theorie. Zu glauben, dass der demografische Wandel keine Auswirkungen auf das Kapitaldeckungsverfahren habe, ist jedoch illusorisch. Wenn sich später nicht genügend Käufer für die angesparten Aktien, Investmentfonds, Immobilien oder sonstigen Vermögenswerte des Rentners finden, funktioniert das System nicht mehr – und von Wertpapieren selber kann man sich schließlich nicht ernähren. »Volkswirtschaftlich gibt es immer nur ein Umlageverfahren«, sagt der Soziologe Gerhard Mackenroth.[2]

Wovon niemand gerne spricht

Es gibt Wissenschaftler, die für den Fall einer flächendeckenden, privat organisierten Altersvorsorge bei schrumpfender Bevölkerung ein Phänomen names »Asset Meltdown« erwarten. Irgendwann werden viele Verkäufer weniger Käufern gegenüberstehen – und dann werden die Aktien und Rentenpapiere weniger wert sein. Die US-Ökonomen Gregory Mankiw und David Weil formulierten dieses Szenario 1989 mit Blick auf den Zeitpunkt, wenn die Generation der in den frühen Sechzigerjahren geborenen Babyboomer in Rente gehen wird, voraussichtlich um 2030. Die Finanzdienstleistungsindustrie kämpft mit aller Kraft gegen diese These: Ihre Lobbyisten verweisen regelmäßig auf die höhere Rendite einer privaten Alterssicherung gegenüber der gesetzlichen Rente – natürlich ohne Garantie.[3]

Tatsächlich konnten Anleger in den vergangenen 25 Jahren an den internationalen Kapitalmärkten außergewöhnlich hohe Renditen einstreichen. Allerdings ging der Versuch, historische Wirtschaftsentwicklungen in die Zukunft zu projizieren, schon oft daneben. Was wäre beispielsweise, wenn der Kursaufschwung vor allem »aus dem Zwang oder der eingeredeten Notwendigkeit privater Altersvorsorge resultiert?«, fragt der Wirtschaftswissenschaftler Hans-Jürgen Krupp in einem Interview mit der *ZEIT*.[4] Diejenigen, die gegenüber Aktien skeptischer eingestellt sind, werden jedenfalls auch in den Statistiken fündig. Deren durchschnittliche Rendite von 1921 bis 1996 beträgt in Deutschland, berücksichtigt man die Inflation, lediglich 1,91 Prozent pro Jahr. Im Sommer 2008 konnten alle Aktionäre, die zehn Jahre zuvor in den Deutschen Aktienindex (DAX) investiert hatten, feststellen, dass sie keinen Gewinn gemacht haben. Der Leitindex markierte am Freitag, den 11. Juli 2008, bei 6153,30 Punkten. Damit stand er ziemlich genau da, wo er sich am 17. Juli 1998 mit 6147,87 Punkten schon einmal befunden hatte.

Ernüchternd fällt auch die Bilanz der von Experten gemanagten Fonds aus, in denen das Geld der Anleger möglichst renditeträchtig investiert werden sollte: Von 59 bei der Anlage ihrer Gelder auf Deutschland beschränkten Fonds, die seit mindestens zehn Jahren existieren, wiesen 2008 laut der Ratingagentur Morningstar im Hinblick auf diesen Zeitraum nur etwas mehr als die Hälfte eine positive Rendite auf. Der Rest bewegt sich sogar im Minus. Die Bundesbank selbst erwartet keine positiven Effekte einer Umstellung der Altersvorsorge auf ein Kapitaldeckungsverfahren. »Vielmehr ist grundsätzlich davon auszugehen, dass sich Gewinne und Verluste praktisch ausgleichen«, stellt die Bundesbank in ihrem Monatsbericht für April 2008 fest.

Das Umlageverfahren hat Schwächen. Wer die unter die Lupe nimmt, sollte aber in Betracht ziehen, dass das System der Kapitaldeckung schon mehrmals versagt hat: Unsere Urgroßeltern dürften jedenfalls mit Entsetzen die heutigen Werbespots von Versicherern oder sonstigen Finanzfirmen hören, die ihnen eine sichere Altersvorsorge durch Privatsparen versprechen – Versprechen, die in krassem Gegensatz zu ihrer Lebenserfahrung stehen! Schließlich vernichtete die Hyperinflation in den Zwanzigerjahren des vorigen Jahrhunderts sämtliche Sparvermögen. Eine ähnlich bittere Erfahrung machte die Generation unserer Großeltern nur wenige Jahrzehnte später in Deutschland: Ihre Anlagen in Geld oder Versicherungen verloren infolge des Zweiten Weltkriegs ihren Wert. Das Umlageverfahren ist hingegen krisensicherer, weil zu jedem Zeitpunkt ein Neustart möglich ist, beispielsweise nach einer schweren Wirtschaftskrise. Dann können sofort Beiträge von den Beschäftigten eingenommen und den Alten als Renten gezahlt werden. Dagegen muss bei einem kapitalgedeckten System erst einmal individuell gespart werden, bevor jemand Leistungen bekommen kann. Die Alten müssten dann aus Steuern bezahlt werden oder gingen ganz leer aus. »Dieser Tatsache verdankt das Umlageverfahren seine Existenz«, sagt Wirtschaftswissenschaftler Krupp.[5]

Mittlerweile haben dennoch viele westliche Länder einen Teil der gesetzlichen Rente gestrichen und stattdessen eine Förderung der privaten Altersvorsorge eingeführt. Drastischere Umwälzungen hat es in einigen Schwellenländern gegeben. Dies geschah vor allem auf Druck der Weltbank, die innerhalb von zwanzig Jahren die Gewährung von 204 Krediten an 68 Länder an eine Rentenreform dort knüpfte, insbesondere in Lateinamerika sowie Mittel- und Osteuropa. Nach dem Zusammenbruch der kommunistischen Systeme wandelten die Länder daraufhin ihre Umlagesysteme um; der größte Anteil entfällt nun auf eine private Altersvorsorge.

Auf dem Vormarsch sind private Rentenversicherungen auch in Asien, während es in Afrika bislang kaum Rentenversicherungssysteme gibt. Die wenigen bestehenden Rentenversicherungssysteme Afrikas und Asiens werden zwar oft staatlich verwaltet, legen die Beiträge aber nach dem Kapitaldeckungsverfahren in Wertpapieren an. Auch einige osteuropäische Länder wie Estland, Lettland, Litauen, Polen, Ungarn sowie die Slowakei agieren so.[6]

Chile wurde unter der Militärdiktatur von Augusto Pinochet Vorreiter in der Privatisierung der Altersvorsorge: Bereits in den Achtzigerjahren musste jeder Beschäftigte rund zwölf Prozent seiner Einkünfte an einen der Pensionsfonds zahlen, die von privaten Gesellschaften verwaltet wurden. Die Arbeitgeber zahlten nichts dazu. Die Rentenhöhe hing allein von der Höhe der Einzahlungen und dem Erfolg des Fonds ab, der Staat garantierte nur eine steuerfinanzierte Mindestrente. Was waren die Folgen? Viele Chilenen sind heute gar nicht mehr versichert oder zahlen nur so geringe Beiträge, dass sie nicht einmal die Mindestrente erreichen und auf Zuzahlungen des Staates angewiesen sind. Damit ist die Ungleichheit der älteren Menschen bei den Rentenbezügen gegenüber der früheren staatlichen Rente angewachsen. Auch in anderen südamerikanischen Ländern hat sich die Situation verschlechtert. Weniger Menschen als früher haben überhaupt eine Rentenversicherung. Während vor der Reform noch jeder zweite Erwerbstätige erfasst war, sind es heute deutlich weniger. Im Vergleich dazu gibt es in Deutschland bisher noch relativ wenige arme alte Menschen, darunter jedoch häufig alleinerziehende Mütter. Mit einer

sinkenden gesetzlichen Rente dürfte die Altersarmut wieder zuneh-
men – den Luxus privater Vorsorge können sich eben längst nicht alle
leisten.

1 In Deutschland ist dies die Deutsche Rentenversicherung.
Diese Körperschaft öffentlichen Rechts betreut 27 Millionen Mitglieder.
Unter ihrem Dach gibt es 17 regionale Träger wie zum Beispiel die
Deutsche Rentenversicherung Nordbayern oder Westfalen.
2 *Schriften des Vereins für Socialpolitik NF*, Berlin 1952
3 Die Rendite für die gesetzliche Rente beträgt laut Bundesversicherungsanstalt
für Angestellte (BfA) für einen ledigen, durchschnittlich verdienenden Mann,
der mit 65 Jahren in Rente geht: real 1,8 Prozent (Geburtsjahrgang 1939/1940),
real 1,3 Prozent (Geburtsjahrgang 2000).
4 und **5** *DIE ZEIT*, 16.5.2007
6 Lydia Krüger, Suleika Reiners, *Expansion ohne Grenzen*, Bonn/Berlin 2005, S. 55

Geschäft mit der Lust
Privatkredite

Bis heute reden viele Menschen mit ihren Kollegen nicht gerne über ihr Gehalt, häufig verbietet es sogar der Arbeitsvertrag. Über ihre Schulden reden Menschen dagegen heute schon im Fernsehen, wie zum Beispiel in der RTL-Doku-Serie »Raus aus den Schulden«. Ohne Schuldner wäre der Sparer aufgeschmissen. Er könnte zwar sein Geld zur Bank bringen, aber Zinsen erhielte er keine. Das Geldgeschäft funktioniert nur zweiseitig, mit Gläubigern und Schuldnern.

In den vergangenen dreißig Jahren hat es eine immense Vermögensvermehrung gegeben. Davon profitiert haben weltweit vor allem reiche Menschen, aber auch die Bürger der Mittelschicht in den Industrie- und Schwellenländern. Die Unternehmensberatung McKinsey bezifferte das globale Finanzvermögen für das Jahr 2006 auf 167 Billionen Dollar: eine Zahl mit zwölf Nullen. Soviel hat ein Teil der Menschen angesammelt, in Form von Aktien, Staats- oder Unternehmensanleihen oder einfach auf ihrem Konto. Zinsen gibt es auf dieses Vermögen jedoch nur, wenn Staaten, Unternehmen oder Privatpersonen entsprechende Kredite aufnehmen und dafür zahlen. Angesichts dieses Zusammenhangs überrascht es nicht, dass die Schulden weltweit zugenommen haben, bei Privatpersonen wie bei Staaten.

»Wer clever rechnet, kann sich nicht nur einen Traum erfüllen. Es lässt sich auch noch viel Geld sparen, wenn Sie ein Auto mit dem richtigen Kredit finanzieren«, wirbt die spanische Santander Consumer Bank, eine der größten Konsumentenkreditbanken in Deutschland.[1] Werbespots wie dieser lassen einen fast glauben, man könne mit dem Leben auf Pump Geld verdienen. Rechnet man allerdings clever nach, stellt man fest, dass nur wenige Verbraucher in den Genuss der günstigen Zinssätze kommen.

Beinahe alles ist mit einem Kredit finanzierbar, Wohnung, Urlaub, Führerschein, Zahnbehandlung und Schönheitsoperation. Konsumentenkredite werden heute schnell bewilligt, ich muss dafür nicht einmal zur Bank. Eben erst hat der Verkäufer eines Elektronikmarktes meine persönlichen Angaben in den Computer getippt und diese per Mausklick abgeschickt, da kommt schon die Antwort, beispielsweise von einem Computer in der »Kreditfabrik« der Citibank wenige Meter neben dem Duisburger Hauptbahnhof. Die Bewilligungsabläufe dort sind weitgehend automatisiert, meist fällt die Entscheidung positiv aus, dann kann ich die Home Cinema Anlage mit nach Hause nehmen. Dafür habe ich erlaubt, dass mir für eine bestimmte Zeit monatlich ein fester Betrag vom Girokonto abgebucht wird. Und als Besitzer eines solchen Kontos kann ich sogar Schulden machen, ganz ohne nachzufragen, bewusst oder unbewusst: Auch wenn kein Euro mehr darauf gutgeschrieben steht, mein Geldbeutel also eigentlich leer wäre, kann dieses Konto im Rahmen eines Dispositionskredits belastet werden. Nur sind die Zinsen, die ich für dieses spontan geliehene Geld bezahlen muss, vergleichsweise hoch.[2]

Welche Folgen hat der Kauf auf Pump? Es macht grundsätzlich einen Unterschied, ob ich einen Immobilienkredit aufnehme, um ein Haus zu bauen, oder einen Konsumentenkredit, um in Urlaub zu fahren. Mit dem Bau des Hauses schaffe ich einen dauerhaften Wert, ich investiere. In einer Notlage kann ich mein Haus verkaufen. So ein dauerhafter Gegenwert entsteht nicht, wenn ich einen Konsumentenkredit für einen Urlaub aufnehme. In dem Fall verfrühstücke ich den Kredit mit dem Urlaub. Konsumentenkredite sind in einem gewissen Rahmen unproblematisch, wenn sie in gesundem Verhältnis zum Einkommen stehen. Die Lebenslagen von Menschen können sich allerdings schnell ändern. Wer weiß schon so genau, ob er nächstes Jahr noch seinen Arbeitsplatz hat? Ob er sich scheiden lässt und plötzlich Unterhalt zahlen muss, ob er krank wird und seine Arbeit nicht mehr bewältigen kann? Unvorhersehbare Ereignisse können jeden treffen. Brechen die Einnahmen weg, können Verbraucher ihre Schulden oft nicht mehr bedienen. Hoch aufgehäufte Konsumentenkredite rächen sich dann – die Zinsuhr tickt.

Der Zinseszinseffekt mag den Anleger erfreuen, einen Schuldner kann er schnell ersticken. Bei etwa drei viertel der überschuldeten Menschen in den Industrieländern stand am Anfang der Misere Arbeitslosigkeit, Krankheit oder Scheidung. Allerdings gibt es große Unterschiede bei der Anzahl der Betroffenen.

Bei einer Untersuchung zur Verschuldungssituation in den Industrieländern wurde die Liste der am meisten überschuldeten Haushalte angeführt von den USA mit 12,7 Prozent, gefolgt von Deutschland mit 8,1 Prozent und Großbritannien mit 7,6 Prozent.[3]

Einmal verschuldet, immer verschuldet – dies galt noch bis vor wenigen Jahren. Nur wenige Betroffene verdienten mit der Zeit so viel Geld, dass sie eine Chance hatten, noch vor ihrem Tod ihre Schulden zu begleichen. Aber wofür sollten die arbeiten, die sowieso keine Aussicht mehr auf ein schuldenfreies Leben hatten? Die Gläubiger bekamen ihr Geld nicht zurück, die Schuldner verloren alle Hoffnung und Motivation und lebten dauerhaft auf Sozialhilfeniveau – ein Teufelskreis, der niemandem nutzte. Deshalb haben die meisten Industrieländer ein Insolvenzrecht für Privatpersonen eingeführt. Wer sich in Deutschland überschuldet, kann seit 1999 einen Antrag auf Verbraucherinsolvenz stellen. Nach einer sechsjährigen »Wohlverhaltensperiode«, die ernsthaftes Bemühen um Arbeit sowie nach Möglichkeit Rückzahlung von Schulden beinhaltet, ist er schuldenfrei. In anderen Ländern können Verbraucher schneller wieder von null beginnen, dafür können jedoch die Zugangsvoraussetzungen für eine Entschuldung schwieriger sein oder die Verfahren teurer. In den USA endet ein Verfahren bereits nach rund zwei Monaten, in Großbritannien immerhin nach einem Jahr.[4]

Ein Blick in die Statistiken zeigt, dass Überschuldete mit dem weitaus größten Teil bei Banken in der Kreide stehen, in den Industrieländern sind dies rund siebzig Prozent.[5] Die Banken verdienen nichtsdestoweniger glänzend mit den Konsumentenkrediten, an ihren Bilanzen ging die hohe Zahlungsunfähigkeitrate ziemlich spurlos vorüber.

Leiht sich ein Student bei seinen Eltern Geld und kann es nicht zurückzahlen, dann können die Eltern das Geld meist langfristig entbehren und auf die Rückzahlung der Schuld verzichten, womit die Forderung aus der Welt ist. Wenn sich Gläubiger immer so verhielten, würden weder Geldschulden noch Geldvermögen in den Himmel wachsen.[6] Da der Großteil der Schulden bei Banken aufgenommen wird, erledigen sich jedoch nur wenige Schulden auf diese Weise. Und das Eigentum der Bankgläubiger ist staatlich geschützt: Muss eine Bank eine

Forderungen abschreiben, merkt der Sparer grundsätzlich nichts davon. Noch hat keine Bank wegen der Pleite eines Großunternehmens oder eines geplatzten Milliardenkredits an ein Drittweltland die Einlagen ihrer Kunden gekürzt. Die Bank gleicht die Verluste auf anderen Wegen aus, unter anderem durch entsprechende »Risikoaufschläge«. Im Klartext: Schon vorab werden alle Kreditkunden höher belastet. Etwa die Hälfte der Verluste, die den Banken bei Kreditausfällen entstehen, zahlen die Steuerzahler: Die Institute können ihre abgeschriebenen Forderungen von ihrem zu versteuernden Einkommen absetzen, auch wenn sie durch Missmanagement oder Gier der Banker selber zustande gekommen sind. Es werden also nicht diejenigen zur Kasse gebeten, die in Form von Zinserträgen jahrelang von den Krediten profitierten. Die Rechnung zahlt vielmehr die Allgemeinheit. Die Finanzkrise, die durch die fahrlässige Vergabe von Immobilienkrediten und der Spekulation damit ausgelöst wurde, illustriert das besonders eindrucksvoll. 2008 müssen US-amerikanische, britische oder deutsche Steuerzahler für die Banken haften, die jahrelang ihre Gewinne gemacht haben – weil sie wider besseres Wissen Kredite vergaben an Leute, die sich diese eigentlich nicht leisten konnten.

Das Leben als Schuldner

Seit es Geldgeschäfte gibt, streiten sich die Menschen über angemessene »Spielregeln« zwischen Gläubigern und Schuldnern. Grundsätzliche Diskussionen über Wucherzinsen oder Schuldknechtschaft kennen wir schon aus der Antike. Die Bedingungen für das Geschäft haben in der Menschheitsgeschichte in der Regel die Geldgeber diktiert – mit gravierenden Folgen für Individuen oder Staaten.

Erste Kredite sind aus der babylonischen Zeit vor rund 4.000 Jahren überliefert. Meist waren eine Naturkatastrophe oder ein Krieg die Ursache dafür, dass sich die Bauern Geld für Saatgut borgen mussten. Da es keine klaren Vereinbarungen für die Tilgung der Schuld gab, konnte der Kreditgeber, beispielsweise ein Händler, den Termin für die Rückzahlung von Kredit und Zinsen willkürlich festlegen. Wenn der Schuldner dann nicht zahlungsfähig war, drohte ihm (oder ersatzweise einem anderen Familienmitglied!) die Schuldknechtschaft: Er musste seine Schulden beim Gläubiger abarbeiten.[7] Schon damals müssen sich sehr viele Menschen überschuldet haben. Von König Ammisaduqa jedenfalls ist bekannt, dass er bei seiner Thronbesteigung im siebzehnten Jahrhundert vor Christus alle Schuldscheine für ungültig erklärte. Diese Amnestie gilt als der erste Schuldenerlass in der Geschichte. Auch das Alte Testament sieht alle sieben Jahre ein Jahr vor, in dem alle Schulden erlassen werden.[8]

Die Römer regelten die Schulden im Zwölftafelgesetz: Blieb ein Schuldner säumig, konnte ihn sein Gläubiger bis zu sechzig Tage in Schuldhaft nehmen. Der Schuldner musste zahlen oder einen Bürgen finden. Gelang ihm dies nicht, dann ging er als Schuldknecht in den Besitz des Gläubigers über – er wurde dessen Sklave. Solche Schuldknechte wurden manchmal öffentlich ausgestellt, auf dem Markt zum Beispiel. Wenn sie jemand loskaufte, waren sie frei. Sonst konnte der Gläubiger mit dem Schuldner machen, was er wollte – er durfte ihn sogar töten, bis Kaiser Augustus dieser grausamen Sitte ein Ende setzte. Ein von einer Sklavin geborenes Kind war von Geburt an Eigentum ihres Besitzers. Schätzungsweise vierzig Prozent der Bevölkerung zur Römerzeit waren Sklaven, alles Verschuldete und Kriegsgefangene.

Im deutschsprachigen Raum wurde 1220 der erste große Rechtskodex aufgestellt, der Sachsenspiegel, und zwar mit folgender Regelung: »Hat der Schuldner aber weder Geld für die Schulden noch für das Gewette, muss er seine Gewährschaft, das heißt sein Haus dem Gegner überschreiben. Wenn er kein Haus besitzt, so kann er nach allgemeinem Recht vom Kläger in Haft genommen werden; wenn der Gläubiger den Schuldner aber darüber hinaus fesselt, muss er dem Richter ein Bußgeld zahlen.«[9] In dieser Zeit bauten die Fürsten »Schuldtürme«, meist sieben Stockwerke hohe fensterlose Rundtürme, die als Teil der Stadtbefestigung in die Stadtmauern eingelassen wurden. Diese Türme wurden fast ausschließlich für die Inhaftierung von säumigen Zahlern genutzt; bis ins sechzehnte Jahrhundert war die Verbüßung von Freiheitsstrafen für Verbrechen wie Diebstahl oder Betrug selten. In den Schuldtürmen oder Schuldgefängnissen landete, wer die Wucherzinsen nicht zahlen konnte, auch Vertreter von Städten oder Unternehmer, die in Konkurs gegangen waren, saßen hier.

Mit der französischen Revolution wurde die Schuldknechtschaft erstmals in einem europäischen Land abgeschafft. In der Erklärung der Menschenrechte und Napoleons Code Civil wurde die Freiheit der Person, des Besitzes, des Berufes, des Gewerbes und der Rechtsgleichheit garantiert. Niemand konnte mehr durch Verschuldung bei einem anderen in Schuldknechtschaft geraten.

Bürger von Entwicklungsländern dagegen sind noch mehr als zweihundert Jahre später nicht dagegen gefeit. In Indien leben zehn Millionen in Schuldknechtschaft, weltweit sind es doppelt so viele, schätzen die Vereinten Nationen. Im einunzwanzigsten Jahrhundert müssen diese Menschen wie Sklaven schuften für ihre Gläubiger, meist Großbauern oder Fabrikbesitzer, ob in Steinbrüchen, Webereien oder Ziegeleien. Die Gesamtverschuldung indischer Bauern hat sich im vergangenen Jahrzehnt – in der gleichen Zeit, in der sich das Land den Ruf einer aufsteigenden Wirtschaftsmacht erworben hat – fast verdoppelt. Ähnlich wie die Bauern vor 4.000 Jahren nahmen sie Kredite auf, um Saatgut oder Pflanzenschutzmittel zu kaufen, und können diese aufgrund ausbleibender Ernten nicht zurückzahlen. Da sie von einem Insolvenzverfahren nur träumen können, sehen viele von ihnen für sich keinen anderen Ausweg als den Selbstmord: Zwischen 1993 und 2003 haben sich 112.000 indische Bauern wegen ihrer Schulden das Leben genommen – indem sie giftiges Pflanzenschutzmittel getrunken haben.

1 www.carcredit.de
2 Dispokreditzinsen sind laut Deutscher Bundesbank von Ende 2005 bis Juni 2008 von durchschnittlich 10,47 Prozent auf 11,83 Prozent gestiegen. (Quelle: Bundesbank Statistik und Zahlen)
3 und **4** Verbraucherzentrale Bundesverband, *Schuldenreport 2006*, S. 5ff
5 Helmut Creutz, *Das Geld-Syndrom*, München 2001, S. 289
6 *MoneyMuseum* (www.moneymuseum.com)
7 *Die Bibel*, 5. Buch Mose 15,1-3
8 Günter Hoffmann, *Money Museum*

Die mächtigen Schwestern
Internationaler Währungsfonds und Weltbank

Kapitel XIV

Löhne, Kreditzinsen, Transportkosten, Währungen, Umweltschutzauf-
lagen, Zölle: Wer wirtschaftet, muss eine Vielzahl von Koordinaten im
Blick behalten. Entscheidend für die Entwicklung des Wirtschafts- und
Finanzsystems ist, wer diese Koordinaten vorgibt. International werden die Entscheidungen insbesondere gefällt bei der Welthandelsorganisation WTO, der Weltbank und dem Internationalen Währungsfonds (IWF). Solche globalen Institutionen sind heute entscheidende
Steuerungszentralen. »Sie definieren die Paragrafen des Weltregimes,
erzeugen rechtliche Wirksamkeit und verändern nationale Politik«,
sagt Franz Josef Radermacher, Systemtheoretiker und Mitglied des
Club of Rome.[1] »Die nationale Politik hat dagegen an Bedeutung verloren, zumal die staatlichen Budgets immer mehr austrocknen, sodass
es schließlich immer weniger zu entscheiden gibt.«
Gegründet wurden der Internationale Währungsfonds (IWF) und die
Weltbank 1944 in Bretton Woods, wo Politiker der Anti-Hitler-Koali-
tion während des Zweiten Weltkriegs über die neue Weltordnung
für die Friedenszeiten danach beratschlagten. Ursprünglicher Gründungszweck des IWF war es, eine erneute Weltwirtschaftskrise wie
die von 1929 zu verhindern; 1971, nach dem Ende des in Bretton
Woods vereinbarten Währungssystems erhielt er die Funktion eines
Wächters über die Währungspolitik seiner 185 Mitgliedsstaaten. Sitz
des IWF ist in Washington. Gerät ein Mitgliedsland in Zahlungsschwie-
rigkeiten, dann kann es bei dem IWF einen Kredit beantragen. Kredite finanziert der IWF aus den Kapitaleinlagen der Mitgliedsländer,
die diese als Gold, Devisen oder in ihrer Landeswährung einzahlen
können. IWF-Chef ist seit dem Jahr 2007 Dominique Strauss-Kahn,
ehemals französischer Wirtschafts-und Finanzminister.
Die Vergabe seiner Kredite macht der IWF von Bedingungen abhängig. Die Weltbank sollte als Bank von Staaten für Staaten den Wiederaufbau des kriegszerstörten Europa vorantreiben. Tatsächlich richtete
sie ihr Augenmerk aber schnell auf die unabhängig gewordenen Kolo-
nien und vergab Kredite an sie. Sie finanzierte mit öffentlichen Mit-

teln vor allem große Infrastrukturprojekte wie Staudämme, Straßen oder Stromleitungen. 185 Staaten und damit beinahe alle der 192 UN-Mitglieder[2] sind Mitglied der Weltbank; beitreten können nur Länder, die auch im IWF vertreten sind. An IWF und Weltbank konnten die Entwicklungsländer lange nicht vorbei, wenn sie Projekte verwirklichen wollten – sie vergaben die notwendigen Gelder. Schließlich scheuten die meisten privaten Kapitalgeber damals noch die Finanzierung von Projekten in der Dritten Welt, dies sollte sich erst ab den Siebzigerjahren ändern. Beide Organisationen sind nach ihren Satzungen zu politischer Neutralität verpflichtet. Daran gehalten haben sie sich nicht. Seit ihrer Gründung mischten sich beide Organisationen immer wieder in die politischen Angelegenheiten einzelner Länder ein; dabei standen in den vergangenen 25 Jahren marktwirtschaftliche Reformen im Vordergrund. Als Hebel dienten dabei die Bedingungen, von denen sie die Zahlung von Krediten abhängig machten. Und da die Weltbank für die Entwicklungsländer lange die größte einzelne Kreditkapitalquelle darstellte, war ihr Einfluss entsprechend groß.

Eigentlich sollte der IWF als Lehre aus der Weltwirtschaftskrise die Länder zu einer ausgabefreudigen Politik drängen, stattdessen stellte er häufig nur noch Mittel bereit, wenn die Regierungen ihre Ausgaben drosselten. »Heute [...] haben die Marktideologen im IWF das Sagen; ihrer Auffassung nach funktionieren die Märkte im Großen und Ganzen gut, während Staaten mehr oder minder schlecht funktionieren. Wir haben also offenkundig ein Problem: Eine Institution, die zu dem Zweck gegründet wurde, gewisse Marktmängel zu beheben, wird heute von Volkswirten geleitet, die nicht an diesen Auftrag glauben«, schreibt Joseph Stiglitz, ehemaliger Chefökonom der Weltbank, in seinem Buch *Schatten der Globalisierung*.[3]

Die Weltbank finanziert nur Projekte, die strikten Produktivitätskriterien genügen. »In diesem Sinn dient die Weltbank auch einer Verbreitung marktwirtschaftlich-kapitalistischer Ordnungsvorstellungen in die Dritte Welt«, schreibt der Politikwissenschaftler Wichard Woyke.[4] Auf diesen Druck der Schwesterorganisationen hin haben viele Entwicklungsländer ihre Märkte geöffnet, was sich besonders auffällig zeigt am Beispiel der staatlichen Altersvorsorge. An 68 Länder vergab die Weltbank Kredite nur unter der Bedingung einer Rentenreform, häufig gefordert als teilweise Privatisierung der Altersvorsorge. Die Weltbank bereitete damit Finanzkonzernen den Boden für den Verkauf ihrer Produkte – ein wesentlicher Grund dafür, dass der Finanzsektor in den vergangenen zwanzig Jahren dermaßen expandieren konnte. Ganz selbstverständlich ist ein Versicherer wie die Allianz heute auch in Indien oder China präsent, ebenso wie die Axa-Winterthur. Österreichische Geldinstitute wie die Erste Bank sind gut in Ost- und Mitteleuropa unterwegs. Der Privatisierungsdruck hat den Konzernen aus den Industrieländern weltweit neue Einkaufs- und damit Anlagemöglichkeiten für Gelder in Milliardenhöhe eröffnet: So privatisierten die Länder in Lateinamerika oder Osteuropa reihenweise ihre staatlichen Versorger wie Telefongesellschaften, Wasser- oder Elektrizitätswerke – in der Erwartung, dass die Unternehmen diese Dienstleistungen dann wirtschaftlicher bereitstellen würden.

Bis zum aktuellen Zeitpunkt bestimmen in IWF und Weltbank die Industrieländer die Marschrichtung; die dreißig wichtigsten von ihnen kontrollieren fast siebzig Prozent der Stimmrechte, und mit ihrem Stimmanteil in beiden Organisationen verfügen die USA bis heute sogar über ein Vetorecht. Anders als in den meisten anderen Organen der Vereinten Nationen gilt bei IWF und Weltbank nicht das Prinzip, dass jedes Land eine Stimme hat. Bislang blieben alle Forderungen der Schwellen- und Entwicklungsländer nach mehr Mitsprache ergebnislos. Die stillschweigende Vereinbarung, dass der Posten des Weltbankpräsidenten einem Amerikaner vorbehalten ist, der IWF-Chefposten einem Europäer, ist nicht etwa demokratisch legitimiert, gilt aber nach wie vor.

Die Sternstunde für IWF und Weltbank schlug mit der Schuldenkrise in den Achtzigerjahren. Weltweit schwärmten weltweit Berater aus und überzeugten die Regierungen von ihren Lösungskonzepten. Die Medizin, die sie verordneten, war stets die gleiche: weniger staatliche Eingriffe in die Wirtschaft und eine Öffnung des Marktes für ausländische Konkurrenz. Besonders wichtig erschien den Beratern die Bekämpfung der Inflation, die Privatisierung von öffentlichen Betrieben, die Kürzung von Staatsausgaben auch in Bildung und Gesundheit, eine Deregulierung der Arbeitsmärkte, des Weiteren Preis- und Handelsliberalisierung. Verteilungspolitische Maßnahmen sahen sie nicht vor. Sie hielten sich an die sogenannte »Trickle-Down-Theorie«, der zufolge der in Folge des allgemeinen Wachstums zunehmende Wohlstand der Reichen irgendwann zu den ärmeren Menschen durchsickern sollte. Ob diese Theorie aufgeht, ist bis heute nicht bewiesen. Erst recht spät gingen IWF und Weltbank dazu über, die sozialen Auswirkungen der Anpassungsprogramme mit Begleitprogrammen teilweise abzufedern – und auch diese Programme finden nicht uneingeschränkten Beifall. David Sogge zum Beispiel, Mitglied des Transnational Institute Amsterdam, wendet ein: »Leute, die aus dem ökonomischen Mainstream ausgestiegen sind, wie Joseph Stiglitz oder der Finanzspekulant und Philanthrop George Soros, geben heute zu, dass in Wahrheit die Armen die Reichen unterstützen. Letztere bekommen aus den ärmeren Regionen weit mehr, als was sie diesen geben. Das wiederum trägt etwa in den USA zu einem Konsumniveau bei, das sehr viel höher liegt, als es deren Inlandsproduktion entsprechen würde. Die Hilfsbranche lenkt von solch ernüchternden Realitäten ab.«[5]

Leere Versprechen
Nach dem Zusammenbruch der Planwirtschaften in der Sowjetunion und ihren Partnerstaaten schwelgte der Westen in den Neunzigerjahren in Euphorie. »Das gute Imperium hatte das böse besiegt«, schrieb der Wissenschaftler Ernst Ulrich von Weizsäcker 2006.[6] Der Kommunismus und der Staatssozialismus waren weltweit gescheitert. In dieser Phase drängten viele Unternehmen auf eine globale Öffnung der Märkte. So wollten Kreditkartenunternehmen endlich weltweit unbeschränkt Geschäfte machen. Pharmakonzerne forderten weltweit wirksamen Schutz ihrer Patente, Investoren verlangten einen umfassenden rechtlichen Schutz ihrer Investments auf dem gesamten Globus – mit Erfolg: Mit der Verabschiedung des General Agreement on Trade on Services (GATS), dem Trade Related Intellectual Property Rights (TRIPs) und dem Trade Related Investment Measures (TRIMs)

gab es ab 1990 enorme Fortschritte in diese Richtung. Das wichtigste Ergebnis war jedoch die Gründung der Welthandelsorganisation WTO. Die Zustimmung der Entwicklungsländer für diese Vereinbarungen wurde erreicht mit Versprechungen für die nächste Runde, in der die Industrieländer dann ihre Agrar- und Textilmärkte für die Waren aus den Entwicklungsländern entscheidend öffnen würden. Auf die Einlösung dieses Versprechens warten die Entwicklungsländer allerdings bis heute.

Zu den Verlierern der Handelsliberalisierung zählten auch viele Arbeitnehmer in den Industrieländern, deren Löhne unter Druck kamen. Eindeutiger Sieger waren die Kapitalbesitzer, die ihre Interessen nun regelmäßig gegen die Vorstellungen von Nationalstaaten und Gewerkschaften durchsetzten. Und wie gewünscht, konnten sie im großen Stil einkaufen gehen, allein in den ehemals kommunistischen Ländern Osteuropas wurden über hunderttausend mittlere und große Betriebe privatisiert.[7] Weltbank und IWF versprachen sich von der Privatisierung bessere Effizienz der ehemaligen Staatsbetriebe und eine signifikante Steigerung des Wirtschaftswachstums. Tatsächlich sind die Wachstumsraten in vielen Ländern trotz Liberalisierung gesunken. Ob in den Industrie- oder Entwicklungsländern: Die Rechnung der Privatisierungsbefürworter ging häufig nicht auf.

Eine energische Verfechterin der Privatisierung von Staatsbetrieben war die britische Premierministerin Margret Thatcher. Unter anderem wandelte sie 1986 die Sparkassen in Aktiengesellschaften um. Dem Beispiel folgte bald Dänemark, und auch in den Niederlanden ist mittlerweile die Aktiengesellschaft die verbreitetste Rechtsform für Sparkassen. In Italien wurde den Sparkassen eine Umwandlung in Aktiengesellschaften sogar vom Staat vorgeschrieben. So entstanden dort große Finanzkonzerne wie die Unicredito. Für die Verbraucher verteuerte sich durch die Bankenprivatisierung und Fusionierung zu Großinstituten das Angebot, sie bekamen die Nebenwirkungen von steigenden Gewinnen zu spüren. Börsennotierten Bankkonzerne haben eben andere Gewinnerwartungen als Sparkassen, daraus resultierten vor allem höhere Kosten für alltägliche Bankdienstleistungen wie Kontoführung, Überweisung und Geldabheben.

Der britische Bankenmarkt ist heute von fünf Banken dominiert, deren Renditen die Aktionäre erfreuen. Den Schaden tragen erwartungsgemäß die weniger Betuchten. Elf Prozent der Haushalte in Großbritannien haben kein Girokonto mehr, drei Millionen Menschen sind auf Haustürvermittler angewiesen, weil ihnen die Banken keinen Kredit geben.[8] In einem Report für die Regierung präsentierte der ehemalige Londoner Börsenchef Don Cruickshank im März 2000 die ernüchternden Ergebnisse. Darin erfuhren die Verbraucher, dass die Banken ihnen jährlich fünf Milliarden Pfund mehr abknöpften, als dies wohl bei einem funktionierenden Wettbewerb der Fall gewesen wäre. Kleinunternehmer konnten nachlesen, dass sie sich nicht allein vergeblich um einen Bankkredit bemühten. Eine Studie der Unternehmensberatung PricewaterhouseCoopers hatte schon früher für den englischen Markt festgestellt: »Eine sehr aggressive Wettbewerbspolitik und Hilfe bei der sozialen Eingliederung schließen sich gegenseitig aus«.[9]

Heute ist Deutschland die einzige große Volkswirtschaft in der EU, die noch über einen starken öffentlichen Bankensektor verfügt. Auf die Sparkassen entfällt hier etwa die Hälfte des Geschäfts. In Österreich sind 28,5 Prozent der Menschen Kunden bei einer der 53 Sparkassen; das Spitzeninstitut – die Erste Bank – ist börsennotiert.[10] In der Schweiz gibt es ebenfalls noch Sparkassen; wie die Regionalbanken sind sie häufig organisiert als Genossenschaften oder Aktiengesellschaften, deren Anteile vor allem der lokalen Bevölkerung gehören.

Laboratorien des Neoliberalismus

Verglichen mit den Folgen von einseitiger Fokussierung der Wirtschaftspolitik auf Deregulierung, Privatisierung und Effizienz in den Industrieländern haben die Menschen in den Entwicklungsländern noch deutlich schwerer wiegende Anpassungslasten zu tragen.

Obwohl sie bei Wirtschaftsreformen den Ratschlägen der mächtigen Schwestern folgten, änderte sich an ihrer Schuldensituation wenig. Nimmt man die Schuldenreduzierung der Entwicklungsländer als Maßstab, haben alle versagt: Weltbank, IWF, Regierungen des Nordens ebenso wie viele Regierungen in den Schuldnerländern. Da sich korrupte Eliten und Machthaber in den Drittweltstaaten vielfach privat bereichert und die Verschuldung ihrer Länder erst ermöglicht haben, machen einseitige Schuldzuweisungen wenig Sinn.

Laut einem Bericht der Entwicklungshilfeorganisation Oxfam 2007 zahlen die ärmsten Länder den reichen noch immer 100 Millionen US-Dollar an Schuldendienst. Täglich. Für einige Länder hat sich die Lage mit dem G-8-Treffen im britischen Gleneagles deutlich verbessert: 24 Länder bekamen die Schulden erlassen, die bis Ende 2004 beim IWF und bis Ende 2003 bei der Weltbank aufgelaufen waren. Diese Übereinkunft kann potenziell auf 41 Länder ausgeweitet werden, eine ganze Reihe Länder mit immens hohen Schulden, darunter Kenia und Bangladesh, sind jedoch von dem Erlass ausgeschlossen.

Bis heute fehlt eine Regelung, die es Staaten ermöglichen würde, illegitime Schulden nicht zurückzahlen zu müssen, zum Beispiel Schulden, die korrupten Machthabern von den privaten oder öffentlichen Kreditgebern gewährt wurden. Mangels einer vernünftigen Lösung zahlt Südafrika bis heute die Schulden des ehemaligen Apartheidregimes zurück. Nicht selten waren IWF und Weltbank auch an der Stabilisierung undemokratischer Diktaturen beteiligt. Seit den Fünfzigerjahren orientieren sich ihre Eingriffe an den Prioritäten Washingtons.[11] So unterstützten sie lange den nicaraguanischen Diktator Anastasio Somoza und boykottierten 1954 den demokratisch gewählten Sozialisten Jacobo Arbenz in Guatemala, der mit einer tief greifenden Reform die ungerechte Landverteilung verändern wollte: Betroffen gewesen wäre davon auch das US-Unternehmen United Fruit Company. Die neuen Machthaber, die sich stattdessen mit Unterstützung des Militärs an die Macht gebracht hatten, wurden von IWF und Weltbank mehr als dreißig Jahre lang unterstützt und an der Macht gehalten – während Hunderttausende Menschen verschwanden oder umgebracht wurden. Auch der chilenische Diktator Augusto Pinochet erhielt, nachdem er 1973 gegen den gewählten Präsidenten Salvador Allende geputscht hatte, Hilfe von IWF und Weltbank, ebenso wie drei Jahre später die argentinische Militärdiktatur unter General Jorge Vileda.[12] Die Weltbank und der IWF drängten den lateinamerikanischen Ländern förmlich Kredite auf: Zwischen 1970 und 1982 stieg die Auslandsverschuldung von 16 auf 178 Milliarden Dollar.[13] »Die neoliberale Wirtschaftspolitik wurde in Pinochets Chile und Videlas Argentinien wie unter Laborbedingungen getestet, bevor sie in führenden Industriestaaten – allen voran Thatchers Großbritannien (ab 1979) und Reagans USA (ab 1981) Anwendung fand«, schreibt dazu der Brite David Harvey, der sich als Wissenschaftler mit der räumlichen Organisation menschlichen Handelns beschäftigt.[14]

Der Washington Konsens
In den Achtzigerjahren wurde deutlich, dass Weltbank und IWF fast immer einer einheitlichen Strategie folgten – dem Washington Konsens, einem marktradikalen Ansatz, dessen Bedingungen allen Kreditempfängerländern unabhängig von den spezifischen Länderkontexten aufgezwungen wurden. Bei einer Taxifahrt durch die Londoner City zählt der britische Entwicklungsökonom John Christensen, tätig für die Nichtregierungsorganisation Tax Justice, die vier Kriterien des Washington Konsens auf: Deregulierung der Finanzmärkte, mit der die Regierungen dem Kapital erlauben, von einem Land ins andere zu fließen; Liberalisierung der Handelsströme durch den Abbau von Handelsbarrieren, die im Laufe der Jahrzehnte sorgfältig von den Entwicklungsländern zum Schutz ihrer jungen Märkte aufgebaut worden waren; Abschaffung staatlicher Einflussnahmen, um die Interventionsmöglichkeiten zu reduzieren – anders gesagt: Reduzierung der Steuereinnahmen in einem Ausmaß, dass die Staaten nicht mehr einschreiten konnten, um ihre Bürger ausreichend sozial zu unterstützen; und die Privatisierung staatlicher Industrien, wobei mehr oder weniger sichergestellt wurde, dass diese unter ihrem tatsächlichem Wert an fremde Kapitalanleger verkauft wurden. »Das sind die vier Elemente des Washington Konsens, und das sind die vier politischen Druckmittel, die vom IWF und der Weltbank angewandt werden, die Neoliberalismus genannt werden«, so John Christensen.[15]
Der Begriff Washington Consensus wurde von dem Ökonom John Williamson geprägt für eine 1990 von wirtschaftlichen und politischen Entscheidungsträgern aus Industrie- und Entwicklungsländern in der amerikanischen Hauptstadt abgehaltene Konferenz. Dort wurden die Prinzipien formuliert, die nach dem Zusammenbruch von Kommunis-

mus und Staatssozialismus zunehmend eine Deregulierung und den Einzug von Privatkapital in den Bereich der öffentlichen Versorgung ermöglichen sollten. Einige Länder haben damit gute Erfahrungen gemacht, zum Beispiel Chile, wo die Wirtschaft seit Mitte der Achtzigerjahre durchschnittlich um mehr als sechs Prozent gewachsen ist. Nur haben nicht alle Chilenen gleichermaßen davon profitiert – die steigenden Wohlstandsgewinne wurden ungleich verteilt, wie in vielen anderen Ländern auch. Und häufig stiegen sogar Verschuldung und Handelsdefizite. Neben dem Anstieg von Arbeitslosigkeit und Beschäftigungsunsicherheit verschlechterte sich die Versorgungslage.

In den Neunzigern demonstrierten Massen gegen die Politik von IWF und Weltbank. Nichtregierungsorganisationen, Gewerkschaften und Regierungen von Entwicklungsländern machten zu deren Jahrestagungen mobil, ob im US-amerikanischen Seattle oder in der italienischen Hafenstadt Genua. Einkommens- und Verteilungsfragen oder eine aktive Beschäftigungspolitik berücksichtigen Weltbank und IWF bis heute nicht.[16] Dabei bekommen inzwischen auch die reichen Länder, ob in Nordamerika oder Europa, längst die Folgen dieser Politik zu spüren: Millionen Wirtschaftsflüchtlinge verlassen ihre desolate Heimat und drängen jedes Jahr in die wohlhabenden Regionen.

Es wäre falsch, alle Fehler dem IWF oder der Weltbank allein anzulasten. Immer wieder haben die dominierenden Staaten beziehungsweise deren Partner ihre Wünsche durchgesetzt. So setzten sie sich für hohe Kredite an Indonesiens Diktator Suharto ein, trotz mehrfacher Berichte von IWF-Mitarbeitern über private Bereicherung. Ähnlich nahmen die Dinge ihren Lauf im afrikanischen Kongo. Als Vertreter des IWF Anfang der Achtzigerjahre auf Probleme wie den kleptokratischen Diktator Mobutu hinwiesen, wurden ihre Berichte nicht veröffentlicht, und der seit mehr als fünfzehn Jahren die Opposition unterdrückende Machthaber erhielt Kredite. Anderen Staaten wurden wiederholt riesige Summen überwiesen, um deren Zahlungsunfähigkeit zu verhindern – unter anderem, um die großen internationalen Banken, die zuvor an den Krediten über beträchtliche Zinsen gut verdient hatten, vor den Folgen ihrer leichtsinnigen Kreditvergabe zu bewahren.

Mittlerweile kehren dem IWF viele Mitglieder aus Ostasien und Latein-amerika den Rücken und suchen für ihre Finanzprobleme regionale Lösungen. Das Desinteresse schlägt sich in der IWF-Bilanz nieder: Die Summe ausstehender Kredite ist von rund 98 Milliarden US-Dollar im Jahr 2003 drastisch auf etwa 18 Milliarden US-Dollar im März 2007 gefallen, vor allem weil viele Schwellenländer ihre Kredite vorzeitig tilgen konnten. Wenn Länder keine IWF-Kredite mehr in Anspruch nehmen, sinkt der Einfluss der Institution.[17] Dennoch ist eine wirkliche Reform des IWF nicht in Sicht. Bislang können sich diejenigen, die eine neue, gerechtere Stimmenverteilung fordern, nicht durchset-zen. Aber wie sind die Stimmen im Moment verteilt?

Europa ist mit den EU-Ländern, die allein 31,4 Prozent der Stimmrech-te halten, deutlich überrepräsentiert. Die USA kommen auf 17,1 Pro-zent. Damit können sowohl die EU als auch die USA alle Entscheidun-gen blockieren, weil für alle Beschlüsse eine Mehrheit von 85 Prozent der Stimmen erforderlich ist. Die asiatischen Länder mit ihren Milliar-denvölkern China und Indien sind – gemessen an der Bevölkerung – völlig unangemessen vertreten: China hat weniger Stimmrechte als Italien.[18] Sinnvoller wäre es, jedes Land mit einer Stimme auszustatten und jedes Geberland zusätzlich mit einem Vetorecht für die Geldver-gabe auszustatten.

Selbst die Ergebnisse der Weltbankforschung sind teilweise mit Vor-sicht zu interpretieren. Im Oktober 2006 legte ein Autorenteam, unter anderem vom Massachusetts Institute for Technology (MIT) und der Universitäten Harvard, Yale und Oxford eine Evaluierung der wissen-schaftlichen Arbeiten der Weltbank vor; Leiter des Teams war Angus Deaton von der Princeton-Universität. Das Ergebnis der Untersuchung: Die Weltbank nutzt Statistiken, Forschungsergebnisse und Reports, um ihre politische Existenz zu rechtfertigen. So heißt es in dem Re-port, dass »diese Forschung auf missionarische Weise für die Politik der Bank genutzt würde, ohne eine ausgewogene Sicht auf das empi-rische Material. […] Forschungsarbeiten, welche die Positionen der Bank bestätigten, wurde große Aufmerksamkeit zuteil, kritische Arbei-ten wurden ignoriert«. Zum Weltentwicklungsbericht schreiben die Wissenschaftler: »Es fehlt ihnen oft die Trennschärfe und Fokussierung, und sie sind in gewisser Weise inhärent«.[19] Wissend um die vorsichtige Sprache von Wissenschaftlern, kann dies als vernichtendes Urteil betrachtet werden und heißt übersetzt: Als Teil des Problems ist die Weltbank offensichtlich nicht in der Lage, die Dinge mit ungetrübtem Blick zu betrachten beziehungsweise liefert bisweilen sogar Fehlinterpretationen.

Folgen der Spekulation

Viele Länder wollen das einseitig dominierte Machtregime der beiden Bretton-Woods-Organisationen beenden und eigenen Spielraum zurückgewinnen. Die Staaten Ostasiens arbeiten im Rahmen der Chiang-Mai-Initiative seit 2000 an der Entwicklung eines regionalen Liquiditätsfonds. Noch deutlicher emanzipieren sich einige Länder in Südamerika. Hier wählten die Menschen zuletzt Regierungen, die einen Politikwechsel anstreben, ob in Bolivien, Argentinien oder Ecuador – während früher gerade in Lateinamerika einige Musterschüler des IWF saßen: In den Neunzigerjahren befolgte die argentinische Regierung scheinbar blind alle Vorgaben des Fonds. Sie privatisierte Luftfahrt, Transportbetriebe, Elektrizität, Medien, Öl, Erdgas, Strom und Wasserwirtschaft, nur für ein marodes Kernkraftwerk fand sich kein Käufer. 1999 lobte der IWF das Land noch in höchsten Tönen. Zwei Jahre später kollabierte die Wirtschaft. Argentinien schlitterte in eine schwere Wirtschaftskrise, Verlierer waren vor allem die Kleinsparer. Nachdem ihnen erst gut zugeredet wurde, den Banken zu vertrauen, wurden ihre Guthaben eingefroren. Durch die drastische Abwertung des Peso verloren sie schließlich zwei Drittel ihres Sparvermögens. Die Großanleger hingegen hatten ihr Kapital von rund 15 Milliarden US-Dollar rechtzeitig ins Ausland in Sicherheit bringen können.[20] In Argentinien kam es zu einer breiten Protestwelle. Bilder von Hausfrauen gingen um den Globus, die mit ihren Kochtöpfen lärmend durch die Straßen zogen. Schließlich kam eine Regierung ins Amt, die sich weniger um die Interessen des IWF, der Weltbank oder der internationalen Anleger als vielmehr um ihre Bevölkerung kümmerte.

Dass der IWF in den Augen vieler Regierungen unglaubwürdig ist, muss nicht weiter verwundern. Schließlich hat er sich bei einigen Krisen mehr für die Belange der Spekulanten eingesetzt als für die der Bevölkerung. Blenden wir zurück nach Thailand ins Jahr 1997: Spekulanten attackierten die thailändische Währung Bath. Die nationale Zentralbank stützte mit dem Verkauf hunderter Millionen Dollar, die eigentlich für schlechte Zeiten zurückgelegt waren, die eigene Währung – vergeblich. Drei Wochen später gaben die Notenbanker auf, und die thailändische Regierung wandte sich an den IWF, der Milliardensummen für die Stützung des Wechselkurses bereitstellte. Damit konnten nun thailändische Firmen Dollar erhalten, um ihre Kredite bei westlichen Banken zu bedienen. Die internationalen Banken mussten die Konsequenzen ihrer riskanten Kredite also nicht allein tragen. Und noch jemand profitiert: »In einem Land nach dem anderen, in dem die IWF-Gelder zur vorübergehenden Stützung eines langfristig nicht haltbaren Währungskurses verwendet wurden, gab es noch eine weitere Konsequenz: Vermögende Inländer ergriffen die Gelegenheit, um ihr Geld zum günstigen Wechselkurs in Dollar zu tauschen und schnell ins Ausland zu schaffen«, schreibt der ehemalige Chefökonom der Weltbank Joseph Stiglitz.[21] So erhielten die Spekulanten Geld zurück, obwohl sie die Krise aus Profitgier ausgelöst hatten. Den Preis für die Spekulationsattacke zahlte die Bevölkerung, indem die Regierung – gezwungen vom IWF – zu drastischen Maßnahmen greifen musste, insbesondere Steuererhöhungen und Kürzung der Staatsausgaben: Hunderte Krankenhäuser und Schulen wurden geschlossen, öffentliche Ausgaben gedrosselt. Innerhalb weniger Wochen schlossen Tausende Fabriken und Hunderttausende Menschen verloren ihre Arbeit.[22] Die Spekulantenkarawane war da längst schon weitergezogen und verwüstete wenig später die Volkswirtschaften in Argentinien und Russland.

Anfangs waren es die Regierungen der Schwellenländer und Dritten Welt sowie die Nichtregierungsorganisationen, welche die Spekulanten kritisierten. Heute fordert selbst ein Spekulant wie George Soros, der 2007 selber Milliarden auf dem Finanzmarkt verdiente, »dass die Finanzmärkte besser kontrolliert werden sollen, etwa die Kriterien für die Kreditvergabe«.[23] Er hält es gar für gerechtfertigt, wenn der deutsche Bundespräsident Horst Köhler Spekulanten als »Monster«

bezeichnet. Noch in seiner Funktion als IWF-Direktor hatte Köhler bereits Änderungen durchsetzen wollen. Bei seinem Amtsantritt 1999 verkündete er sein Vorhaben, den Fonds auf seine Kernaufgabe, die Stabilisierung internationaler Finanzmärkte zurückzustutzen. Anstelle kurzfristiger Krisenintervention wollte Köhler ein Frühwarnsystem einrichten, das kränkelnde Staaten vor dem Bankrott bewahren sollte. Doch im Fall Argentinien verfiel der IWF wieder in seine traditionelle Rolle.

Spielverderber

Nicht internationale Hilfe, sondern die für manche von ihnen günstige wirtschaftliche Entwicklung, vor allem der Rohstoffboom ermöglichte vielen Ländern einen Befreiungsschlag. So zahlten große Schuldner des IWF wie Argentinien und Brasilien vorzeitig ihre Verbindlichkeiten zurück und machten sich damit weitgehend unabhängig von den Auflagen des Fonds. Die Entwicklung von Argentinien zeigt,»wie viel vorteilhafter sich eine nationale Ökonomie ohne den Einfluss des IWF zu entwickeln vermag«.[24] Das Land ist nicht nur deutlich schneller gewachsen, seine Integration in den Weltmarkt hat nach der Beendigung der Zusammenarbeit mit dem IWF sogar zugenommen. Die positiven Erfahrungen Argentiniens haben andere Entwicklungs- und Schwellenländer ermuntert. Die lateinamerikanischen Länder arbeiten außerdem mit einem eigenen Fonds, dem»Latinoamericano des Reservas« (FLAR), der vor allem von der venezolanischen Regierung gefördert wird. Staatspräsident Hugo Chávez verkündete 2007 den Austritt seines Landes aus Weltbank und IWF mit unmissverständlichen Worten:»Es ist besser, wenn wir austreten, bevor sie uns ausrauben«.[25] Noch ist unklar, auf welchem Weg diese Länder im Krisenfall Kredite erhalten sollen, eindeutig ist nur ihr Wille zur Unabhängigkeit vom IWF.

Auch die Finanzkrise in den USA, die durch den Verkauf zweitklassiger Immobilienkredite ausgelöst wurde, trägt bei zu einer Entzauberung des IWF. Schließlich haben sich die Vertreter der Entwicklungsländer vom IWF Jahrzehnte anhören müssen, wie überlegen das amerikanische Finanzsystem sei, nach Ansicht der IWF-Experten sollte gerade die Verpackung von Kreditrisiken in Wertpapiere zu einer Senkung der Risiken im amerikanischen Finanzsektor führen.

Der brasilianische Finanzminister Guido Mantenga dagegen hält es für eine Ironie der Geschichte, dass das Land, das als Referenz für ein hoch entwickeltes Finanzsystem gelte, heute die Stabilität der Weltwirtschaft gefährdet.[26] Mittlerweile hat der IWF angekündigt, das System des amerikanischen Finanzmarktes untersuchen zu wollen – eine Ohrfeige für die führende Volkswirtschaft der Erde.

Der Einfluss von Weltbank und IWF als Kreditgeber ist sichtlich geschrumpft. Aufgrund ihres Wissens spielen beide Organisationen dennoch eine wichtige Rolle. Sie werden gehört, wenn es um wichtige Fragen der Menschheit wie Armut, Hunger, Migration, Klima geht. Kritiker aus der Nichtregierungsorganisation Attac bemängeln, dass die Weltbank im Diskurs über Fragen der ökonomischen Entwicklung von Ländern fast eine Monopolstellung einnehme. Und damit würden – wie fatal auch immer sich die angewandte Expertise der Weltbank für den größeren Teil der Weltbevölkerung in der Vergangenheit ausgewirkt hat – auch künftige Debatten über Wachstum, Entwicklung, Armutsbekämpfung, Klima- und Umweltschutz maßgeblich von den mächtigen Schwesterorganisationen beeinflusst.[27]

Beim jährlichen Treffen der Manager im schweizerischen Davos galt der ehemalige Finanzspekulant Soros noch als Außenseiter, als er sagte: »Der Markt-Fundamentalismus der letzten Jahren war ein großer Fehler.« Oder: »Diese Krise unterscheidet sich von allen, die wir in den letzten sechzig Jahren gesehen haben – sie ist schlimmer.« Soros Augen blitzten, als er Anfang 2008 leise, aber bestimmt vom Ende einer Ära redete, von der Ära des Dollar, und vom Ende des Washington Konsens. »Wir brauchen ein neues Paradigma«, fordert er. Im Laufe des Jahres sollten viele in der wirtschaftlichen und politischen Elite umdenken. Durch die Finanzmarktkrise könnte der Washington Konsensus zum Auslaufmodell werden. Es waren die Hilferufe der Wall Street, die die Welt veränderten. Plötzlich griffen die Staaten ein, um einen Zusammenbruch der Finanzmärkte zu verhindern. Das machte die Deregulierung von Märkten, die bis eben noch gefeiert wurde, plötzlich unattraktiv.[28]

1 Der Club of Rome betreibt einen globalen Gedankenaustausch zu politischen Fragen. Er wurde 1968 von dem italienischen Industriellen Aurelio Peccei und dem Schotten Alexander King, Direktor bei der Organisation für wirtschaftliche Zusammenarbeit und Entwicklung (OECD), initiiert, um sich für eine nachhaltige und lebenswerte Zukunft der Menschen einzusetzen. Für Furore sorgte der Bericht »Grenzen des Wachstums« von 1972, in dem auf die begrenzten Rohstoffvorräte wie das Öl als zentraler begrenzender Faktor für Wachstum hingewiesen wurde.

2 United Nations (www.un.org), Stand 2008

3 Joseph Stiglitz, *Die Schatten der Globalisierung*, Berlin 2002, S. 26ff

4 Wichard Woyke, Bernhard Thibout in: *Wörterbuch Staat und Politik*, hg. von Dieter Nohlen, München 1991, S. 299,

5 *Le Monde Diplomatique*, 10.9.2004

6 Ernst Ulrich von Weizsäcker, *Grenzen der Privatisierung*, Stuttgart 2006, S. 252

7 Ernst Ulrich von Weizsäcker, *Grenzen der Privatisierung*, Stuttgart 2006, S. 209

8 *DIE ZEIT*, 6/2005

9 *DIE ZEIT*, 43/2002

10 Sparkassenverband Österreich (www.sparkasse.at/sgruppe)

11 und **12** *Le Monde Diplomatique*, 8.6.2007

13 Weltbank, *Global Development Finance*, Washington D.C. 2006

14 David Harvey, *Kleine Geschichte des Neoliberalismus*, Zürich 2007

15 Interview Erwin Wagenhofer

16 Daniela Setton u.a., *WTO-IWF-Weltbank*, Hamburg 2008, S. 12ff

17 *International Finance*, 10/2007

18 *Aus Politik und Zeitgeschichte*, 7/2008

19 Deaton et al., *Research-Evaluation-2006-Main-Report*, 2006

20 Weed, *Schuldenreport*, S. 15

21 Joseph Stiglitz, *Die Schatten der Globalisierung*, Berlin 2002, S. 116

22 Jean Ziegler, *Das Imperium der Schande*, München 2005, S. 88

23 *Stern*, 28/2008

24 *Aus Politik und Zeitgeschichte*, 7/2008

25 Daniela Setton u.a., *WTO-IWF-Weltbank*, Hamburg 2008

26 *International Herald Tribune*, 21.10.2007

27 Daniela Setton u.a., *AttacBasistexte 25*, 2008, S. 24

28 *Süddeutsche Zeitung*, 26.1.2008, *die tageszeitung*, 19.4.2008

Kapitel XV

Im Auftrag des Präsidenten
Kreditterrorismus

John Perkins ist ein Zeuge besonderer Art. Sein Job war die Verschuldung von Entwicklungsländern. Von 1970 bis 1982 arbeitete der Ökonom bei der Bostoner Consultingfirma Chas. T. Main. Ein Vierteljahrhundert später steht Perkins auf einem Holzsteg, blickt aufs Wasser mit den Segelbooten darauf und erzählt seine Geschichte, die aus dem Drehbuch eines James-Bond-Films zu stammen scheint. Allerdings war er nicht im Auftrag der britischen Königin, sondern der National Security Agency (NSA) unterwegs, des größten und finanziell am besten ausgestatteten Geheimdienstes der USA.

Perkins sollte dafür sorgen, dass Entwicklungsländer sich über ihre Verhältnisse verschulden und erpressbar werden. Offiziell war er von Mitte der Sechziger- bis Mitte der Achtzigerjahre als »Wirtschaftsexperte« für Chas. T. Main unterwegs, unter anderem in Indonesien, Panama und Kolumbien. Damals gab es in den »Entwicklungsländern« eine Menge Nachholbedarf, insbesondere bei der Infrastruktur. Perkins erstellte Prognosen über die Wirtschaftsentwicklung von Ländern der so genannten Dritten Welt, die wiederum als Berechnungsgrundlage für Staudämme und Kraftwerke, Schnellstraßen, Häfen oder Landebahnen dort dienten. Das Perfide war, dass seine Vorhersagen immer viel zu großzügig ausfielen. Im Verhältnis zum tatsächlichen Bedarf und den Möglichkeiten ließen sich die Länder von seinen frisierten Prognosen verführen, entstanden Straßen, Kraftwerke oder Flugzeuge, die in dieser Größe niemand brauchte, und deren Finanzierung die Leistungsfähigkeit der Länder regelmäßig überforderte.

Die notwendigen Kredite für die Baumaßnahmen erhielten die Länder nur, wenn sie Ingenieurfirmen und Bauunternehmer aus den USA beauftragten. Einen Großteil des Geldes überwiesen Washingtons Banken gleich direkt an Ingenieurbüros in New York, Houston oder San Francisco – wozu der Umweg über das Konto des kreditnehmenden Auftraggebers?[1] Im Wesentlichen sei es darum gegangen, Staaten größere Kredite zu verschaffen, als sie ökonomisch verkraften konnten; durch die so herbeigeführte Zahlungsunfähigkeit konnten sich die

USA weitreichenden Einfluss in den jeweiligen Ländern sichern, vor allem im Hinblick auf Transfer von Rohstoffen in die USA, schreibt Perkins. Staatschefs, die derlei »Deals« nicht folgen wollten, seien mit geheimdienstlicher Unterstützung aus dem Weg geräumt worden, wie zum Beispiel der frühere Präsidenten Panamas, Omar Torrijos Herrera, der 1981 bei einem mysteriösen Flugzeugabsturz ums Leben kam. Torrijos hatte darauf bestanden, dass die Vereinigten Staaten den Panamakanal, an dem sie seit 1903 aufgrund eines Protektionsvertrages strategisch wichtige Kontrollrechte hatten, an Panama zurückgeben sollten. »Ich war persönlich sehr erschüttert von dieser Tragödie. Ich dachte lange nach über meine Gespräche mit Torrijos ... Damals konnte ich noch nicht ahnen, dass Torrijos mit Carter zusammenarbeiten würde, um den Kanal den rechtmäßigen Besitzern zurückzugeben, und dass dieser Sieg ebenso wie seine Versuche, in Lateinamerika zwischen den sozialistischen Kräften und den Diktatoren zu vermitteln, die Reagan/Bush-Administration so erzürnen würde, dass sie seine Beseitigung ins Auge fasste. Ich konnte auch noch nicht ahnen, dass er an einem stürmischen Abend während eines Routineflugs mit seiner Twin Otter sterben würde, und es für einen Großteil der Welt außerhalb der USA keinen Zweifel daran geben würde, dass Torrijos Tod im Alter von 52 Jahren die Folge eines von vielen Mordkomplotten der CIA gewesen war«, schreibt Perkins.

Wie geplant blieb in den von Perkins besuchten Ländern die reale Entwicklung regelmäßig hinter den positiven Wirtschaftsprognosen, die als Basis für die Investitionen gedient hatten, zurück. Und so kamen die Gläubigerländer schon bald mit der Rückzahlung ihrer Kredite in Verzug. »Dann verlangten wir, wie die Mafia, unseren Anteil. Dazu gehörten vor allem: die Kontrolle über die Stimmen in der UNO, die Errichtung von Militärstützpunkten oder der Zugang zu wichtigen Ressourcen wie Öl oder die Kontrolle über den Panamakanal. Natürlich erließen wir dem Schuldner dafür nicht die Schulden – und hatten uns so wieder ein Land dauerhaft unterworfen. Genau darauf hatte man in Washington gesetzt. Getarnt als Entwicklungshilfe machten die Kredite die Schuldner politisch und wirtschaftlich abhängig von den USA und damit erpressbar«, schreibt Perkins. Ein perfides Spiel, das die Knochenbrecher, intern »Hit Men« genannt, einzuleiten hatten. Aber ein Spiel mit großen Vorteilen: Für die Unterwerfung der Staaten floss kein Tropfen Blut, bedurfte es keiner Invasion, keines Krieges, keines blutigen Staatsstreiches. Nach außen hin lief alles völlig friedlich ab. John Perkins selbst war in Indonesien, in Panama, Kolumbien und Saudi Arabien tätig – ein Sonderfall, das Land hatte aufgrund seines Ölreichtums genug Geld. Hier galt es, Aufträge für die amerikanische Wirtschaft zu holen, zum Beispiel indem man einen Entscheidungsträger mit einer blonden Frau bekannt machte.

Außer dem finanziellen Ruin von Staaten hatte das System weitere Nebenwirkungen. Es zerstörte die Umwelt und damit auch die Lebensgrundlage der indigenen Bewohner. So musste das extrem hoch bei den USA verschuldete Ecuador einen Teil seines Amazonas-Regenwaldes dem Ölkonzern Texaco überlassen, damit der dort Förderanlagen aufbauen konnte. Der Urwald wurde abgeholzt, die Landschaft vergiftet, Tausende Indios verloren ihren angestammten Lebensraum. Versagten die Erpressungsversuche der Hit Men, dann kamen die »Schakale«, sagt Perkins. Sie liquidierten unliebsame Personen. Und scheiterten die Schakale, rückte in letzter Konsequenz die Armee ein – dann habe es Krieg gegeben, so wie zweimal im Irak geschehen.

Obwohl Perkins, wie er betont, bei allen Aufträgen moralische Skrupel plagten, gab er seinen Job erst spät auf. Nachdem er seine Firma verlassen hatte, schwieg er weitere zwanzig Jahre und wurde dafür nach eigener Aussage gut bezahlt. Erst 2004 erschien sein Buch *Bekenntnisse eines Economic Hit Man* – ein engagiertes Schuldeingeständnis, das mit vielen Details aufwartet, aber nicht viele der Geschichten belegen kann. Perkins nennt viele Details, aber wenig harte Fakten. Heute fordert er Reformen: »Wir schreiben die Gesetze. Wir kontrollieren die Weltbank. Wir kontrollieren den IWF. Wir kontrollieren auch die Vereinten Nationen«, sagt er und meint mit »wir« die USA. Es sei legal, Länder in eine hohe Verschuldung zu treiben. Es sollte verboten sein – »ist es aber nicht«, sagt Perkins und wendet der Kamera den Rücken zu.

1 John Perkins, *Bekenntnisse eines Economic Hit Man*, München 2004

Burkina Faso & Co.
Wer für unser Geld arbeitet

Würde das Geld so verteilt wie in der liberalen Wirtschaftstheorie beschrieben, ginge es den Baumwollbauern in Burkina Faso deutlich besser. Dann würden nur Angebot und Nachfrage die Preise bestimmen für die weiße Faser, in die sich alle Welt kleidet. Da die Qualität der in der Sahel-Zone wachsenden Baumwolle gut ist, die Löhne niedrig und somit die Produktionskosten um die Hälfte geringer sind als die des Weltmarktführers USA, wäre ihre Ware eigentlich konkurrenzfähig auf dem Weltmarkt. Tatsächlich aber steht ihre Ware im Vergleich zu teuer da. Wie kommt das? Die Weltmarktpreise sind verzerrt, weil einige Regierungen, vor allem die USA und die Europäische Union, den Baumwollanbau subventionieren.

»Ihr tötet uns«, schleuderte Francois Traoré, der Chef der Baumwollbauern-Produzentenvereinigung von Burkina Faso und Sprecher aller westafrikanischen Baumwollbauern, bei der Welthandelskonferenz 2003 im mexikanischen Cancun den US-Abgesandten entgegen. Wenige Tage später scheiterten die Gespräche der 152 Mitgliedsstaaten der Welthandelsorganisation WTO für die Beseitigung von Handelsschranken vor allem am Thema Agrarsubventionen. Im Sommer 2008 trifft man sich in Genf. Wieder ist die Baumwolle ein Streitpunkt, und an einem Streit zwischen Indien und den USA über Agrarfragen scheitern die Welthandelsgespräche letzlich. So bleibt es bei den Subventionen der USA für die heimischen Baumwollfarmer, die die Regierung in den vergangenen Jahren versechsfacht hat. In den USA ist die Skepsis gegenüber dem sonst so geschätzten Freihandel gewachsen, nachdem in den beiden Jahrzehnten davor viele Industriejobs in Billiglohnländer abgewandert sind; die Regierungspolitiker sind nicht zu einem Subventionsabbau für die Farmer bereit. Auch die Europäische Union weigert sich, die Hilfen für ihre heimische Baumwollproduktion in Griechenland und Spanien zu streichen. Die Regierungschefs fürchten den Widerstand der Landwirtschaftslobby.

Das westafrikanische Binnenland Burkina Faso grenzt an Mali, Niger, Ghana, Togo und Elfenbeinküste. 13,4 Millionen Menschen leben hier, die Hälfte laut Weltbank unterhalb der Armutsgrenze. Ausländer verschlägt es selten in die Hauptstadt Ouagadougou, wenn sie nicht gerade Entwicklungshelfer sind oder das alle zwei Jahre stattfindende panafrikanische Filmfestival besuchen. Wenn man von hier mit dem Jeep über staubige Pisten in den Südwesten des Landes fährt, kommt man in die Trockensavanne, in der die Baumwolle wächst, das weiße Gold.

Geerntet wird die Baumwolle im Herbst. In den frühen Morgenstunden, vor Aufgang der sengenden Sonne, gehen die Bauern aufs Feld. Sie lösen die Baumwollfasern behutsam mit den Händen aus den Pflanzen, stopfen sie in ihre Umhängetasche, lagern sie in Lehmhütten. Einige Wochen später karren sie ihre Ernte zu Sammelplätzen, wo die Ballen von den Vertretern der halbstaatlichen Baumwollgesellschaft Sofitex gewogen werden. Umgerechnet 22 Cent pro Kilo zahlten die Einkäufer der Gesellschaft den Bauern zuletzt für die 750.000 Tonnen Baumwolle. Zu wenig zum Leben und zu viel zum Sterben. Die 30.000 amerikanischen Baumwoll-Farmer erhalten dagegen durchschnittlich monatlich je 10.000 Euro an Subventionen.

Das große Geld mit der Baumwolle haben immer andere verdient: früher die Kolonialmacht Frankreich, heute die Aktionäre der Zwischenhändler, Textilfabriken und Modelabels, welche aus der weichen und schweißrobusten Baumwollfaser Kleidung herstellen. Die Gewinne verteilen sich äußerst ungleich auf die einzelnen Abschnitte des Herstellungs- und Verarbeitungsprozesses, wie Anbau, Pflücken (von Hand), Entkörnung, Spinnerei, Weberei und Schneiderei, Design oder Verkauf. Von dem Preis, den ein Verbraucher für ein T-Shirt bezahlt, erhält der Bauer nur einen kleinen Bruchteil.[1] Und eine regionale Weiterverarbeitung der Baumwolle findet kaum statt; gerade noch die nächste Stufe der Wertschöpfung bleibt im Anbauland: die Entkörnung der Baumwollkapseln. Es gibt in Burkina Faso nur noch eine einzige Spinnerei, die letzte Textilfabrik wurde im Jahr 2000 geschlossen. Für die weitere Verarbeitung werden die Garnrollen in Containerschiffen vor allem nach China, Spanien oder in die Türkei verschifft. Die Veredelung von Rohstoffen, egal ob Baumwolle, Soja oder Gold, findet größtenteils in den Industrieländern statt. Auf die letzten Stufen der Wertschöpfung, die auf Verarbeitung, Innovation und Symbol-produktion (Branding) beruhen, entfällt der Großteil der Wertschöpfung. Sie finden überwiegend in den Volkswirtschaften des Nordens statt, sichern hier Einkommen von Facharbeitern, Ingenieuren und Managern. In einer weiteren Verfeinerung des Wertschöpfungssystems sind außerdem viele Konzerne dazu übergegangen, einzelne Prozessschritte in Steueroasen auszugliedern. Wirkliche Arbeit findet dort zwar nicht statt, aber es ermöglicht den Konzernen, enorm viel Steuern zu sparen. Wie das geht? Die Unternehmen gründen Tochtergesellschaften in den Steueroasen, die zum Beispiel für Marketing, Design oder Vertrieb von Kleidungsstücken wie T-Shirts oder Turnschuhen zuständig sind. Diese Tochterunternehmen sind in der Regel reine Briefkastenfirmen. Dennoch können sie den Muttergesellschaften für die nur virtuell erbrachten Leistungen hohe Rechnungen ausstellen, entsprechend wird das Geld dann in die Steueroasen überwiesen.

Das ungleiche Rennen
In Burkina Faso ist mittlerweile das lokale handwerkliche Textilgewerbe weitgehend zusammengebrochen; die heimischen Weber sind mit ihren Produktionskosten nicht konkurrenzfähig. Erst überschwemmten kommerzielle Händler von Gebrauchttextilen wie aus Altkleidersammlungen die Märkte in Afrika, dann die Chinesen mit billigster Neuware. Die chinesischen Kleiderfabriken produzieren dank moderner Technik, niedrigen Löhnen und großen Stückzahlen billiger als jede Manufaktur. Für die Menschen in Afrika ist es auf den ersten Blick von Vorteil, wenn sie ihre Kleidung günstiger einkaufen können. Auf dieselbe Weise profitierten schon die Verbraucher in den westlichen Industrieländern in den Siebzigerjahren von der Abwanderung der Textilindustrie in Billiglohnländer. Allerdings entstanden in den Industrieländern damals genügend andere Jobs für die Menschen, zum Beispiel im Maschinenbau oder der Automobilherstellung; sie lernten um. Jobs suchen die Menschen hier in Burkina Faso jedoch meist vergeblich. Es gibt kaum Industrie, die meisten leben hier von Subsistenzwirtschaft, indem sie Getreide und Gemüse für den Eigenbedarf anbauen. Die Baumwolle gehört zu den wenigen Pflanzen, die sie verkaufen.

Da die Böden ausgezehrt sind, setzen die Baumwollbauern zum Erhalt der bisherigen Anbaumengen immer mehr Dünger ein – der Wirtschaftszweig ist zu wichtig für das Land, trotz der niedrigen Preise. Dazu kommen Unkraut- und Insektenvertilgungsmittel gegen Schädlinge wie den Bollwurm und die Weiße Fliege; die Aktionäre der Konzerne, die Pflanzenschutzmittel oder Saatgut herstellen, verdienen gut daran. Nun könnte man fragen, wieso die Regierungen der Entwicklungsländer ihre Bauern eigentlich nicht auch mit Subventionen unterstützen? Dass sie das nicht tun, liegt nicht nur am Geld – anders als zum Beispiel den USA oder Staaten der EU ist ihnen das nur noch in geringem Ausmaß erlaubt. Indem sie die Vergabe von Krediten an die Streichung von Subventionen knüpfte, sorgte die Weltbank, deren Politik maßgeblich von den Industrieländern bestimmt wird, so für eine Verzerrung der Wettbewerbsbedingungen.

Die Baumwollbauern selbst können an ihrer Situation wenig ändern. Sie haben weder auf die Fördermittel der USA für ihre Bauern Einfluss noch auf den starken Euro, an den der CFA Franc gebunden ist – Zahlungsmittel unter anderem in Burkina Faso, Mali und dem Senegal. Weil die Baumwollfasern in Dollar gehandelt werden, erlösen die Bauern jetzt, da der Dollar schwach ist, noch weniger Geld für ihre Baumwollernte. Warum arbeiten die Bauern dann überhaupt noch auf ihren Feldern? Die meisten von ihnen haben sich hoch verschuldet für Pflanzenschutzmittel und Saatgut. Sie arbeiten, um ihre Schulden zu begleichen.

»Die Amerikaner sind liberal. Ok. Aber warum unterstützen sie dann ihre Baumwollfarmer? Sie praktizieren Protektionismus und fordern Liberalismus von uns«, ärgert sich Francis L. Kologo, Regionalchef der Sofitex. Der schmächtige Mann im schwarzen Hemd mit Leopardenmuster sitzt an seinem Schreibtisch. Kologo spricht über die Kolonialmächte, die die Menschen zum Ausbau der Baumwollfelder gezwungen hätten, bevor die Weltbank mit Krediten genau das gleiche Ziel durchzusetzen suchte – wenige Jahrzehnte nach der frisch erreichten Unabhängigkeit von den europäischen Kolonialherren.

Immer wieder hat die Weltbank den Ausbau von Monostrukturen vorangetrieben, die ausschließliche Konzentration eines Landes auf nur einen Wirtschaftszweig, ob Baumwolle in Burkina Faso oder Kaffee in Vietnam. So sollte die Exportwirtschaft der Länder vorangebracht werden.

Doch wem nützt die Exportorientierung? Die Kolonialmächte, die die von ihnen benötigten Rohstoffe anbauen ließen, setzten die Entwicklung in Gang. Auf diese Weise wurde der Anbau der Bauern für den eigenen Gebrauch teilweise verdrängt. Wenn die dort anssässigen Unternehmen heute über den Export neue Märkte erschließen, dann können sie Umsätze und Gewinne generieren. Und die Exportorientierung liegt meistens im Interesse der transnationalen Konzerne und ihrer Aktionäre.

Die Bauern in Burkina haben für die Baumwolle den Anbau von Nahrungsmitteln wie zum Beispiel Hirse oder Weizen für den lokalen Markt eingeschränkt. Heute sind viele Entwicklungsländer auf die Einfuhr von Nahrungsmitteln angewiesen, um ihre Bevölkerung zu ernähren. Der Anbau von Baumwolle in Afrika ist nicht neu, sondern eine uralte Tradition, die über die Jahrhunderte weitergegeben wurde. Die Einheimischen pflanzten die wegen ihrer kompletten Verwertbarkeit als »Hausschwein der Botanik« bezeichnete Pflanze jedoch immer nur in dem Maße an, wie sie den Rohstoff für ihren eigenen Textilbedarf benötigten. Mit der Kolonialisierung durch die Franzosen, die Westafrika lange von der heutigen senegalesischen Hauptstadt Dakar aus regierten, änderte sich das rapide. Die Tuchfabriken der Kolonialherren in Europa brauchten Material. Die Kolonialverwaltung trieb die Bauern zu höherer Produktion an. Im Jahr 1949 gründete Frankreich sogar eine Gesellschaft, die sich ausschließlich um die Baumwollproduktion kümmerte, die »Französische Gesellschaft für die Entwicklung von Textilfasern«, kurz CMDT. Mit der Unabhängigkeit von Senegal, Mali und Burkina Faso in den Fünfziger- und Sechzigerjahren ging diese Gesellschaft mehrheitlich in den Besitz der am Ende des Kolonialismus entstandenen Staaten über. Sie war das wirtschaftliche Rückgrat dieser Länder. Damals steckten die selbstbewussten jungen Staaten noch nicht in der Schuldenfalle fest.

Die Staatsunternehmenen zahlten den Bauern früher bessere Preise. Sie verdienten so viel, dass die Dorfgemeinschaften Geld in die lokale

Infrastruktur, zum Beispiel in Schulen oder Krankenstationen investieren konnten. Über Jahrzehnte war die afrikanische Bauwolle eine der wenigen Erfolgsgeschichten auf dem Kontinent. Und so steigerten die Bauern die Produktion von Baumwollsamen noch: von gerade einmal 180.000 Tonnen in der Saison 1960/61 auf 2,2 Millionen Tonnen in der Saison 2005/2006. Die gigantischen afrikanischen Staatsbetriebe waren mit Sicherheit korrupt, insofern, als sich einzelne Manager bereichert haben. »Da aber das wichtigste Ziel erreicht wurde, die nicht zu leugnende Entwicklung der ländlichen Regionen, schlossen die sympathisierenden oder gar beteiligten Behörden die Augen«[2], schreibt der Schriftsteller Erik Orsenna mit Blick auf die Verhältnisse in Mali.

Der Preisverfall an den Weltmärkten von 72 US-Cent je Pfund im Jahr 1998 auf 42 US-Cent 2002 brachte Veränderung in diesen Zustand. Da die Regierungen die Wut der Bauern fürchteten, wenn sie die Abnahmepreise für Baumwolle senken würden, kauften sie weiter zu den alten Kursen – nur bekamen die Baumwollgesellschaften ihrerseits jetzt weniger Geld für ihre Exportbaumwolle. In Mali, dem zweitgrößten afrikanischen Baumwollproduzenten, ruinierte diese Preisdifferenz die Bilanz der dortigen CMDT derart, dass der malische Staat für diese Gesellschaft internationale Kredite aufnehmen musste. So konnte sie ihre Schulden nicht mehr zurückbezahlen und ist eine große Belastung für das nationale Budget.

Viele Baumwollbauern hatten selbst sechs Monate nach Ablieferung ihrer Ernte noch kein Geld bekommen. Mali bat die Weltbank um Hilfe, diese stellte ihre Bedingungen: Wir helfen, aber nur, wenn ihr privatisiert. Noch bis Ende 2008 soll die CMDT in Privatbesitz umgewandelt werden – ein Maßnahme, die grundsätzlich sinnvoll wäre, wenn es dabei darum ginge, die Produktion wirtschaftlicher zu gestalten. Doch das ist nicht das Problem der Bauern in Burkina Faso. Erst die wettbewerbsverzerrenden Subventionen in den EU und den USA lassen ihre Produktion unwirtschaftlich erscheinen. Ohne diese stünde die westafrikanische Baumwollindustrie im Vergleich auf einen Schlag viel profitabler da – mit dem aktuellen Marktpreis, den die Bauern ab 2009 nur noch erhalten dürften, haben sie keine Chance.

Ein Burkiner werde heute im Schnitt 42 Jahre alt, sagt Kologo, während er einen Jeep über eine roterdige Lehmpiste steuert. Nur ein Teil der Kinder besuche die Schule, viele müssten arbeiten, nur ein Bruchteil der Menschen könne eine Universität besuchen, sagt er. Dabei ist Bildung wohl der einzige Schlüssel für eine bessere Zukunft des Landes, das nur über wenige Bodenschätze verfügt. Dann können vielleicht eines Tages Menschen in Burkina Faso davon leben, dass sie neue Computerprogramme erfinden, anstatt allein auf den Baumwollexport angewiesen zu sein. Heute sterben dort laut dem Kinderhilfswerk Unicef wieder mehr Kinder als früher. So wie übrigens auch in der Elfenbeinküste, Ghana, Guinea, dem Tschad oder Ägypten.[3]

Baumwolle macht krank

Eine kleine Hoffnung gibt es jetzt für die Bauern. Die Preise für Baumwolle an den internationalen Börsen gingen Anfang des Jahres 2008 nach oben. Die Nachfrage war weltweit gestiegen, zusätzlich beeinflussten Spekulanten die Preise für Rohstoffe weltweit, ob für Baumwolle, Soja oder Erdöl. Eine Steigerung von einigen Cent je Kilo dürfte jedoch kaum reichen, um die Situation der Bauern wesentlich zu verbessern. »Der Preis liegt immer noch 30 bis 40 Prozent unter dem, was ein Bauer zum Überleben braucht«, sagt Traoré, der Sprecher der westafrikanischen Farmer – und »zum Überleben« ist dabei ganz wörtlich gemeint.

Traoré ist selbst Bauer, seine Felder liegen im äußersten Westen des Landes. Traoré ist so etwas wie ein Anwalt der einfachen Landbevölkerung, die meist weder das Französisch der Gebildeten spricht noch über sauberes Wasser, Strom oder Maschinen verfügt. Er kennt ihre Leiden. So erkranken viele Bauern an den Folgen des Kontakts mit Pestiziden oder chemischem Dünger. Sechsmal im Jahr laufen die Bauern mit einer einfachen Handspritze über die Felder, danach haben sie Atemnot, tagelang Kopfschmerzen und Hautausschläge. In einem Dorf sei ein Rest des Spritzmittels in eine Wasserstelle gesickert, Menschen und Rinder sollen gestorben sein. »Wer konventionelle Baumwolle herstellt, wird krank«, sagt Traoré.[4] Er sitzt in einem kahlen Konferenzraum des Hotel Koulouba unter einem surrenden

Ventilator. Der groß gewachsene, wortgewaltige Mann mit grauschwarzen Haaren und fein geschnittenem Vollbart hat sichtlich genug vom Gerede der Industrieländer über Hilfe für Afrika. Jahrelang hat der 56-Jährige Konferenzen in Washington, Berlin und Cancun besucht und dort für seine afrikanischen Kollegen gekämpft. Geholfen hat es den Farmern zu Hause nicht. Dabei war er einmal sehr hoffnungsvoll, damals in den Neunzigerjahren.

Schon immer hatte das ganze Dorf für die Kredite gebürgt, mit denen die Bauern die Düngemittel und Insektizide bezahlten. Doch dann fielen die Weltmarktpreise für Baumwolle ab 1992 drastisch, gleichzeitig stiegen die Preise für Saatgut, Düngemittel und Pflanzenschutzmittel – die Kalkulation der Baumwollbauern in ihren dörflichen Gemeinschaften ging nicht mehr auf. Célestin Tiendrébeogo, Chef der staatlichen Baumwollgesellschaft Sofitex, gab darauf den Startschuss für die Reform der Baumwollwirtschaft. Er schickte vier Bauernführer auf Erkundungstour, sie sollten herausfinden, wie die Nachbarländer mit der Situation umgingen. Das Quartett um Traoré kam mit einem ziemlich radikalen Vorschlag von der Tour zurück:[5] Da die Solidarhaftung des Dorfes nicht mehr genügte, sollten die Bauern echte Teilhaber werden. Man gründete einen nationalen Verband von Baumwollproduzenten, dem der Staat dreißig Prozent an der Sofitex überließ. Dafür verzichteten die Bauern auf ihre bisherigen Prämien. Für jede Ernte wurde nun ein Mindestpreis ausgehandelt und garantiert, mögliche Überschüsse werden seitdem unter den Produzenten aufgeteilt: eine Form von Mitbestimmung der Bauern, die wenig mit den liberalen Glaubensüberzeugungen zu tun hat, wie die Weltbank sie predigt.[5] Schon einige Jahre später jedoch wurde der anhaltende Verfall der Weltmarktpreise zur Bedrohung für das System. Die durch die Sofitex garantierten Preise sanken infolge niedriger Weltmarktpreise immer weiter, Überschüsse zum Verteilen gab es schon gar nicht. So hatten die Bauern am Schluss nichts von ihrer Beteiligung an dem Unternehmen.

Viele Bauern sind heute gleich dreifach verschuldet: bei der Baumwollgesellschaft, den Banken und untereinander. Sie können die Furchen mit dem Pflug noch so sorgfältig in die Erde ziehen: Sie produzieren Schulden, Schulden, Schulden. Und Zinsen, Zinsen, Zinsen auf irgendwelchen Konten im Norden.

1 Wuppertaler Institut für Klima, Umwelt, Energie, *Fair Future*, München 2005, S. 149f

2 Erik Orsenna, *Weiße Plantagen*, München 2007, S. 35

3 *Unicef-Geschäftsbericht 2007*, S.30ff

4 www.stern.de, 4.12.2007

5 Erik Orsenna, *Weiße Plantagen*, München 2007, S. 37ff

Kapitel XVII

Kleine Inseln ganz groß
Wie Steueroasen funktionieren

John Christensen wollte eigentlich nie nach Jersey zurück. Nach der Schule hatte er die zwischen Frankreich und England im Ärmelkanal liegende Insel verlassen. Er studierte in Oxford und an der London School of Economics und arbeitete als Entwicklungsökonom, unter anderem in Kenia, Tansania, Indien und Malaysia. Doch dann fragten ihn Journalisten immer wieder nach Steueroasen wie seiner Heimat. Steueroasen bilden sich anders als natürliche Oasen, grüne Inseln mitten in Wüstengebieten, die aufgrund von lokalen Wasservorkommen entstehen. Steueroasen können überall sein. Sie sind nicht von der Natur gemacht, sondern von Menschen. Sie entstehen, wenn sich die Regierungen von Staaten oder Gebieten für ein Rechtssystem mit niedrigen Steuern, Bankgeheimnis sowie einem geringen oder gar keinem Austausch von Daten mit anderen Staaten oder Behörden entscheiden. Solche Plätze ziehen diejenigen an, die Steuern vermeiden oder hinterziehen wollen.

Früher war es wesentlich schwieriger, Vermögen zu verstecken. Piraten mussten die erbeuteten Schatztruhen auf entlegenen Inseln vergraben. Etwas einfacher wurde es, als Gold- und Silbermünzen durch Geldscheine ersetzt wurden, die sich leichter transportieren und verstecken ließen. Nur konnte man sein Geld nicht ganz gefahrlos über alle Ländergrenzen der Welt bringen. Dies änderte sich erst ab den Siebzigerjahren: Nach der Aufhebung des Währungsregimes von Bretton Woods mit seinen festen Wechselkursen strichen viele Regierungen ihre bis dahin üblichen Beschränkungen für den Kapitalverkehr.

Private Verbraucher profitierten davon meist nur bei Reisen ins Ausland. Reiche Individuen und transnationale Konzerne hingegen brachten ihr Geld zum Schaden der Allgemeinheit in Steueroasen in Sicherheit, auch »Offshore«-Gebiete genannt. »Offshore«, weil es sich oft um vor der Küste gelegene Inseln handelt, es gibt aber auch »Onshore«-Steueroasen wie Andorra oder Liechtenstein.

»Ich wollte das System verstehen. Deswegen bin ich 1986 wieder nach Jersey gegangen«, erzählt Christensen bei einer Taxifahrt durch London. Es ist April 2008. Eben hat ein Mitarbeiter der Weltbank bei Christensen angerufen. Die Weltbank will den Wissenschaftler als Berater in Sachen Steueroasen engagieren. Es gibt nicht viele Leute auf der Welt, die unabhängig wissenschaftlich darüber geforscht haben, der 53-Jährige ist einer der wenigen Experten auf diesem Gebiet. Zunächst hat er 18 Monate auf Jersey bei einer großen Wirtschaftsprüfungsgesellschaft gearbeitet, anschließend noch einmal elf Jahre als Berater für die Regierung der Kanalinsel. Heute ist er Direktor des Tax Justice Network in London, einem Dachverband, zu dem sich Nichtregierungsorganisationen und Einzelpersonen zusammengeschlossen haben, um weltweit eine gerechtere Besteuerung durchzusetzen.[1]

Die Meinungen darüber, welche Regionen als Steueroasen anzusehen sind, gehen auseinander. Schaut man auf die Liste der Organisation für wirtschaftliche Zusammenarbeit und Entwicklung (OECD), könnte man meinen, es gäbe kaum noch welche. Innerhalb von zehn Jahren ist ihre Zahl auf der OECD-Liste von einundvierzig auf drei geschrumpft. Steuerfreiheit alleine ist für ausländische Anleger kein ausreichendes Kriterium mehr, erfasst werden nur noch Länder, die auf Nachfrage ausländischer Steuerbehörden keine Informationen über bestimmte Konten geben, so wie Liechtenstein oder Monaco. Die OECD begründet dies damit, dass die Wahl des eigenen Steuersatzes in der Souveränität jedes einzelnen Staates liege. Nach ihrer Auffassung befinden sich auch alle Steueroasen außerhalb der OECD-Staaten, dabei gehören einige der beliebtesten, die zugleich den größten Schaden für die Weltwirtschaft anrichten dürften, eindeutig mittendrin – das Tax Justice Network zählt aufgrund der dort ausgeführten Winkelzüge ebenfalls große Finanzplätze wie beispielsweise London, New York, Frankfurt und Zürich zu den Steueroasen. In der Sprachregelung der OECD jedoch handelt es sich lediglich um schädliche Steuerpraktiken, wenn sie in einem Mitgliedsland anfallen.[2] Wie ein Finanzbeamter herausfinden soll, wer welches Geld wohin verschoben hat, bleibt das Geheimnis der OECD.

Die Europäische Union hat es nicht einmal geschafft, die Steueroasen auf ihrem eigenen Gebiet durch eine Vereinheitlichung der Regeln zu beseitigen. So blieb die 2005 verabschiedete EU-Zinsrichtlinie ziemlich wirkungslos. Und um das Bankgeheimnis der Mitgliedsstaaten Belgien, Luxemburg und Österreich unangetastet zu lassen, hat die EU-Bürokratie viele Ausnahmen geschaffen.

Neuerdings bekommen Staaten, in denen Banken den reichen Steuerflüchtlingen allzu bereitwillig Unterschlupf bieten, deutlich mehr Gegenwind. Einige Regierungen attackieren Steueroasen im Alleingang, wenn multilaterale Abkommen scheitern. So arbeitet das deutsche Finanzministerium an Sanktionen gegen Liechtenstein. Im Gespräch ist eine »Einführung von Strafsteuern für Überweisungen nach Liechtenstein, eine Meldepflicht oder eine Obergrenze für Geldtransfers in Europas Steuerparadies«.[3] Zuvor hatten deutsche Steuerfahnder einem ehemaligen Mitarbeiter einer Liechtensteiner Bank eine CD mit Daten von Steuerflüchtlingen abgekauft. Auf der Liste fand sich auch der Name Klaus Zumwinkel, der über Geldanlagen in Liechtenstein Steuern hinterzogen haben sollte. In Deutschland sorgte der Fall für Schlagzeilen: Zumwinkel, einer der mächtigsten Männer der deutschen Wirtschaft, musste daraufhin als Chef der Deutschen Post abtreten. Auch die USA gehen gegen das Steuerparadies am Oberlauf des Rheins vor. Der Schweizer Großbank UBS und der fürstlichen LGT-Gruppe drohen sogar Prozesse in den USA. Washington bezichtigt die Banken der Beihilfe zur Steuerhinterziehung amerikanischer Staatsbürger in ungezählten Fällen.

Tausend ganz legale Steuertricks!

Die Möglichkeiten der Steuervermeidung haben die Politiker allerdings über Jahrzehnte geduldet und teils sogar selbst geschaffen. In den Gesetzen vieler Länder finden sich Schlupflöcher, die von Höchstverdienern wie Wirtschaft ausgenutzt werden. Beispielsweise kann man sein Geld in der Schweiz in einem Gold-Depot anlegen. »Dann gibt es zwar keine Erträge, sie können sich aber trotzdem auf das Gold einen Kredit geben lassen, das erfährt der deutsche Staat ja nicht. Natürlich können Sie das Gold auch in kurzer Zeit wieder verkaufen«, sagt der Steuerexperte Lothar Merten im *Manager Magazin*.[4] Im Jahr 2005 zählte Tax Justice selbst 72 Steueroasen, sagt Cristensen. Und seitdem sei die Zahl gestiegen. Steueroasen sind meist direkt oder indirekt an die großen Finanzzentren der Industrieländer angebunden.[5] So liegen die Kanalinseln nicht weit von der City of London, dem neben New York weltweit wichtigsten Finanzplatz. Jeden Morgen landen eine Vielzahl kleiner Flugzeuge auf Jerseys Flugplatz, daraus steigen die Geldmanager der City, abends fliegen sie wieder zurück.

Die Höhe der in Steueroasen angelegten Gelder zu beziffern, ist sehr schwierig. Einen Hinweis liefert die Bank für Internationalen Zahlungsausgleich (BIZ), die als Zentralbank für alle Notenbanken dient und die Bankeinlagen aller Länder registriert. Ihr Sitz ist in Basel. Experten der BIZ schätzten, dass im Juni 2004 ein Fünftel der weltweiten Bankeinlagen von etwa 14,4 Billionen US-Dollar in Offshore-Gebieten deponiert waren. Nicht erfasst waren dabei allerdings Anlagen wie Aktien, Immobilienwerte, Gold oder Yachten. Auch diese Werte werden meist von Offshore-Unternehmen, Stiftungen oder Treuhandkonten verwaltet, wobei Letztere nicht einmal eingetragen sein oder Jahresabschlüsse vorlegen müssen. Ein weiteres Indiz liefert der Weltreichtumsbericht, den die Investmentbank Merrill Lynch und die Unternehmensberatung Cap Gemini gemeinsam herausgeben. Als reich gelten demnach Menschen mit einem Barvermögen von mehr als einer Million Dollar. Ein Drittel dieses Geldes war 1998 in Offshore-Gebieten angelegt.

Würden die Reichen dieser Erde ihr Geld ordentlich versteuern, nähmen die Regierungen Berechnungen Tax Justice zufolge jährlich mindestens 255 Milliarden US-Dollar mehr ein. Zum Vergleich: Bei einer Verdreifachung der weltweiten Entwicklungshilfe auf 195 Milliarden US-Dollar, ein Betrag noch unter diesen entgangenen Steuereinnahmen, könnte die Armut innerhalb der kommenden sechs Jahre halbiert und eine Million Menschenleben durch die Beseitigung von Hunger, Versorgung mit sauberem Wasser oder Bereitstellung einer besseren medizinischen Versorgung gerettet werden. Ganz so, wie es die Millenniumsziele der UN vorsehen.

Steueroasen spielen eine wichtige Rolle bei der Erosion der Unternehmens-, Vermögens- und Kapitalsteuergesetzgebung in den Industrie- und Entwicklungsländern und wirken sich damit negativ auf die Einnahmen in regulär besteuernden Ländern aus. Nutznießer davon sind reiche Privatpersonen, institutionelle Investoren, Banken und Kriminelle. Die Regierungen haben zwei Möglichkeiten auf die Steuerausfälle zu reagieren: Sie können entweder Menschen oder Firmen, die weniger leicht Steuern hinterziehen können, höher besteuern. Alternativ kürzen sie öffentliche Ausgaben. Beide Entwicklungen sind uns allen vertraut.

Besonders hart betroffen von den Steuerausfällen sind die Entwicklungsländer. Fast die Hälfte des Barvermögens und der Wertpapiere aus Lateinamerika sind in Off-Shore-Zentren angelegt, aus dem Nahen Osten sind es sogar siebzig Prozent.[6] Wegen dieser massiven Kapitalflucht haben viele ärmere Länder nur geringe Steuereinnahmen aus Einkommen oder Gewinnen. Der amerikanische Finanzexperte Raymond Baker berichtete in der britischen Wirtschaftszeitung Financial Times, dass ärmeren Ländern durch Kapitalflucht jährlich bis zu 500 Milliarden US-Dollar verloren gehen. Baker schlüsselt auf: 50 Milliarden Verlust entstehen durch Korruption, bis zu 200 Milliarden verschwinden infolge kommerzieller Ausbeutung von Schwachstellen im Steuersystem von Entwicklungsländern durch vermögende Inländer oder große heimische oder internationale Konzerne; weitere 250 Milliarden Dollar gehen dem Zugriff der Staaten durch kriminelle Aktivitäten verloren. Den Großteil dieses Geldes legen die Besitzer in Steueroasen an.

Anstatt konsequent Unternehmens- oder Kapitalsteuern einzuziehen, erhöhen die Regierungen die Verbrauchssteuern, die direkt beim Kauf eines Produkts fällig werden und deswegen nicht hinterzogen werden können. Doch Verbrauchssteuern benachteiligen Menschen mit geringeren Einkommen, die für den alltäglichen Bedarf einen größeren Anteil ihres Einkommens ausgeben müssen als besser gestellte Haushalte. Ihre Verbrauchskosten fressen oft das gesamte Einkommen auf, weswegen sie durch Verbrauchssteuern relativ gesehen stärker belastet sind. Entwicklungsländern nutzt die Globalisierung nur etwas, wenn ihre Regierungen die ansässigen Unternehmen und Personen auch angemessen besteuern können. Sonst können sie Infrastruktur, öffentliche Dienstleistungen und eine soziale Umverteilung nicht finanzieren.

Jersey ist eine Kronkolonie. Zwar verfügt die Insel über ein eigenes Parlament und eine eigene Regierung, trotzdem muss jedes Gesetz in London gegengezeichnet werden. Insofern bestimmt letztlich Großbritannien, was in Jersey und den anderen Kanalinseln passiert. Christensen läuft am Sandstrand von Jersey entlang und erklärt, wie Steueroasen funktionieren: Sie böten eine »sichere Deckung für Geldwäsche, etwa von Einkünften aus Korruption, Betrug, Unterschlagung, Waffen- und Drogenhandel. Die fehlende Transparenz auf den internationalen Finanzmärkten trägt unmittelbar zu einem weltweiten Anstieg von Verbrechen und Terrorismus bei.«[7] Diktatoren schafften dank Steueroasen und Bankgeheimnis veruntreute Gelder außer Landes: Mohamed Suharto, von 1967 bis 1998 Präsident in Indonesien, geschätzte 15 bis 35 Millionen US-Dollar; Jean-Claude Duvail, von 1971 bis 1986 Präsident von Haiti, 300 bis 800 Millionen Dollar; oder Pavlo Lazarenko, von 1996 bis 1997 Premierminister der Ukraine, schaffte 114 bis 200 Millionen Dollar ins Ausland.[8] Die Liste ließe sich noch lange fortsetzen.

Blind, taub und stumm

Als Vorläufer der Steueroasen gelten die US-Bundesstaaten New Jersey und Delaware. Bereits im neunzehnten Jahrhundert lockten sie Unternehmen aus wohlhabenden Regionen mit Steuervergünstigungen. Anfang des zwanzigsten Jahrhunderts gab es dann die ersten Fälle grenzüberschreitender Steuervermeidung: Vermögende Engländer nutzten die im britischen Gesetz vorgesehene Unterscheidung zwischen Wohnsitz und Steuerdomizil, indem sie ihre Firmen beispielsweise auf Jersey ansiedelten. In den Zwanzigerjahren sorgten britische Richter für eine weitere Möglichkeit der Steuervermeidung für Personen, die sich internationale Mobilität leisten konnten. Sie entschieden, dass ein in Großbritannien eingetragenes Unternehmen von der Steuer befreit sei, solange der Vorstand seine Sitzungen im Ausland abhalte und die Geschäftätigkeit ebenfalls vollständig im Ausland stattfinde. Damit entstand eine räumliche Trennung zwischen Firmensitz und Steuersitz eines Unternehmens, wovon im Laufe der folgenden Jahrzehnte viele Firmen Gebrauch machten. Dieses Konzept bildet die Grundlage für die meisten Steueroasen. Wir erinnern uns: Noch heute heben jeden Abend viele kleine Flieger ab, welche die Geschäftsleute wieder zurück nach London bringen. Dann machte die Schweiz in den Dreißigerjahren vermögenden Personen aus aller Welt ein unwiderstehliches Angebot: Wer einen steuerlichen Festbetrag zahlte, konnte sich bei den Eidgenossen niederlassen, durfte dann später auch Schweizer werden. Dieser pauschale Steuerbetrag, den die Behörden im Voraus festsetzten, war nicht gerade niedrig – aber er blieb gleich, selbst wenn die Einkünfte stiegen. Details über sein Vermögen musste niemand offen legen. 1930 schrieb die Schweizer Regierung auch das Bankgeheimnis gesetzlich fest, mit dem man schon während der Französischen Revolution das Vermögen des entmachteten Adels in die Schweiz gelockt hatte. Richtig lukrativ wurde das Geschäft für Schweizer Banken erst nach dem Zweiten Weltkrieg, mit dem Aufstieg der multinationalen Konzerne.

Die G8, OECD und EU haben verschiedene Kampagnen gegen unfairen Steuerwettbewerb gestartet, sogar mit schwarzen Listen und Boykottandrohungen. Jedoch mit geringem Erfolg, glaubt man Christensens ernüchternder Innenansicht: »Die Regierung von Jersey wollte nicht regulieren. Sie wollte unter dem Druck von IWF und anderen Organisationen nur den Eindruck einer strengen Regulierung erwecken.« Nachdem die Fahnder infolge der Anschläge in New York am 11. September 2001 verstärkt Gelder von Terroristen jagten, habe es jedoch auch für die Steuerfahndung einige Erfolge gegeben – ebenso wie bei Drogengeldern, sagt Christensen. Auf diese beiden Felder entfalle jedoch nur ein kleiner Anteil vom gesamten Schwarzgeld. In Steueroasen herrsche allgemein eine Kultur, »die wir die drei Affen nennen: nichts sehen, nichts hören, nichts sagen«, beschreibt Christensen seine Erfahrungen mit Bankern, Wirtschaftsprüfern und Anwälten auf Jersey, die für den reibungslosen Ablauf der Geldgeschäfte sorgen. »Sie hassen ihre Jobs, weil sie langweilig sind, aber der Lohn ist fantastisch. Sie sprechen über Autos, Ferien, neue große Häuser – aber sie wollen nie darüber reden, welche Konsequenzen ihr Job für die Menschen in ärmeren Ländern hat. Man muss wissen, dass die Kulturen kleiner Inseln oder kleiner Gemeinschaften von strenger Disziplin geprägt sind. Dazu gehört es, seine Gefühle nicht zeigen. Deswegen gibt es hier kaum Whistleblower.« So nennt man die Mitarbeiter von Banken, die eines Tages aus Überzeugung oder gegen Bargeld die Daten von Steuerflüchtlingen verraten – wie 2008 in Liechtenstein geschehen.

Der gleichen Mentalität begegnete Christensen bei den britischen Bankern. Als Berater der Regierung von Jersey bekam er jedes Jahr eine Einladung zu einem Dinner der Direktoren der Handelskammer, »am Ende gab es immer einen Toast auf die Queen. Dabei führte das, was sie taten, zu einer Reduzierung der Steuereinnahmen des Königreichs um jährlich einige Hundert Millionen Pfund«, erzählt er. Viele Konzerne lassen ihre Finanzströme gleich durch mehrere Steueroasen laufen. »Als ich in der Finanzindustrie gearbeitet habe, gab es Firmen, die aus Gründen der Geheimhaltung ihre Gelder über drei oder mehr Steueroasen lenkten.« Ein typisches Beispiel: Die Gesellschaft hat ihren Sitz in Luxemburg, es gibt einen Trust auf Jersey, und das Konto ist auf den Cayman Islands oder in der Schweiz. Entscheidend ist, dass es sich um drei verschiedene juristische Direktionen handelt. Der Treuhänder bleibt geheim, ist wahrscheinlich ein lokaler Anwalt, könnte aber auch ein Jurist von den Bermudas sein. Es geht um maximale Geheimhaltung, Untersuchungen jeglicher Art gilt es zu vermeiden. Niemand kann sagen, wer hinter dem Treuhänder steht, wem das Geld tatsächlich gehört. Zudem sind die meisten Trusts in Steueroasen mit einer Fluchtklausel gesichert, die bei einer Untersuchung sofort greift: Bei Gefahr wandert das Geld an einen anderen sicheren Ort.

In Kinofilmen müssen Unternehmer auf exotische Inseln reisen, um eine Briefkastenfirma zu gründen. In der Praxis ist es viel einfacher. Britische Anwälte haben heute Niederlassungen im liechtensteinischen Vaduz oder den schweizerischen Bankhochburgen Genf oder Zürich. Dort verkaufen sie Trusts. Korrespondenzanwälte von Großkanzleien aus Panama bieten an der Bahnhofstraße in Zürich die ganze Palette karibischer Offshore-Gesellschaften an. Für ein paar Hundert Dollar Gebühren und rund tausend Euro für den Anwalt sind die Kunden dabei, und auf Wunsch ist das Ganze in wenigen Stunden erledigt.[9]

Beliebt ist auch der Trick mit der Lebensversicherung. Ein Kunde zahlt auf einen Schlag einen Batzen Schwarzgeld bei der ausländischen Tochter einer Versicherungsgesellschaft ein, woraufhin die Police als Treugut in eine persönliche Stiftung eingebracht wird, zum Beispiel auf Jersey. Später erhält er die Versicherungsprämie ausgezahlt – die ist jetzt ganz legal. Von der Bezeichnung sollte man sich nicht täuschen lassen – diese Stiftungen sind nicht zu vergleichen mit den Stiftungen, die einen gemeinnützigen Zweck verfolgen.

Virtuelle Bananen

Ein großer Teil der weltweiten Handelsströme läuft heute über Steueroasen – allerdings nur virtuell, über Computer. So scheinen die meisten Bananen, die man in britischen Supermärkten kaufen kann, aus Steueroasen zu stammen. Wie kann das sein? Etwa zwei Drittel des weltweiten Bananengeschäfts tätigen die US-Unternehmen Dole, Chiquita und Fresh Del Monte. Sie bringen die Bananen von den eigentlichen Anbauplantagen in Lateinamerika und Westafrika zu den Absatzmärkten Europa, USA oder Asien. Fresh Del Monte ist registriert in der karibischen Steueroase Cayman Islands, einem Überseegebiet Großbritanniens und besitzt dort mehr als dreißig Tochterfirmen. Steuern brauchen Unternehmen hier nicht zu zahlen. Das Unternehmen hat weitere Tochterfirmen in anderen Steueroasen oder -niedrigzonen wie Gibraltar, Bermuda, den niederländischen Antillen oder den britischen Virgin Islands. Laut ihren Geschäftsberichten, in denen Dole und Chiquita nur die großen Tochterfirmen veröffentlichen, unterhielt Chiquita Ende 2006 elf Tochterfirmen auf den Bermudas und Dole einige Tochterfirmen in Bermuda, Liberia und Puerto Rico.
Diese Schachtelkonstruktionen wiederum ermöglichen eine weitere Minimierung der Steuerzahlungen: Die Unternehmen verteilen ihre internen Geschäftsabläufe auf verschiedene Länder, insbesondere Briefkastenfirmen in Steueroasen. Das ist nicht verboten, hat aber über die Steuerersparnis für die Bananenhändler hinaus Folgen: In den Entwicklungsländern, wo die meisten Bananen geerntet werden, fallen nur ein minimaler Teil der Wertschöpfung, und damit auch nur geringe Steuereinnahmen an.

Dabei lässt sich, wie das Wort »Wertschöpfung« schon ahnen lässt, mit Bananen viel Geld verdienen: Innerhalb von fünf Jahren machten die drei Konzerne bei einem Umsatz von mehr als 50 Milliarden US-Dollar einen Gewinn von 1,4 Milliarden Dollar, so die englische Zeitung *Guardian*. Verdient wurde das Geld mit dem Anpflanzen der Bananen, dem Pflücken, Transport und letztlich dem Verkauf unter einem Markenlabel. Von dem Gewinn zahlten sie 200 Millionen Dollar, also 14,3 Prozent Steuern, in einigen Jahren sogar nur 8 Prozent. Die durchschnittliche Unternehmenssteuer in den USA, wo die drei Firmen ihren Hauptsitz haben, liegt dagegen bei 35 Prozent.

»Für Entwicklungsländer sind Steueroasen eine Katastrophe«, sagt Christensen. Viel Geld fließe aus den Ländern ab, und nur selten komme es zurück; eine für die Schaffung von Wachstum und Jobs notwendige Kapitalbildung werde damit verhindert. Stattdessen ströme das Geld in die internationalen Finanzmärkte. In den Augen von Christensen erklärt das, warum die Liberalisierung des Kapitalmarktes genau das Gegenteil von dem bewirkt, was die Ökonomen einst angenommen hatten. Das Geld wurde eben überwiegend nicht von den Industrie- in die Entwicklungsländer transferiert, wo es theoretisch mehr Investitionsmöglichkeiten hätte geben müssen als in den gesättigten Indusrtrieländern, sondern aus den Entwicklungsländern in den Kapitalmarkt des Nordens – und dort blieb es.

Mit einem Pro-Kopf-Einkommen von durchschnittlich 260.000 Dollar ist Jersey eines der fünf reichsten Ländern der Erde. Wer allerdings nicht zu dem Viertel der 90.000 Bewohner gehört, die als Banker, Rechtsanwalt oder Wirtschaftsprüfer in der Finanzindustrie arbeiten, für den ist das Leben hier teuer. Die Lebenshaltungskosten liegen noch höher als im ohnehin teuren London. Viele Einheimische brauchen zwei Jobs, um über die Runden zu kommen. Und die Renten und Sozialleistungen in Jersey gehören zu den niedrigsten in Europa. Kritik hören die Bewohner jedoch nicht gerne. »Wenn es Dir hier nicht gefällt, dann nimm das Boot«, solche Sprüche habe er häufig gehört, erzählt Christensen.

Ohne Banken und Anwälte können Steueroasen nicht funktionieren. Die Schlüsselrolle spielen jedoch die Steuerberatungsfirmen. Mittlerweile gibt es nur noch ein Quartett der Großen, das sich die meisten Mandate der großen Konzerne teilt: PricewaterhouseCoopers (PwC), Deloitte Touche Tohmatsu, KPMG sowie Ernst & Young. Jede dieser Gesellschaften ist in mindestens 139 Ländern aktiv. KPMG war auch in dreißig Steueroasen vertreten, die in der damals noch umfassenderen schwarzen Liste der OECD aus dem Jahr 1998 verzeichnet waren. Seitdem hat KPMG einige dieser Niederlassungen geschlossen oder zumindest umbenannt. Der Ständige Unterausschuss des US-Senats kritisierte 2003 PwC, Ernst & Young und KPMG offen wegen des Verkaufs von Steuerprodukten, von denen einige mit Sicherheit »illegal waren«. Allein dem US-Fiskus sollen durch Produkte dieser Berater Steuereinnahmen von 85 Milliarden Dollar entgangen sein.

In einer Werbebroschüre hatte KPMG geschrieben, dass die britischen Steuerbehörden das Modell wohl als »inakzeptable Steuervermeidung« klassifizieren würden, trotzdem bot die Gesellschaft das Produkt ihren Kunden an. Entscheidend ist die Frage, welchen Stellenwert diese Information für die Kunden hat.[10]

Im Dienste der Henrys

Auf Jersey gibt es etwa fünfzig Banken: darunter die US-amerikanische Citigroup, die britischen Häuser HSBC, Barclays, Standard Chartert, Bank of India, Deutsche Bank, UBS, Meinl Bank. In der Hauptsache betreiben sie ein Geschäft, das sie selbst Wealth-Management nennen: »Sie helfen ihren reichen Kunden, außerhalb der Länder, in denen sie leben, zu investieren, um Steuern zu vermeiden«, sagt Christensen. Die auf Hochglanzpapier gedruckten Anzeigen der großen Banken für Wealth-Management oder Beilagen in großen Zeitungen interpretiert er als mehr oder weniger eindeutige Einladungen an reiche Leute, keine Steuern zu zahlen. Dann erzählt Christensen von einer Konferenz aus dem Jahr 1995, zu der er, damals noch ökonomischer Berater der Regierung von Jersey, nach London eingeladen wurde. Es sei eine dieser Konferenzen gewesen, wo die Teilnahme fünfhundert Euro kostete, keine Veranstaltung für Wissenschaftler, sondern für Spezialisten aus der Finanzindustrie – und das Thema war Private Banking. Die Redner hätten damals von acht Millionen sehr vermögenden Kunden weltweit gesprochen, die sie »Henrys« nannten. Wie deren Vermögen binnen zehn Jahren in Steueroasen wie Jersey, Großbritannien oder Schweiz zu schaffen sei, wurde ganz offen diskutiert.

1 Das globale Netzwerk für Steuergerechtigkeit ist aus Treffen im Rahmen des Europäischen Sozialforums in Florenz Ende 2002 und des Weltsozialforums in Porto Alegre Anfang 2003 hervorgegangen. Es bringt Organisationen, soziale Bewegungen und Einzelpersonen zusammen und unterstützt vor allem in Entwicklungsländern die Gründung von TJN-Kampagnen. Seit November 2004 ermöglichten Spenden von Mitgliedern sowie eine Spende von der britischen Stiftung Joseph Rowntree Charitable Trust die Gründung des internationalen Sekretariats. Details der Finanzierung stehen in jedem Jahresbericht.

2 Tax Justice Network, *Tax Us if You Can*, 2005, S. 25

3 *Handelsblatt*, 17.7.2008

4 *Manager Magazin*, 6.10.2003

5 Interview Erwin Wagenhofer

6 *Aus Politik und Zeitgeschichte*, 11.2.2008

7 Tax Justice Network, *Tax Us if You Can*, 2005, S. 6

8 Transparency International, *Global Corruption Report*, 2004, S. 13

9 *Capital*, 28.2.2008

10 Tax Justice Network, *Tax Us if You Can*, 2005, S. 20

Kapitel XVIII

Wirtschaftsflüchtlinge
Migration von Geld und Menschen

Mitten in Ouagadougo, der Hauptstadt von Burkina Faso. Es riecht nach schwelenden Autoreifen, überall hört man Gehämmer, die Luft ist staubig – dazwischen klopfen Männer, Frauen und Kinder Steine. Was aussieht wie das surreale Szenario eines apokalyptischen Kinofilms, ist in Wirklichkeit eine Art Manufaktur der besonderen Art: Die Menschen stellen aus Felsen Bauschotter her, und zwar buchstäblich in Handarbeit. Unter ihnen befinden sich viele ehemalige Bauern. Weil sie von der Landwirtschaft nicht mehr leben können, haben sie ihre Felder verlassen und sind in die Hauptstadt gekommen. Ihr Schicksal teilen weltweit unzählige Bauern – allein in China haben Millionen ihre Dörfer verlassen, um in den Industriezentren an der Küste zu arbeiten. Hier stehen heute die Werkbänke der Welt.

Diese weltweite Völkerwanderung von Bauern in die wirtschaftlichen Zentren ist ein entscheidender Grund dafür, warum es in den vergangenen zwanzig Jahren trotz Geldvermehrung zu keiner großen Inflation gekommen ist: Bei solchen Massen neuer Arbeiter, die den Industrien zur Verfügung stehen, geraten die Löhne weltweit unter Druck, was die Inflationsrisiken senkt. Phasenweise kam es sogar in einigen Industrieländern zu Reallohnsenkungen, sprich, die Lohnsteigerungen reichten nicht, um die Preissteigerungen zu kompensieren.

Burkina Faso liegt an keiner Hauptroute der Globalisierung – hier bauen die internationalen Konzerne keine Werke in Sonderwirtschaftszonen. Not macht erfinderisch, heißt es im Volksmund. Und so muss jemand den verwaisten Steinbruch inmitten der Hauptstadt gefunden haben, in dem eine eigene lokale Ökonomie entstanden ist. Bei der Arbeitsteilung, die sich hier herausgebildet hat, lassen sich die gleichen Regeln beobachten, die der britische Nationalökonom Adam Smith schon vor mehr als zweihundert Jahren am Beispiel einer Nadelproduktion beschrieben hat, Produktionsschritt für Produktionsschritt. Zunächst zünden einige Männer Autoreifen an, um den Stein durch die Hitze zum Zerspringen zu bringen, große Brocken lösen sich. Dann zerschlagen kräftige Männer diese Felsstücke mit Vorschlaghämmern in kleinere Brocken, anschließend werden sie von Frauen weiterzerkleinert. Dabei agieren jeder und jede als eigenständiger Unternehmer: Steine einer Größe werden weiterverkauft an diejenigen, die sie weiter zerkleinern.

Inmitten des primitiven Steinbruchs steht eine ältere Frau, sie siebt die kleinsten Bröckchen mit einer Schüssel und schüttet das Ergebnis auf kleine Haufen neben der Straße. Abnehmer sind die Straßenbaufirmen. Sie macht diese Arbeit seit zwanzig Jahren, tagein, tagaus. Dafür erhält sie täglich eine Schüssel Reis.

Das Leben ist so kärglich, dass die Menschen reißaus davor nehmen. Wie viele sich aus Burkina Faso jeden Tag auf den Weg machen, weiß niemand genau. Nachbarländer wie Ghana oder die Elfenbeinküste sind das nächste Ziel, manch einer will an die Küste, um dort in eines der kleinen Holzboote zu steigen. Wer Glück hat, schafft es mit so einer Piroge in acht Tagen bis an die spanische Küste, findet dort als Schwarzarbeiter Arbeit auf einer Tomatenplantage oder einer Baustelle und fängt an, Geld an seine Familie zu überweisen.

Wie viele Menschen sterben, weil die einfachen Boote kentern, weiß man nicht. Zählen lassen sich nur die Leichen, die an die Strände gespült werden. Jährlich sollen etwa zwei Millionen Menschen versuchen, illegal auf das Territorium der Europäischen Union zu gelangen. Zur Abschottung ihres Hoheitsgebiets hat die EU darum eine »Agentur« für die operative Zusammenarbeit an den EU-Außengrenzen (Frontex) aufgebaut. Sie verfügt über hundert Boote, etwa fünfundzwanzig Hubschrauber und zwanzig Überwachungsflugzeuge mit hochsensiblen Kameras und Nachtsichtgeräten, Radar und Satellitenunterstützung zur elektronischen Distanzüberwachung. Frontex unterhält auch »Auffanglager« auf afrikanischem Boden. Dort werden Flüchtlinge festgehalten, die meistens aus Zentral-, West- oder Südafrika kommen und manchmal schon eine Reise von ein bis zwei Jahren hinter sich haben. Angesichts üppiger Gelder kooperieren die meisten afrikanischen Regierungen bei der Einrichtung solcher Lager auf ihrem Territorium. Algerien dagegen macht nicht mit: »Wir wollen nicht die Kerkermeister unserer Brüder sein«, erklärte Präsident Abdelasis Bouteflika.[1]

Unter den Flüchtlingen sind viele Fischer. Noch leben weltweit 35 Millionen Menschen direkt vom Fischfang, allein neun Millionen in Afrika. Der Fischfang ist von großer Bedeutung für den Arbeitsmarkt und die Ernährung. Doch die meisten afrikanischen Küstenstaaten sind so hoch verschuldet, dass sie ihre Fischereirechte an Konzerne in Japan, Europa und Kanada verkaufen. Deren Fabrikschiffe beuten die Fanggründe der traditionellen Fischer bis in die Territorialgewässer hinein aus. Sie setzen nicht nur verbotene engmaschige Netze ein, sondern fischen oft auch außerhalb der festgelegten Fangsaison. Da die meisten afrikanischen Regierungen, die solche Verträge unterzeichnet haben, nicht über Kriegsmarine verfügen, können sie die Einhaltung der Verträge nicht durchsetzen. Es gilt das Recht des Stärkeren.

Die Fabrikschiffe verarbeiten ihren Fang zu Tiefkühlkost, Fischmehl oder Konserven und bringen ihn weltweit auf den Markt. Die ruinierten Fischer verkaufen in ihrer Verzweiflung ihre Boote zu Billigpreisen an die Schleusermafia oder bringen ihre Landsleute gleich selbst übers Meer.

Unter so schwierigen Bedingungen wie Baumwollfarmer in Burkina Faso arbeiten nur wenige Farmer auf dieser Erde. Doch das europäische Agrardumping macht das ohnehin schon schwierige Leben beinahe unerträglich. Hungerflüchtlinge zu kriminalisieren, ist zynisch. »Die menschlichen, finanziellen und technologischen Mittel, die Europa gegen die Migrationswellen aus Afrika einsetzt, sind in Wahrheit die Werkzeuge eines Krieges zwischen dieser Weltmacht und jungen Afrikanern aus Stadt und Land, deren Recht auf Bildung, wirtschaftliche Betätigung, Arbeit und Nahrung in ihren Herkunftsländern unter der Knute der strukturellen Anpassung vollkommen missachtet wird. Als Opfer makroökonomischer Entscheidungen, für die sie in keiner Weise verantwortlich sind, werden sie gejagt, aufgespürt und gedemütigt, sobald sie einen Ausweg in der Emigration suchen.« So beschrieb die Schriftstellerin und ehemalige Kultur- und Tourismusministerin von Mali, Aminata Traoré, beim Weltsozialforum in Nairobi im Januar 2007 treffend die Lage.[2]

Volksfest in Guatemala City, der Hauptstadt des mittelamerikanischen Landes. Vor der Kathedrale steht eine Wahrsagerin, modern gekleidet in grauem Hosenanzug, die Augen mit einem roten Seidenschal verbunden. Um sie herum in einem Halbkreis stehen rund einhundert Menschen, die gebannt an den Lippen der Wahrsagerin hängen. Wer eine Spielkarte aus dem Stapel zieht, erfährt etwas über seine Zukunft. Die Floskeln wiederholen sich: »Sie streiten mit Ihrem Mann – Sie wenden einen schweren Schicksalsschlag ab – ein Familienmitglied wird in die Vereinigten Staaten auswandern – Sie werden wohlhabend werden.« Die Prophezeiungen geben die Sehnsüchte der Menschen wieder. Während die jungen Afrikaner von einem besseren Leben in Europa träumen, sind für ihre Altersgenossen in Mittelamerika die USA das gelobte Land. »Hier haben wir doch kaum eine Chance«, sagt Augosto Sobén, ein 21-Jähriger Student der Sozialwissenschaften in Quetzaltenango. Selbst die wenigen Jugendlichen, die einen Schulabschluss machen, sind zu viel für den Arbeitsmarkt.

Juan hat die Hoffnung auf eine feste Arbeit aufgegeben. Er verbringt seine Tage in den Straßen von San Pablo La Laguna, einem kleinen Dorf am Ufer des Atitlánsees im Hochland. Heute morgen hilft er in einer Metzgerei aus, Fliegen umschwirren einen von der Decke baumelnden Schinken. Der Zwanzigjährige hängt schon den ganzen Tag hier herum, hält Ausschau nach Ausländern, um Trommeln zu verkaufen und sein Englisch zu verbessern. Bereitwillig schildert er sein Leben und das seiner Altersgenossen. »Unsere Situation ist trist. Fast alle träumen von einem Leben in den USA.« Er lebt mit seiner Familie in einem Lehmbau. Außer einem Ofen und ein paar Matratzen gibt es keine Möbel. Seine Mutter bäckt auf einem zerbeulten Alublech die Tortillas für die zehnköpfige Familie. »Zwei meiner Brüder sind schon in den Staaten«, erzählt Juan mit glänzenden Augen, »die haben es geschafft.« Allerdings musste die Familie lange sparen, um die »Coyotes« zu bezahlen, Schlepper, die sie illegal über Mexiko in die Staaten brachten. Über die Höhe der Summe und seine eigenen Auswanderungspläne schweigt Juan. Ebenso wenig mag er über aufgegriffene Migranten reden. »Klar kenne ich aus unserem Dorf welche, die es nicht gepackt haben.« Wenn Migranten an der mexikanischen oder US-amerikanischen Grenze ohne Einreiseerlaubnis entdeckt werden, landen sie meist wie Kriminelle im Knast, bis sie abgeschoben werden.

Immer schärfer werden die Grenzkontrollen, was aber keine Auswirkungen hat auf die Auswanderungsbereitschaft, sondern nur die Abhängigkeit der Auswanderungswilligen von den Coyotes erhöht und die Preise für ihre Dienste in die Höhe treibt. Insgesamt sollen mehr als 1,5 Millionen Guatemalteken legal oder illegal in den USA leben; fast jeder fünfte Guatemalteke hält sich Schätzungen zufolge zumindest phasenweise dort auf. Ohne ihre Überweisungen in die Heimat würde die guatemaltekische Wirtschaft wohl kollabieren, die Transfers in die Heimat übersteigen schließlich schon die Devisenerlöse aus dem traditionellen Exportschlager Kaffee. »Dieses Geld lindert die Misere vieler Familien«, schreibt die Weltbank in einer Studie zur Migration.

Nur für Clubmitglieder
Global gesehen ist jeder 35. Arbeitnehmer Emigrant. Im Jahr 1970 überwiesen sie zwei Milliarden Dollar nach Hause, im Jahr 2005 waren es bereits 232 Milliarden Dollar; davon laut Weltbank 167 Milliarden Dollar in Entwicklungsländer. Damit floss in diese Länder doppelt so viel Kapital durch Migranten wie durch Entwicklungshilfe. In manchen Ländern machen die Überweisungen bis zu einem Drittel des Bruttoinlandsproduktes aus. Weltweit wird das meiste Geld nach Indien überwiesen, gefolgt von China und Mexiko.
Gerhard Schwarz, Wirtschaftschef der Neuen Zürcher Zeitung, ist über die Zuwanderung von Menschen nach Europa folgender Ansicht: »Alle Liberalen dieser Welt sind der Meinung, dass Grenzen offen sein sollten für Güter, für Geld und für Dienstleistungen. Schwieriger wird es bei Menschen. Da muss man sich überlegen, ob man nicht eine Art Eintrittspreis verlangen müsste, so wie man eben in einem Club auch Eintrittspreise verlangt. Also wer in einen Tennisclub eintritt, muss in der Regel einen Eintrittspreis zahlen; nicht nur eine monatliche oder eine jährliche Gebühr wie die Steuer, sondern muss einen Eintrittspreis zahlen, weil die Vorgänger, die schon da sind, quasi das Clubhaus und die Plätze aufgebaut haben, und damit eigentlich ein Neuer von etwas profitiert, zu dem er nichts beigetragen hat.«[3] Ganz anders sieht dies die junge Frau, die aus Burkina Faso in die Schweiz gekom-

men ist, um dort ihr Glück zu machen. Sie blickt auf eine der Banken und erklärt, warum die Menschen aus Afrika herkommen. Sie müssten kommen, weil das Geld hier ist, um etwas davon zurück in die Heimat zu bringen, sagt sie. Migration ist eine Frage der Perspektive. Dass die Menschen über Jahrhunderte aus wirtschaftlichen Gründen von Europa in andere Kontinente emigriert sind, ob nach Amerika, Asien oder Afrika, haben wir schnell vergessen. Erst seit den Sechzigerjahren geht die Wanderung in die andere Richtung.

1 und **2**   *Le Monde Diplomatique, Dossier Ernährung*, 3/2008
3   Interview Erwin Wagenhofer

Kapitel XIX

Unter Geiern
Geldverdienen mit Staatsschulden

Wenn Firmen von säumigen Kunden kein Geld bekommen, treten sie ihre Forderung gegen geringe Summen an ein Inkassobüro ab, das die Schulden dann auf eigene Rechnung einzutreiben versucht – und das mit nicht immer ganz legalen Methoden. Ähnlich agieren sogenannte Geier-Fonds im Falle überschuldeter Entwicklungsländer. Sie kaufen für wenig Geld alte Schuldtitel von praktisch zahlungsunfähigen Ländern auf. Dann üben sie Druck auf die Regierungen aus, damit diese die alten Rechnungen einschließlich der hoch aufgelaufenen Zinsen doch noch zahlen. Einen dieser Geierfonds betreibt der US-Amerikaner Michael Sheehan, der die Öffentlichkeit lieber meidet. Sein Fonds Donegal International Limited agiert von der Inselgruppe British Virgin Islands aus. Sie liegt östlich von Puerto Rico und ist eine der vielen Steueroasen auf unserem Planeten. Mit 300.000 Firmen, die zumindest mit einem Briefkasten vertreten sind, sind die British Virgin Islands weltweit die Steueroase Nummer eins.[1] Fonds wie der von Michael Sheehan beauftragen internationale Rechtsanwaltskanzleien, meist in den Finanzzentren London oder New York, die Schuldenforderungen gegenüber den betroffenen Staaten durchzusetzen.
»Geier-Fonds müssen gesetzlich verboten werden«, fordert Joss Saunders von der internationalen Entwicklungshilfeorganisation Oxfam. Sie wirft diesen Fonds vor, die Anstrengungen für eine Entschuldung der Dritten Welt zu unterminieren.[2] Der Ökonom Rolf J. Langhammer, Vizechef des Kieler Instituts für Weltwirtschaft und Mitglied im Wissenschaftlichen Beirat des Bundesministeriums für wirtschaftliche Zusammenarbeit, ist anderer Meinung: »Ist es wirklich so verwerflich, wenn ein vor Gericht erstrittener Titel vollstreckt wird?«, fragt er gegenüber dem *Handelsblatt*. Vulturefonds gingen schließlich mit privaten Mitteln Risiken ein; eine Rückzahlung der Kredite einschließlich Zinsen ist nicht garantiert. Das sei ein marktwirtschaftliches Verhalten, welches dem Schuldnerland nützen könne. Sein Argument: Die Gläubiger müssten schon aus Eigeninteresse an einer wirtschaftlichen Genesung des Schuldners interessiert sein.[3]

Donegal hatte im Jahr 1999 für den Schnäppchenpreis von 3,2 Millionen Dollar eine alte Forderung Rumäniens an den Staat Sambia erworben, es ging um eine Lieferung von Traktoren aus den Siebzigerjahren. Die ursprüngliche Kreditschuld, zu der man diesen Sachkredit in Form von Produktionsmitteln umgerechnet hatte, belief sich auf 15 Millionen US-Dollar – und hatte sich durch aufgelaufene Zinsen auf 30 Millionen verdoppelt.[4]

2007 verklagte Donegal das afrikanische Land vor einem britischen Gericht auf Zahlung von 55 Millionen Dollar. Die Richter hätten dem Fonds die Summe wohl ganz zugesprochen, »wenn Donegal nicht den damaligen sambischen Präsidenten Chiluba mit einer Million Dollar geschmiert hätte, damit dieser dem Verkauf seiner Staatsschulden auf dem sogenannten sekundären Markt zustimmte«.[5] Das Gericht in London reduzierte deshalb die Summe auf 15 Millionen Dollar, ohne jedoch die Ansprüche des Fonds an Sambia grundsätzlich in Frage zu stellen. Donegal strich eine Rendite von unglaublichen vierhundert Prozent ein. Die Summe konnte Sambia nur mit Mühe aufbringen, schließlich ist es eines der ärmsten Ländern der Erde. Die meisten seiner elf Millionen Einwohner leben von weniger als einem Dollar pro Tag, die durchschnittliche Lebenserwartung liegt bei nur 38 Jahren, auch wegen der hohen Aidsrate.

Fälle wie diesen gibt es viele: IWF und Weltbank sprechen von einem Dutzend Klagen, mit einer Streitsumme von insgesamt 1,8 Milliarden Dollar. Auf der Opferliste der Geier-Fonds stehen unter anderem auch Kamerun, Äthiopien und das mittelamerikanische Nicaragua[6] – also auch Länder, deren Regierungen für Schulden aufkommen müssen, welche diktatorische Regimes in der Vergangenheit zugunsten ihrer Privatkassen aufgenommen haben.

Einer der erfolgreichsten Inhaber von Geier-Fonds ist der amerikanische Geschäftsmann Paul Singer, auf dessen finanzieller Unterstützung zum Beispiel US-Präsident George Bush in seinem Wahlkampf zählen konnte. Singer gilt als Erfinder der Geier-Fonds. So kaufte sein Fonds Elliott Asset Management in den Neunzigerjahren Schulden des Andenstaats Peru im Wert von zwölf Millionen Dollar. Einige Jahre später zwang der Fonds das Land zur Zahlung von 58 Millionen Dollar und drohte Peru damit in den Bankrott zu treiben. Notgedrungen zahlte die Regierung, um überhaupt mit dem Internationalen Währungsfonds und der Weltbank über eine Umschuldung des Landes verhandeln zu können. Singer hatte gedroht, diese Verhandlungen bis zur Auszahlung seiner Ansprüche zu blockieren, was gerichtlich sogar möglich gewesen wäre.

Weltbank und IWF, die sich selber in den vergangenen Jahrzehnten schon häufig auf Seiten der Investoren gestellt haben, schlagen nun Alarm. Solche Fonds würden die Bemühungen zu einer Entschuldung der Dritten Welt untergraben. Mit den frei werdenden Mitteln von Entschuldungsinitiativen, die die Industrieländer bezahlen, sollen die Länder eigentlich ihre Armut bekämpfen. Wenn aber die Geier-Fonds kommen, haben sie kaum noch eine Chance. Anstatt selber von den finanziellen Hilfen zu profitieren, bekommt das Geld der Inkasso-Fonds, und sie geraten erneut in den Teufelskreis der Verschuldung.

Mittlerweile versucht die Weltbank, die Entwicklungsländer bei der Abwehr von Geier-Fonds zu unterstützen. Um ihre Schulden bei kommerziellen Gläubigern, ob Geschäftsbanken, Unternehmen oder Inkassofirmen zurückkaufen zu können, bevor diese sie an Geier-Fonds weiterverkaufen, erhalten die Regierungen der ärmsten Länder Geld, das die zur Weltbank-Gruppe gehörende International Bank for Reconstruction and Development zu dem Zweck am Kapitalmarkt aufnimmt; hinzu kommen Zahlungen von Ländern wie Kanada, Großbritannien, Frankreich und Deutschland. Seit 1989 greift dieses Programm. Die Weltbank finanziert den Schuldnerländern Juristen und Ökonomen, die diese vor Gericht vertreten. Bislang haben die ärmsten Länder auf diese Weise 24 Kredite mit einer Gesamtschuld von neun Milliarden Euro getilgt.[7]

1 *Die Welt*, 25.2.2008
2 *Süddeutsche Zeitung*, 24.10.2007
3 *Handelsblatt*, 8.7.2008
4 *Süddeutsche Zeitung*, 24.10.2007
5 *Frankfurter Allgemeine Zeitung*, 21.5.2007
6 *Süddeutsche Zeitung*, 24.10.2007
7 *Handelsblatt*, 8.7.2008

Frisch in Barrenform gegossenes Gold aus Ghana.
Drei Prozent seines Handelswerts bekommt das Herkunftsland,
den Rest steckt die Minenbetreibergesellschaft ein.

Sprenggelände der Newmont Mining Corporation in Ghana.
Dem Gestein werden Goldspuren abgezwungen, indem die Erde
auf quadratkilometergroßen Flächen aufgesprengt wird.

Baumwoll-Urwald. Von den französischen Kolonialherren in Monokulturen übers Land gebracht, hat diese Saat die Böden und den traditionellen Ackerbau in Burkina Faso zerstört.

Baumwollplantagenarbeiter aus Burkina Faso auf einem Berg ihres von Hand gepflückten Rohstoffs. – mangels Freihandel leider nicht konkurrenzfähig.

Betongeschwür an der spanischen Küste.
Die ohne Genehmigung in die Bucht platzierte
Bauruine hat den Spitznamen Hotel Illegal.

Leerstand im Immobilienparadies.
Wer die »Zu verkaufen«-Schilder zu sehen bekommt,
ist angesichts ausgestorbener Straßen unklar.

Das Ausmaß der Verwüstung – Stand 2008 (Andalusien, in der Nähe von Murcia, etwa zwanzig Kilometer von der Küste entfernt).

Bank vor der Weltbank in Washington.
Die Armlehnen sind zu tief angebracht,
um sich bequem darauf abzustützen
– verhindern aber effektiv, dass die
Ärmsten sich darauf hinlegen können.

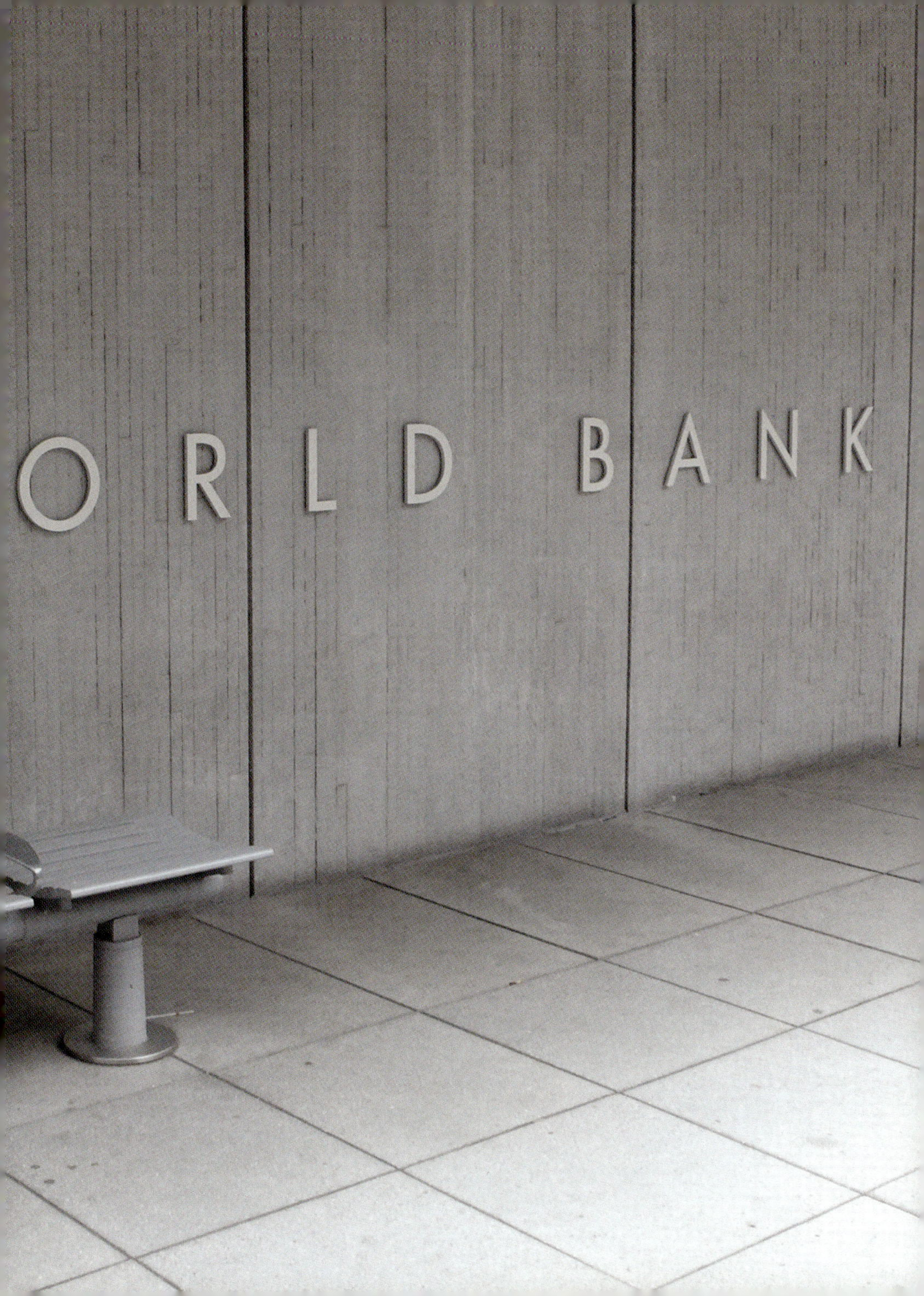
ORLD BANK

Leidtragende von Weltbankmaßnahmen der vergangenen Jahrzehnte bei der Herstellung von Bauschotter.

Der Steinbruch von Ouagadougou. Von groß bis klein, jeder und jede findet eine passende Steingröße zum Bearbeiten: Männer, Frauen, Kinder.

Wer keine Kraft mehr hat zum Steine schlagen, siebt die Reste aus. – Das Team von »Let's Make Money« bei der Arbeit.

»You've got to buy when there's blood on the streets.«
Dr. Mark Mobius, Spezialist für Emerging Markets,
bei der Arbeit. Er weiß, was wo und wie die höchsten
Renditen abwirft. Unsere Versicherungen investieren.

»Finanzplatz« Singapur.
Dritter von links: der Turm der britischen
HSBC Holding (24,2 Milliarden US-Dollar
Gewinn vor Steuern im Jahr 2007).

Raj Kalaiselvan wohnt im Slum
von Chennai, möchte Anwalt werden
und die Korruption bekämpfen.

»Jetzt Mitgliedschaft sichern und dem Club der Millionäre beitreten!« Werbetafel über den Slums der Sonderwirtschaftszone Chennai, Indien.

Senator Terry Le Sueur, stellvertretender Ministerpräsident von Jersey. Die Insel liegt vor der französischen Küste, gehört zu Großbritannien und profitiert von der Finanzindustrie.

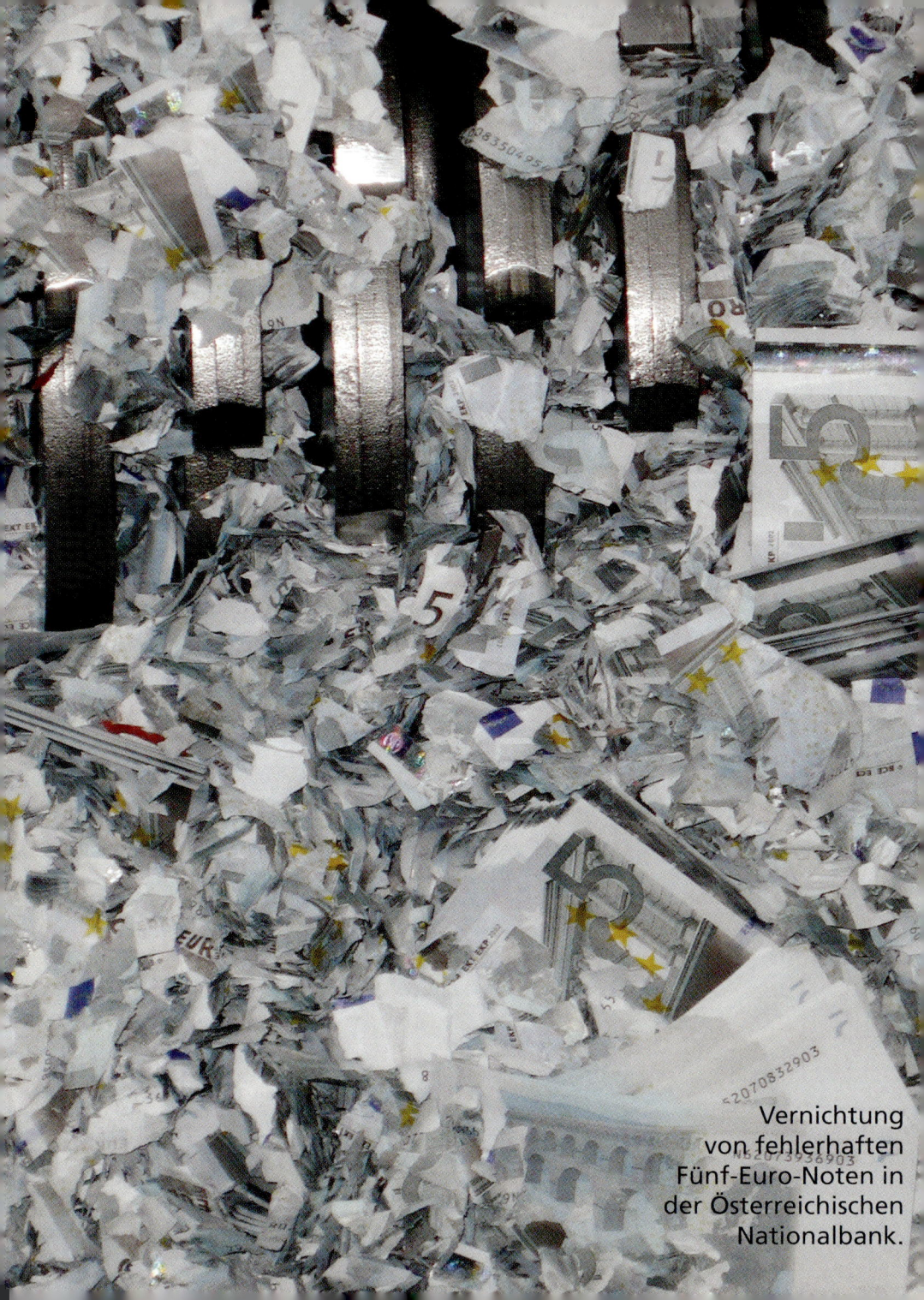

Vernichtung
von fehlerhaften
Fünf-Euro-Noten in
der Österreichischen
Nationalbank.

»We can go elsewhere«
Unser Geld in Indien – oder sonstwo

Mirko Kovats ist begeistert: Hier werde nicht wie bei uns diskutiert, sondern »produziert, produziert, produziert«, sagt der Unternehmenschef der österreichischen A-Tec-Holding bei einer Fahrt mit der Limousine durch Chennai, viertgrößte Stadt Indiens, bekannter unter ihrem früheren Namen Madras. A-Tec ist mit rund siebzig Firmen, 13.800 Beschäftigten und rund 2,4 Milliarden Euro Umsatz einer der größten privaten Industriebetriebe Österreichs, Kovats einer der reichsten Bürger des Landes. Boulevardzeitungen nennen ihn »Mister Goldfinger«.[1] 2005 hat die A-Tec-Tochter AE&E einen Kesselbauer in Chennai gekauft, jetzt baut sie das Unternehmen aus.[2]

Direktinvestitionen wie diese haben sich in den vergangenen Jahren weltweit verdoppelt. Früher sprach man von Entwicklungsländern, von der Dritten Welt, heute spricht man von den sich entwickelnden Märkten, den »Emerging Markets«. Eine zentrale Drehscheibe für das Geschäft dafür ist Singapur. Dort arbeitet Mark Mobius, einer der wichtigsten Kenner dieser Märkte. Bei der US-Investmentgesellschaft Franklin-Templeton ist er für die Emerging-Markets-Fonds verantwortlich; er managt ein Anlagevolumen von rund fünfzig Milliarden US-Dollar. Darunter sind auch Altersvorsorgegelder von Menschen aus den Industrieländern, die selbst – beziehungsweise deren Versicherungen oder Pensionsfonds – auf das Urteil von Mobius vertrauen. Täglich stapeln sich auf seinem Schreibtisch die Ausdrucke der Investments seines Fonds. Mobius, der von vielen als Investmentguru bezeichnet wird, wirft einen Blick darauf, entscheidet in Sekundenschnelle über einzelne Investments – hält sie oder verkauft sie. Eine Grundregel verrät er: »You have to buy when there's blood on the streets.« Wenn irgendwo Blut fließt, muss man investieren. Für Mobius ist ganz klar, dass ein Fondsmanager Geld verdienen muss, sich mit ethischen Fragen zu beschäftigen, gehört nicht zu seinen Aufgaben.

1990 haben die führenden sieben Wirtschaftsnationen USA, Kanada, Großbritannien, Deutschland, Japan, Italien und Frankreich siebzig Prozent aller weltweiten Güter und Dienstleistungen gestellt. Heute sind es schon weniger als sechzig Prozent, Tendenz: fallend. Die Schwellenländer holen bei der Wirtschaftskraft auf. Allerdings braucht ein kleiner Markt, der sehr schnell wächst, sehr lange, bis er einen großen Markt überrundet.

Vor allem die Schwellenländer Brasilien, Russland, Indien und China haben eine große Anziehungskraft auf renditehungrige Investoren. Immer mehr Geld fließt aus den reichen Industrieländern des Nordens, den Ölstaaten aus dem Nahen Osten oder Russland in den Rest der Welt. »Als wir vor zwanzig Jahren begannen, gab es sechs Märkte, zu denen wir Zugang hatten. Jetzt sind es vierzig«, sagt Mobius.[3] Tendenz: steigend. Seit dem Jahr 2001 hat sich der private Kapitalfluss in den Süden auf 1,1 Billionen Dollar versechsfacht, 890 Milliarden Dollar flossen zurück. 2006 blieb ein positiver Saldo in den Ländern des Südens von 220 Milliarden Dollar übrig.

Das Finanzkapital und damit letztlich die Anleger können heute bestimmen, was wo wie produziert wird. Ihre Dominanz beruht darauf, dass sie die mobilen Produktionsfaktoren wie Kapital, wissensbasierte und hochspezialisierte Arbeit fast beliebig an einem Punkt zusammenführen können – dort, wo die geringsten Kosten entstehen. Früher dagegen nutzten die Menschen ihre relativen Preisvorteile bei der Herstellung von Gütern, die sogenannten komparativen Kostenvorteile. So konnten alle gemeinsam den Wohlstand der Nationen mehren, wie der Wirtschaftswissenschaftler David Ricardo dies im neunzehnten Jahrhundert am Beispiel der englischen Textilindustrie und der portugiesischen Winzer beschrieben hat. Demnach profitieren alle Länder, wenn sie sich auf die Produkte spezialisieren, für die sie im Vergleich zu anderen einen Kostenvorteil haben – und die übrigen Produkte von anderen kaufen. Gemeinsam erwirtschaften die Länder bei dieser Form der Arbeitsteilung ein größeres Sozialprodukt. Dies funktioniert aber nur unter zwei Bedingungen: Wenn Arbeit, Kapital und Rohstoffe im Land bleiben, sodass also nur Güter getauscht werden, und wenn die Handel treibenden Länder in etwa den gleichen Entwicklungsstand haben.

So sagt es jedenfalls der ehemalige Weltbankmitarbeiter Herman Daly, der heute Professor an der US-Universität Maryland ist und im

Jahr 1996 ehrenhalber den alternativen Nobelpreis erhielt. Die Rechnung gehe nicht mehr auf, wenn Kapital und Arbeit an beliebige Standorte verschoben werden können und auf die Natur keine Rücksicht genommen werden muss; dann ließen sich laut Daly alle Kostenvorteile an einem Standort vereinigen. Die Standorte, an denen dies heute geschehe, seien die Global Cities.[4] Dazu zählen die südindische Hafenstadt Chennai genauso wie Mexiko City oder das chinesische Shanghai.

Tatsächlich sind viele Industrien dem Diktat der Investoren folgend umgezogen. So hat die Handyindustrie fast alle Werke in den Industrieländern aufgegeben, um sie in Niedriglohnländern wieder aufzubauen. »Hier schreit keiner nach dem Staat. Hier ist Selbsthilfe angesagt. Hier geht es nur um die Wirtschaft«, sagt Kovats. Und man merkt, der Industrielle fühlt sich sichtlich wohl. Andere Investoren übrigens auch. Vor zwanzig Jahren machten sie noch einen Bogen um das sozialistisch regierte Indien. Die marktwirtschaftlichen Reformen leitete Indien nach dem wirtschaftlichen Zusammenbruch der Sowjetunion ein, dem bis dahin wichtigsten Handelspartner. Binnen kürzester Zeit waren die Devisenreserven Indiens geschmolzen; das Land war fast pleite, und die sozialistische Regierung sah sich zu Reformen gezwungen. Die folgenden Jahre zeigten, welche Dynamik durch marktwirtschaftliche Reformen erreicht werden kann; sie zeigten aber auch, dass nicht alle von dieser wirtschaftlichen Effizienzsteigerung profitierten.

Heute spielen einige indische Konzerne in der Weltliga mit und gehen selbst in den Industrieländern einkaufen – so wie der Mischkonzern Tata, der sich den britischen Autohersteller Jaguar einverleibte oder der Stahlkonzern Mittal, der das Gleiche mit dem Luxemburger Konkurrenten Arcelor machte. Die Wirtschaftsleistung Indiens wächst anhaltend im zweistelligen Prozentbereich – die Anleger sind begeistert. Der neue Reichtum verteilt sich sehr ungleich über das Land: Einige Inder hat der Kapitalismus sehr reich gemacht, vier der zehn reichsten Menschen der Welt stammen aus Indien. Viele Menschen stiegen in die Mittelschicht auf, zu der heute mehrere hundert Millionen Menschen gehören. Doch 750 Millionen Inder – der weitaus größte Teil der

Bevölkerung – haben wenig oder gar nichts vom Wirtschaftswachstum. So ist es in Indien, in China und auch in Indonesien, den drei bevölkerungsreichsten Ländern Asiens. Auf dem Human Development Index, mit dem die Vereinten Nationen den Lebensstandard messen, rangiert Indien auf Rang 126, noch hinter seinem Nachbarland Sri Lanka und nur knapp vor Bangladesh. Fast die Hälfte aller Kinder ist untergewichtig, prozentual mehr als in Äthiopien. Die indische Landwirtschaft, die zwei Drittel der arbeitenden Bevölkerung beschäftigt, wächst seit Jahren nur minimal. Die Nahrungsmittelproduktion stagniert, und der durchschnittliche Kalorienverbrauch nimmt staatlichen Statistiken zufolge sogar ab. Eine Rolle spielte dabei auch die Öffnung der Märkte für ausländische Unternehmen: Der Verfall der Preise, der Abbau von Subventionen sowie die Senkung der Zölle für Importe aus China, Pakistan, der EU und den Vereinigten Staaten haben viele Bauern in den Ruin getrieben; sie sind nicht mehr konkurrenzfähig.

»Macht die Landlosen zu Bauern«, hieß ein Slogan indischer Politiker wie Mahatma Gandhi oder Neru, der nach der Unabhängigkeit in eine umfassende, wenn auch unvollendet gebliebene Landreform mündete. Auch später versprachen Politiker den hunderte Millionen Bauern immer wieder eine Verbesserung ihrer Lage. Heute geschieht das Gegenteil: Bauern verlieren ihr Land. Immer dann, wenn Bodenschätze entdeckt, Fabriken gebaut oder multinationale Konzerne angesiedelt werden, verlieren Bauern zusammen mit ihrem Boden auch ihre wirtschaftliche Existenz. Polizisten oder private Sicherheitsfirmen vertreiben diejenigen, die ihren Boden nicht für ein paar Rupien hergeben wollen. Oft müssen die Investoren den Bauern nicht mal ein Kaufgebot unterbreiten: Zwar bewirtschaften viele Familien seit Generationen ihre Felder, verfügen jedoch über keine Besitzurkunde. In diesen Fällen reicht es, wenn ein Investor einen Vertrag mit dem Staat unterzeichnet und einen Anwalt bei den Bauern vorbeischickt, um seine Besitzansprüche geltend zu machen.

25.000 landlose Bauern, die Hälfte von ihnen Frauen, machten sich am 2. Oktober 2006, dem Geburtstag des Staatsgründers Mahatma Gandhi, in der zentralindischen Stadt Gwalior auf den Weg. Sie wollten die Regierenden an ihr Versprechen erinnern, den Landlosen ein Stück

Boden zu geben. Dieses Versprechen aus der Gründungszeit des Staates haben die Politiker bislang in jedem Wahlkampf wiederholt. Sechzig Jahre nach der Unabhängigkeit hat sich das reale Durchschnittseinkommen des Inders vervierfacht. Doch noch immer gibt es rund 170 Millionen Menschen, die ihren gesamten Haushalt auf dem Kopf tragen und sich nicht einmal Schuhe leisten können.[5] Kurz vor dem Start des Protestzugs erklärte sich die Regierung zu Zusagen bereit, doch schon während des Protestmarschs wurde ein Gesetzentwurf verabschiedet, der der Industrie den Landkauf erleichtern soll. Die Bauern sollen demnach nur noch mit Land entschädigt werden, »falls Land vorhanden ist«, sie sollen, »falls dies wirtschaftlich ist«, Jobs in den Sonderwirtschaftszonen erhalten. Von Landlosen ist keine Rede – als gäbe es diese 170 Millionen Bürger gar nicht, viele von ihnen schon jahrzehntelang Opfer einer Politik der Landnahme im Interesse von Staudämmen, Industriekonglomeraten und Bergbauprojekten. Der Bauernführer Ekta Parishad, hier von allen nur Rajagopal genannt, ist Enttäuschungen gewohnt. Zu den bisherigen Slogans werde nun ein neuer treten: »Gebt uns Land oder eine Gefängniszelle«.[6]

Präsente für die Industrie

Die Bagger für die Erschließung immer neuer Sonderwirtschaftszonen rollen weiter. Bis Mitte 2008 wurden 82 errichtet, 250 weitere sind genehmigt. Im indischen Wirtschaftsministerium ist man begeistert. »Es gibt keinen besseren Weg, um die Industrialisierung Indiens voranzutreiben und um Arbeitsplätze zu schaffen«, sagt der zuständige Minister Kamal Nath. Seine Experten wollen errechnet haben, dass bis 2009 umgerechnet zehn Milliarden Euro in den Sonderwirtschaftszonen investiert und so fast eine Million neue Arbeitsplätze geschaffen werden. Die in- und ausländischen Unternehmen werden dafür mit lukrativen Vergünstigungen gelockt. Sie zahlen in den ersten fünf Jahren keine Steuern, danach fünf weitere Jahre nur die Hälfte. Zudem lockert Indien für sie die berüchtigten bürokratischen Hürden, schafft Einfuhrzölle für Rohstoffe ab und errichtet eine erstklassige Infrastruktur. Mittlerweile warnt selbst der IWF: Die Sonderwirtschaftszonen seien Präsente an die Industrie, die sich die Regierung eigentlich nicht leisten könne, so der Chefökonom des Internationalen Währungsfonds, Raghuran Rajan. Zuvor hatten IWF und Weltbank den Regierungen von Entwicklungsländern mehrere Jahrzehnte lang geraten, solche Zonen zu schaffen. Heute weiß man, dass die meisten Unternehmen weiterziehen, wenn die Bindungsfrist ausläuft – und andernorts neue Subventionen winken. Selbst inländische Firmen können dem Anreiz nicht widerstehen, ihr eigenes Kapital zunächst außer Landes zu investieren, um es dann später zurück in eine Sonderwirtschaftszone zu leiten. Den Profit aus den Sonderwirtschaftszonen ziehen die Besitzer der dort ansässigen Unternehmen. De facto haben die Regierungen große Beträge verloren. Zudem sind die Arbeitsbedingungen in den Zonen häufig schlecht. Und was bleibt zurück, wenn die Industrie den Ort des Geschehens verlässt? Riesige Betonbaracken, zerstörte Natur, entwurzelte Menschen. Am schlimmsten aber: Langfristig erzeugen die Länder einen Wettbewerb untereinander um die Gunst der Investoren und werden erpressbar.

Kovats besucht an diesem Tag mit schnellen Schritten das Firmengelände. Er stoppt kurz und fotografiert mit einer Digitalkamera die Halle sowie das daran angebrachte Schild, auf dem in großen, sorgfältig von Hand ausgeschnittenen Folienbuchstaben der Name des Werks prangt: A&E Chennai Works Ltd. ASME »S« Boiler Fabrication. Es herrscht ohrenbetäubender Lärm. »Irgendwelche Diskussionen mit Gewerkschaftern?«, fragt Kovats einen örtlichen Manager, der mit ihm durch die Halle eilt. »Nein, bis jetzt noch nicht, zum Glück, nein. Ich versuche in meiner Arbeit auch die sozialen Randbedingungen der Mitarbeiter so ein bisschen zu berücksichtigen«, antwortet der Angestellte, ein Deutscher. Kovats fällt ihm ins Wort: »Was verdient ein Schweißer?« »Er verdient umgerechnet im Monat 200 Euro im Durchschnitt.« Kovats will es genauer wissen: »Verdient er, oder kostet er uns?« Übersetzt in die Sprache der Werber: »Eine internationale Erfolgsgeschichte, die nicht nur einer dynamischen Wachstums- und Expansionsstrategie zu verdanken ist, sondern auch einer Unternehmensphilosophie, die eine klare Zukunftsvision mit Verantwortung und Integrität zu verbinden versteht.« So wird das Unternehmen auf der Homepage der Wiener Börse beschrieben.

Kovats wurde 1948 als Sohn ungarischer Eltern in Wien geboren. Als 23-Jähriger promoviert er an der Handelshochschule. In den Neunzigerjahren beteiligte er sich mit einem Partner an mehreren Diskotheken. Als Sanierer der Ersten Österreichischen Zahnradfabrik und der Wiener Brückenbau war er weniger erfolgreich. Ende der Neunziger beginnt der umtriebige Manager seinen Konzern A-TEC Industries aufzubauen, sammelt reihenweise Fabriken: die Salzburger Werkzeugmaschinenfabrik Emco, die ATB Austria Antriebstechnik, die Montanwerke Brixlegg und Austrian Energy & Enviroment. 2000 verurteilen Richter des Oberlandesgerichts Wien den Geschäftsmann wegen eines Konkursdeliktes im Zusammenhang mit einer Diskothek rechtskräftig zu sechs Monaten auf Bewährung. Im Juli 2007 gab die Staatsanwaltschaft Wien bekannt, dass sie im Zusammenhang mit einer anderen Diskothek erneut gegen Kovats ermittelt. Bei einer Verurteilung droht ihm als Wiederholungstäter eine Haftstrafe. Vielleicht ist Kovats als vorbestrafter Manager ein Einzelfall unter den internationalen Investoren, mit seinen Renditeerwartungen dürfte er jedoch dem Durchschnittsmanager entsprechen, der in Indien unterwegs ist.

Hier in Indien spricht er nicht über die Schwierigkeiten in seiner Heimat, hier ist Kovats ganz Chef. »Man kann sich nicht leisten, großzügig zu sein. Die Kosten steigen«, sagt er zu seinem örtlichen Manager, dann geht es schnell weiter. Schweißer bearbeiten auf dem Boden Blechteile. Kovats möchte die Anlage hier in Chennai gerne erweitern, einem Mitarbeiter gibt er im Vorbeigehen den Rat, bei den Gesprächen mit den Grundstücksverkäufern hart zu bleiben. »We have the option to go elsewhere, uns bleibt immer noch die Option, woanders hinzugehen«, sagt er und eilt weiter.

1 *Financial Times Deutschland*, 24.5.2005
2 A-TEC Industries (www.a-tecindustries.com)
3 *Der Spiegel*, 24/2007
4 Wuppertal Institut für Klima, Umwelt und Energie, *Fair Future*, München 2005, S.107
5 *DIE ZEIT*, 45/2007
6 *Neue Zürcher Zeitung*, 25.10.2007

Kapitel XXI

Schulden für die Ärmsten
Die zwei Seiten des Mikrokredits

Muhammad Yunus hatte in den Siebzigerjahren eine Idee, für die er 2006 den Friedensnobelpreis erhielt. Der damalige Wirtschaftsprofessor an der Universität von Chittagong und heutige Regierungsberater in Bangladesh glaubte nicht an die Bedenken der Bankmanager, bei Geldgeschäften mit Armen Geld zu verlieren, und vergab seinen ersten Kredit. Insgesamt umgerechnet 27 Euro verlieh Yunus an 42 Korbflechterinnen. Jede von ihnen zahlte ihre Schulden einschließlich Zinsen pünktlich zurück – die Grameen-Bank war geboren. Bis heute bedienen deren Kunden ihre Kleinkredite zu über 98 Prozent, von einer solchen Quote können die meisten Vorstände von Geschäftsbanken nur träumen. Dass eine ganze Schuldnergruppe dafür haftet, obwohl die Bank das Geld an Individuen auszahlt, ist der Rückzahlung förderlich – damit greift das Prinzip der sozialen Kontrolle. Die Grameen-Bank verdient mit dieser Methode Geld, in den vergangenen zehn Jahren durchschnittlich 4,7 Millionen Euro pro Jahr. Das Geld investiert sie in neue Filialen.[1] Aufgebaut ist die Bank wie eine Genossenschaft, neunzig Prozent der Anteile gehören den einzelnen Sparkooperativen, die restlichen zehn Prozent hält die Regierung von Bangladesh. Die Mitglieder wählen bei einer jährlichen Versammlung die Leitung, sie entscheidet dann über die Kreditvergabe.

Stellen die Mitglieder einer Sparkooperative wie in diesem Fall selber Geld bereit, dann handelt es sich um ein echtes Mikrofinanzinstitut; häufig erhalten sie zusätzlich Geld von internationalen Kreditgebern, wie beispielsweise Nichtregierungsorganisationen, von Kirchen oder vom Staat. Arme Menschen können bei Mikrofinanzinstituten Konten eröffnen, Geld einzahlen und Kredite aufnehmen, während sie bei gewöhnlichen Geschäftsbanken wegen fehlender Sicherheiten meist abgewiesen werden. Erfolge gibt es einige: So gelang es Mikrokreditnehmern in Bolivien, ihr Einkommen innerhalb von zwei Jahren zu verdoppeln. In Bangladesch überwand fast jeder zweite Haushalt mit Zugang zu Mikrokrediten die absolute Armutsgrenze. Die Zinsen sind allerdings meist viel höher als bei kommerziellen Banken: Bei der

Grameen-Bank sind es zwanzig Prozent, was daran liegt, dass die durchschnittlichen Verwaltungskosten für Kredite gleich hoch sind, egal, ob es sich um kleine oder große Kredite handelt. Dass die Mitarbeiter mit Mopeds über die Dörfer fahren, um die Raten einzusammeln, ist zudem ein aufwändiger Service.

Mikrokredite können Menschen unter bestimmten Bedingungen helfen, sich aus eigener Kraft aus der Armut zu befreien. Dennoch sind die Mikrokredit-Initiativen nicht ganz so erfolgreich, wie rund um die Welt behauptet wird, so Khorshed Alam, Geschäftsführer der auf Entwicklungsfragen spezialisierten Menschenrechtsorganisation Movement for Resources and Freedom Society.[2] Die Mikrokredit-Konditionen in Bangladesch seien unflexibel und mit den obligatorischen wöchentlichen Rückzahlungen und Spareinlagen im Allgemeinen zu restriktiv, um den Kreditnehmern eine freie Entscheidung über die Verwendung solcher Kredite zu ermöglichen. Mittlerweile gebe es immer mehr Schuldner im Zahlungsrückstand, die gezwungen seien, woanders neue Kredite zu höheren Zinsen aufzunehmen. Zumal die erste Rate meist schon eine Woche nach Erhalt des Kredits bezahlt werden müsse, sich aber binnen einer Woche kein Einkommen erzielen lasse, außer vielleicht durch kleine Ein- und Verkaufsgeschäfte. Nur wenige Prozent der überwiegend weiblichen Kundschaft der Grameen-Bank hätten ihre Situation mithilfe von Mikrokrediten verbessern können, schreibt Alam. Für rund 45 Prozent der Kunden habe sich die Lage dagegen verschlechtert.

Bedarf gibt es längst auch wieder im vermeintlich wohlhabenden Europa. Wo vor 150 Jahren Genossenschaftsbanken gegründet wurden, um Menschen ohne Sicherheiten Kredite gewähren zu können, ist auch heute vielen der Zugang zu Krediten versperrt, häufig kleinen Gewerbetreibenden. In der Dortmunder Nordstadt, einem ehemaligen Arbeiterviertel, wurde deshalb im Frühjahr 2008 eine Genossenschaft für Mikrokredite gegründet. Die »Nordhand« ist selbst keine Bank. Sprechen ihre Mitarbeiter sich aber für einen Kredit aus, dann erhalten die Genossen mit größter Wahrscheinlichkeit bei einer Bank Kredit. Voraussetzung dafür ist, dass sie zuvor für fünfzig Euro einen Genossenschaftsanteil gekauft, einige Zeit den monatlichen Mitgliedsbeitrag von fünf Euro gezahlt und an den monatlichen Treffen der Genossenschaft teilgenommen haben. Dass sich dabei Menschen mit ähnlichen Fragen kennenlernen, sich weiterhelfen und sich zum Beispiel bei Workshops qualifizieren können, ist ein positiver Nebeneffekt. Aber es geht auch handfest um Geld: So kann die Ladenbesitzerin die Eingangstür reparieren lassen, die zerstört wurde; der Importeur von Puppen aus Lateinamerika kann einen Lieferengpass überbrücken, der Automechaniker die notwendigen Ersatzteile für einen Auftrag besorgen. Beim ersten Mal hat ein Genossenschaftsmitglied einen Kreditanspruch in Höhe des vierfachen Betrags seines angesparten Geldes, später dann den fünf- oder sechsfachen Betrag, höchstens jedoch 10.000 Euro. Der Aufbau eines Netzwerks spielt dabei eine mindestens ebenso große Rolle. »Wir sind eine Wertegemeinschaft«, sagt Mitgründerin Ayse Özdemir, die eine Praxis für Physiotherapie in der Nordstadt betreibt.[3]

Seit seinen bescheidenen Anfängen in den Siebzigerjahren ist das Mikrokreditwesen ständig gewachsen: Rund zweihundert Millionen Menschen nehmen heute weltweit Mikrokredite in Anspruch.[4] Mittlerweile hat Yunus, der Gründer der Grameen-Bank, auch Konkurrenz im eigenen Land bekommen: durch Shafiqual Haque Choudhury, der in den Achtzigern begann, die Entwicklungshilfeorganisation Asa in eine Mikrokreditbank zu verwandeln. Das Wirtschaftsmagazin *Forbes* kürte seine Organisation 2007 zur effektivsten Mikrokreditorganisation der Welt, die Grameen-Bank landete auf Rang 17. An den Zinsen kann es nicht liegen, die sind mit 23 Prozent noch höher als bei der Grameen-Bank. Doch Choudhury hat die Gruppenhaftung aufgehoben. »Warum sollte ich gute Schuldner bestrafen, wenn schlechte mit den Zahlungen im Rückstand sind?«, so Choudhury.[5] Säumige Schuldner werden bei ihm von Bankmitarbeitern unter Druck gesetzt. Die Rückzahlungsquote liegt bei über 95 Prozent.

Und der Banker verdient mit den Armen Geld. Seinen Investoren hat er eine Rendite von jährlich zehn Prozent versprochen. Damit hat er einige Schwergewichte der Finanzbranche gelockt, beispielsweise den niederländischen Pensionsfonds ABP und den amerikanischen TIAA-CREF. Auch viele andere bekannte Finanzunternehmen, wie die

Schweizer Großbank Credit Suisse, die amerikanische Investmentbank Morgan Stanley, der französische Versicherer Axa, die Münchener Rück oder Allianz, die Beteiligungsgesellschaften Blackstone und Carlyle-Group sind in das Geschäft mit Mikrokrediten oder Mikroversicherungen eingestiegen. Sie profitieren doppelt: einmal in der imagefördernden Rolle als Helfer und natürlich auch in finanzieller Hinsicht, denn im Schnitt kommen Mikrokreditorganisationen auf eine Rendite von 7,5 Prozent.

Muhammad Yunus betrachtet diese Entwicklung mit Sorge. Er befürchtet, dass sich die Mikrokreditbranche künftig mehr um die Renditen der Investoren als um die Bekämpfung der Armut kümmern wird. »Unser Ziel war es, die Wucherer zu verdrängen«, sagt Yunus im Wochenmagazin *Spiegel*. »Nun kommen sie zurück, verkleidet als Wohltäter.«[6]

1 *Der Spiegel*, 33/2008
2 *Südwind Magazin*, 5/2007
3 *Süddeutsche Zeitung*, 13.6.2008
4 *die tageszeitung*, 14.10.2006
5 und **6** *Der Spiegel*, 33/2008

Kapitel XXII

In Saus und Braus
Staaten auf Einkaufstour

Es ist noch keine zwei Jahrzehnte her, da bestimmte in den Ländern des real existierenden Sozialismus der Staat die Wirtschaft. Heute redet kaum noch jemand von staatlicher Planwirtschaft als Alternative. Es kam im selben Zeitraum weltweit zu einer Privatisierungswelle von öffentlichen Unternehmen, vor allem in den Bereichen Logistik, Telekommunikation, Energie- und Wasserversorgung, auch im »Westen«. Doch es gibt einen Gegentrend – viele Staaten, insbesondere aus den ölexportierenden Ländern, sind zu einer Einkaufstour rund um den Globus gestartet, und ihre etwa fünfzig Staatsfonds gehören heute zu den größten Anlegern weltweit. Staatsfonds, nicht zu verwechseln mit Staatsanleihen, verwalten etwa doppelt so viel Vermögen wie Hedgefonds, allerdings verfolgen sie andere Strategien als diese. Staatsfonds investieren in der Regel nur das in ihrem Besitz befindliche Vermögen, während Hedgefonds zusätzlich mit Geldern arbeiten, die sie sich ausleihen.

Den Anfang machte Kuwait vor 55 Jahren mit seinem »Reservefonds für die künftigen Generationen«. Mit den Einnahmen aus dem Ölgeschäft stieg der Fonds 1974 bei Daimler ein, kaufte von der deutschen Unternehmerfamilie Quandt ein Aktienpaket von 12,5 Prozent. Heute ist die Kuwait Investment Autority mit rund 7,5 Prozent immer noch der größte Einzelaktionär des Autobauers. Es gab damals heftige Diskussionen, geschadet hat es der Daimler AG bis heute nicht. Der kuwaitische Fonds stand Modell für eine Reihe weiterer Staatsfonds. China, Russland und Staaten im Nahen Osten verfügen heute aus unterschiedlichen Gründen über gut gefüllte Kassen und damit über Mittel, um Fonds-Portfolios zusammenzustellen. Die Chinesen erwirtschaften hohe Handelsüberschüsse; Arabern und Russen spült der Öl- und Gasverkauf Milliardensummen in die Kasse. Allein Saudi Arabien nimmt täglich eine Milliarde US-Dollar ein. Insgesamt bunkern Staatsfonds nach Schätzung der Investmentbank Morgan Stanley bereits 2.500 Milliarden Dollar. Binnen zehn Jahren soll sich dieses Vermögen sogar auf 17.500 Milliarden versiebenfachen.[1] Dem Staatsfonds des Vereinigten Arabischen Emirats Abu Dhabi soll mittlerweile schon ein Prozent aller weltweit am Kapitalmarkt notierten Unternehmen gehören. Unter den Top 10 der reichsten Fonds der Welt ist der norwegische Government Pension Funds Global der Einzige aus einem demokratischen Land. Die restlichen Staatsfonds stammen aus autoritären Staaten wie Singapur, China, Kuwait oder Russland. Während der Bankenkrise 2007/2008 vergrößerten sie ihren Einfluss sogar noch.

Mehrmals sprangen sie als Retter ein: So kaufte sich Temasek, der Staatsfonds Singapurs, im Dezember 2007 für fünf Milliarden Dollar bei der angeschlagenen US-Investmentbank Merrill Lynch ein, und die Government Investment Corp., ebenfalls aus Singapur, beteiligte sich mit 18 Milliarden Dollar bei der Schweizer UBS.[2] Auch China spielt bei diesem Spiel mit: Seine China Investment Corporation (CIC) beteiligte sich an den großen Private-Equity-Gesellschaften Blackstone und JC Flowers. Die Staatsfonds, die deutlich langfristiger als Hedgefonds agieren, sind plötzlich begehrt. Viele Unternehmen wünschen sich einen stabilen Ankeraktionär, der seinen Anteil länger hält. So schaut sich die Deutsche Börse seit Sommer 2008 unter den asiatischen Staatsfonds nach einem potenziellen Ankeraktionär um, nachdem zwei Hedgefonds sich verbündet haben und Druck auf das Management machen, damit dieses Unternehmensteile verkauft.

Staatsfonds streuen ihre Gelder breit. Laut der DZ Bank halten jene Fonds, die überhaupt bereit sind, Auskunft über ihre Beteiligungen zu geben, zwischen fünfzig und sechzig Prozent ihrer Anlagen in Dollar, rund dreißig Prozent in Euro. Auf Investments in Pfund, Yen und Währungen aus Schwellenländern entfallen je rund fünf Prozent; diese Anteile sind ein guter Indikator für die Wichtigkeit dieser Währungen. Auf Staatsanleihen entfallen fünfzig Prozent, auf Aktien vierzig Prozent – mit steigender Tendenz.

Bislang haben sich die Staatsfonds sehr zurückhaltend gezeigt, wenn es um Einflussnahme auf die Unternehmen ging, an denen sie sich beteiligen. Mittlerweile verfolgen sie allerdings auch strategische Ziele. In einigen Ländern verfügen die Regierungen deswegen über ein Vetorecht, für den Fall, dass Investoren sich in heikle Bereiche wie etwa die Rüstungsindustrie einkaufen wollen. »Wir kennen kaum Beispiele dafür, dass Staatsfonds ihre Macht genutzt hätten, um sich in die Politik von Unternehmen einzumischen. Staatsfonds sind genauso an der Maximierung ihrer Erträge interessiert wie andere Großanleger«, sagt hingegen der für die genossenschaftliche Zentralbank DZ-Bank arbeitende Volkswirt Klaus Holschuh der *FAZ*.

Mit der 2007 ihren Lauf nehmenden Hypothekenkrise zeichnete sich eine neue Entwicklung ab: Nach der schleichenden Verstaatlichung durch die Fonds kam es im Sommer 2008 abrupt zu Beispielen echter Verstaatlichung. Großbritannien übernahm die Bank Northern Rock. Die amerikanische Regierung übernahm das Ruder bei den beiden größten Immobilienfinanzierern des Landes, Fanny Mae und Freddie Mac, und wenige Wochen später dann bei AIG – dem bis dahin weltgrößten Versicherer. Sowohl die amerikanische als auch die britische Regierung sahen sich zu diesem Schritt gezwungen, um einen Kollaps des Finanzsystems abzuwenden.

1 *Managermagazin*, 3/2008
2 *Frankfurter Allgemeine Zeitung*, 19.8.2008

Ohne Nebenwirkungen
Fairer Handel

In der Welt von Martha Somé gibt es weder Zeitung, Fernseher noch Radio. Neuigkeiten verbreiten sich im Dorf Complan in der Trockensavanne von Burkina Faso von Mund zu Mund – so wie die Nachricht von der fair gehandelten Baumwolle vor drei Jahren, mit der für die Bäuerin ein neues Leben anfing. Die Geschäfte von Somé, die sich seit dem Tod ihres Mannes allein um die siebenköpfige Großfamilie kümmert, gehen heute besser. Ihren Hof, bestehend aus vier einstöckigen Lehmhütten für Küche, Lager und Schlafraum, erreichen Besucher über staubige Pisten. Der Weg führt durch goldgelbe Halme, verwelkten Mais und Baumwollsträucher mit aufgesprungenen Kapseln. Ihr Hof gehört zu Dano, einer Kleinstadt in der Region Ioba im Südwesten des Landes. Hier liegt eine der fünf Kooperativen, die in Burkina Faso Bio-Baumwolle für den fairen Handel herstellen. Anfangs waren es 26 Bauern, die mit dem ökologischen Baumwoll-Anbau begonnen hatten, mittlerweile sind es schon über tausend. Die Bäuerin hat vier Hektar Land für den Anbau von Mais, Hirse, Erdnüssen und Baumwolle. Seit zwei Jahren pflanzt sie auf einem Viertel der Fläche Bio-Baumwolle.
Für die 44-Jährige war es zunächst völlig unbegreiflich, wie man ohne Pestizide und künstlichen Dünger auskommen sollte. Techniker von der Baumwoll-Produzentenorganisation Union Nationale des Producteurs de Coton du Burkina (UNPCB) kamen auf ihren Mopeds vorbei und haben ihr und den anderen den Bio-Anbau beigebracht. Seitdem düngt sie mit Kompost von ihren sechs Rindern. Sie und ihre Kinder sammeln ihn und lagern ihn in einer Kompostgrube. Zum Schutz gegen Insekten benutzt sie eine Mischung aus Samen des Neem-Baumes und eines Wirkstoffes aus der Napian-Pflanze, die sie in Wasser auflöst. Zwei Jahre dauert es, bis ein konventionelles Feld auf ökologische Baumwolle umgestellt ist. Von der ersten Ernte hat sie sich einen Zugochsen gekauft, in diesem Jahr soll es ein neuer Pflug sein und dann ein Esel. Für fair gehandelte Bio-Baumwolle erhält Somé einen garantierten Preis von 306 westafrikanischen CFA-Franc (47 Cent) je

Kilogramm. Für konventionelle Baumwolle bekäme sie nur etwa die Hälfte und hätte zusätzlich viel höhere Kosten für Dünger und Spritzmittel. Von dem Erlös gehen 34 CFA je Kilo auf ein Konto der Dorfgemeinschaft für soziale Projekte. Aus der Kasse haben die Bauern in Complan zuletzt neue Bänke für ihre Versammlungen gekauft. Als Nächstes wollen sie eine Schulküche einrichten.

Könnte fair gehandelte Bio-Baumwolle ein Ausweg sein für die vielen Bauern, die vom konventionellen Anbau nicht mehr leben können? Die Idee zu diesem Projekt hatte die Schweizer Gesellschaft für internationale Zusammenarbeit Helvetas zusammen mit dem Naturtextilversender HessNatur. Partner vor Ort ist die UNPCP. Vor gut einem Jahr ist die deutsche Initiative Transfair eingestiegen. Ähnliche Projekte gibt es in Mali, Senegal, Kirgistan und Benin. In der Saison 2006/2007 haben die Biobauern 350 Tonnen Baumwolle geerntet. Daraus lassen sich 144 Tonnen Baumwollfasern herstellen. Verglichen mit der konventionellen Baumwollproduktion, in der die Bauern Baumwolle für 270.000 Tonnen Baumwollfasern anbauten, steckt der faire Anbau allerdings noch in den Kinderschuhen. Die meiste Baumwolle, egal wie sie hergestellt ist, nimmt das schweizerische Unternehmen Reinhart SA ab, einer der größten Baumwollhändler der Welt. Kunden für Biobaumwolle sind neben HessNatur seit Kurzem auch der Unterwäschehersteller Victoria's Secret. In einigen Jahren will der britische Konzern Marks & Spencer nur noch fair gehandelte Textilien anbieten. Die Nachfrage nach Biobaumwolle steigt und ist deutlich höher als das Angebot. Ein möglicher Ausweg wäre das Modell von Martha Somé also schon.

»Die Bauern lieben ihr Land und wollen eigentlich bleiben«, sagt Bauernführer Traoré bei einem Gespräch mit Dieter Overath, dem Geschäftsführer von Transfair Deutschland.[1]

Waren bekommen die Fairtrade-Siegel nur verliehen, wenn bei ihrer Gewinnung und Verarbeitung nachweislich die sozialen Standards der internationalen Arbeitsorganisation ILO eingehalten sowie Mindestpreise für die Produzenten bezahlt wurden. Bei Baumwolltextilien ist dies ein aufwendiger Prüfprozess, schließlich sind innerhalb der Produktionskette mehrere Hersteller beteiligt, nicht nur die Pflücker, sondern auch Spinnereien, Webereien oder Konfektionäre. Vorreiter im fairen Handel waren die Niederländer, heute gibt es solche Initiativen in 19 Industrieländern sowie neuerdings auch in Schwellenländern wie Mexiko, Brasilien oder Südafrika. Für Traoré jedoch ist die fair gehandelte Biobaumwolle angesichts der geringen Erntemengen kaum mehr als ein Tropfen auf den heißen Stein.

Er befürchtet, dass viele Bauern, die nicht zum Fair Trade-Netzwerk gehören, schon bald auf eine andere Alternative setzen könnten, den Einsatz gentechnisch veränderten Saatguts. »Wenn die Bauern dadurch ihre Lebensverhältnisse verbessern können, werden sie eben diesen Weg gehen«, sagt Traoré im November 2007. Ein halbes Jahr später ist es soweit. »Wir werden noch 2008 mit der Kultivierung der Gen-Baumwolle beginnen«, verkündet Maxime Somé, Minister für technische Erziehung und Berufstraining. Die vom US-Saatgutersteller Monsanto entwickelte Baumwollart enthält ein Gen für das Gift der Bakterienart *bacillus thuringiensis*, um die Pflanze gegen den Baumwollkapselbohrer resistent zu machen. Dank dieses gentechnischen Eingriffs sondert die Monsanto-Baumwolle das Gift selbst ab und soll den Bauern das Spritzen von Pestiziden ersparen. Noch ist aber unklar, wie viel die Bauern künftig für das neue Saatgut selbst bezahlen werden – und das werden sie jährlich müssen, denn eine Nachzucht der patentierten Pflanze ist, so sie denn möglich wäre, verboten. Der US-Saatgutersteller Monsanto und seine Aktionäre werden in jedem Fall ein gutes Geschäft machen. Ein Geschäft, das ihnen entginge, wenn mehr Bauern wie Martha Somé mit eigenem Mist und heimischen Pflanzen arbeiten würden.[2]

1 *Süddeutsche Zeitung*, 17.11.2007
2 *Freitag*, 26.7.2008

Kapitel XXIV

Es geht auch anders
Auswege aus dem Finanzdschungel

Geld ist eine fantastische Erfindung, weil es das Tauschen verein-
facht. Doch leider ist sein größter Vorteil auch sein größter Nachteil.
Geld verschleiert die ursprüngliche Transaktion, die hinter jedem ein-
zelnen Zahlvorgang steht: Statt auf den unmittelbaren Tausch von
Leistung-Gegenleistung schauen wir nur noch auf Leistung-Geld und
Geld-Gegenleistung; das Mittel zum Tausch ist ins Zentrum unserer
Aufmerksamkeit gerückt und verstellt nicht selten den Blick auf die
eigentlichen Werte.
Noch undurchsichtiger wird es für jeden Einzelnen bei der Geldanlage.
Wir vereinbaren Konditionen wie monatliche Sparrate oder Zins und
überlassen die Geldanlage dann Banken, Investmentgesellschaften
oder Versicherungen. Aber damit fördern wir als Anleger oft Entwicklungen, die wir als Staatsbürger, Verbraucher oder Arbeitnehmer ablehnen – wir profitieren von Umweltzerstörung, der Missachtung von
Menschenrechten, dem Abbau von Arbeitsplätzen oder der Existenz
von Steueroasen. Schließlich steckt selbst der langweiligste Pensionsfonds Geld in Devisenanlagen. Jeder, der Geld anlegt, kann so zum
Mitspekulanten werden. Sinnvoll wäre es, wenn alle Anleger Verantwortung für ihr Geld übernähmen und selbst entschieden, wo und
wofür sie es anlegen – genauso, wie sie auch selbst entscheiden, wo
und wofür sie es täglich ausgeben. Beim Einkaufen orientieren wir
uns schließlich auch nicht allein an der Frage: Wie viel kriege ich für
mein Geld? Sondern wir wollen gute Produkte dafür bekommen. Entschieden sich genügend Menschen für eine nachhaltige Vermehrung
ihres Geldes, würde sich die Wirtschaftswelt positiv verändern.
Nachhaltig bedeutet, dass so gewirtschaftet wird, dass die Lebensgrund-
lagen zukünftiger Generationen erhalten bleiben. Wie in der Forstwirt-
schaft, wo immer nur so viele Bäume gefällt werden dürfen wie nach-
wachsen können. Für eine umfassende Nachhaltigkeit gilt es, drei Bereiche zu berücksichtigen: das Naturkapital mit Rohstoffen, Boden,
Wasser und Luft; das Sozialkapital mit den gesellschaftlichen Institutionen, die ein konstruktive Zusammenleben der Menschen organisieren;

sowie das Wirtschaftskapital – Werkzeuge, Maschinen oder Produktionsanlagen. Nachhaltigkeit wäre dann sichergestellt, wenn man die Wirtschaft an Standards wie Substanzerhaltung, Lebensqualität und Gerechtigkeit ausrichten würde.[1] Der Erhalt des tropischen Regenwaldes und der Artenvielfalt würde ebenso dazu zählen wie die Verminderung von Lärm und Giftablagerungen in der Umwelt – und eine gerechte Teilhabe aller Menschen an den wirtschaftlichen Ergebnissen. Um dazu beizutragen, müsste sich aber jeder Anleger zuallererst Transparenz hinsichtlich seiner Geldanlagen verschaffen.

Dass Transparenz bei einem Geldinstitut möglich ist, zeigt zum Beispiel die GLS Bank. Jeder Kunde kann hier aus einer Palette von möglichen Aktivitäten wie regenerative Energie, soziale Wohnprojekte, Biohöfe, Heilpädagogik, Gewerbebetriebe oder Kultur auswählen und ganz konkret selbst entscheiden, wofür die Bank das Geld vom Girokonto einsetzen soll. Die Bank gibt zudem generell Auskunft darüber, wie sie die Kundengelder verwendet. So veröffentlicht sie gewerbliche Firmenkredite in ihrer Kundenzeitschrift und schlüsselt die eigenen Anlagen auf. Was eine kleine Genossenschaftsbank schafft, sollte man eigentlich von allen Finanzinstituten erwarten können.

Die Macht der Aktionäre

Fortschrittliche Investoren fordern von Unternehmen schon heute nachhaltiges Wirtschaften. Für Furore sorgte der kalifornische Pensionsfonds Calpers, der 2005 den beiden US-Autobauern General Motors und Ford mit dem Entzug von Kapital drohte, falls sie die Höhe ihrer Treibhausemissionen verschweigen und keine Klimastrategien entwickeln würden. Ford gab wenige Monate später die Daten bekannt, General Motors war dazu nicht in der Lage. Eine solche Einmischung nennt man »Active Ownership«, ein kritischer Ansatz, der in Europa noch in den Kinderschuhen steckt. Vereinzelte Gruppierungen wie die Kritischen Aktionäre fordern aber auch hierzulande schon eine Verbesserung der Klimabilanz der DAX-Konzerne. Einen anderen Weg gehen institutionelle Anleger, die die britische Ratingagentur F&C beauftragen: Diese prüft dann kontinuierlich, ob die Unternehmensanteile, die ihre Auftraggeber im Depot haben, ethischen, sozialen und ökologischen Kriterien genügen. Ist das nicht der Fall, stellt die Gesellschaft die Firmen zur Rede oder übt bei den Hauptversammlungen Druck aus. F&C versucht, die Interessen von Großanlegern zu bündeln und dadurch mehr Einfluss auf die überprüften Unternehmen zu gewinnen. IBM übernahm auf F&C-Vorschlag Verhaltensrichtlinien für Zulieferer in punkto Arbeitsbedingungen und Einhaltung von Umweltstandards. Auf die Zusammensetzung des Portfolios der institutionellen Anleger wirken sich ihre Prüfergebnisse jedoch nicht automatisch aus. Es gibt mittlerweile einige institutionelle Investoren, die auf die Einhaltung solcher Kriterien achten. Der staatliche Pensionsfonds Norwegens, in den ein Teil der Gewinne aus den Öleinnahmen fließt, hat sogar einen eigenen Ethikrat eingesetzt, der jährlich drei- bis viertausend Unternehmen überprüft und Empfehlungen ausspricht. Anhand dieser Empfehlungen entscheidet das Finanzministerium über das Portfolio mit seinen 200 Milliarden Euro – und bislang befolgte es alle Ratschläge des Gremiums.

Noch ist es schwierig, sein Geld mit gutem Gewissen anzulegen. Selbst beim Kauf grüner Investmentprodukte bin ich nicht davor gefeit, dass doch in zweifelhafte Unternehmen investiert wird. Leider gibt es noch zu wenig Berater, die auf nachhaltige Investitionen spezialisiert sind. Grüne Investmentfonds orientieren sich meist an bestimmten Aktienindizes, die die Wertentwicklung einer Auswahl ethisch-ökologisch ausgerichteter Aktienunternehmen abbilden. Fondsmanager stellen die Portfolios nach unterschiedlichen Aktivitäten zusammen: Themen- und Branchenfonds investieren zum Beispiel nur in Unternehmen aus den Bereichen Alternative Energie, Wasseraufbereitung und Recycling. Breiter streuen Fonds, die mit Ausschlusskriterien arbeiten. Sie sortieren generell Firmen aus bestimmten Branchen (zum Beispiel Rüstung, Spirituosen, Pornografie) aus, ebenso wie Unternehmen, die wegen Kinderarbeit, Frauendiskriminierung oder Tierversuchen aufgefallen sind. Besonders breit angelegt sind Fonds, die den »Best-in-class«-Ansatz verfolgen. Sie wählen jeweils die im Hinblick auf Nachhaltigkeit besten Unternehmen einer Branche aus. Vorteilhaft ist dabei, dass so ein Wettbewerb um Nachhaltigkeit entstehen kann. Nachteilig ist, dass solche Fonds auch Aktien von Autoherstellern oder

Chemiefirmen kaufen können, nur weil ein Produkt eines Unternehmens im Verhältnis zu seinen Mitbewerbern weniger CO_2-Ausstoß verursacht. Aufgrund des Erfolgs seines Hybridantriebs wäre Toyota ein Kandidat für einen solchen Fonds. Am konsequentesten ist der Ansatz von Fondsmanagern, die nur die hinsichtlich ethischer, sozialer und ökologischer Kriterien führenden Unternehmen aus unbedenklichen Branchen aufnehmen.

Es gibt viele grüne Indizes: DJSI Stoxx, DJSI World oder den Ökodax, dessen Kurse man jederzeit bei der Deutschen Börse mitverfolgen kann.[2] Als vorbildlich gilt der Naturaktienindex NAI des Wiener Ökospezialisten Max Deml, der dreißig Werte umfasst.[3] Dazu gehören die chinesische Firma für Abwasserbehandlung Bio-Treat Technology, der US-Krankenversicherer Molina Health Care, der Einkommensschwachen Zugang zu einer umfassenden Krankenversorgung verschafft, oder der japanische Fahrradzulieferer Shimano. Die Auswahlkriterien sind streng, selbst tiefgrüne Firmen werden ausgeschlossen, wenn deren Muttergesellschaften die Kriterien verfehlen. So strich der Ausschuss, in dem unter anderem Vertreter von Nichtregierungsorganisation wie Südwind oder Germanwatch sitzen, den Kosmetikhersteller Body Shop, der auf Tierversuche verzichtet und auf ökologisch nachhaltige Produktion achtet, von der Liste, nachdem er vom Konkurrenten L'Oréal gekauft worden war.

Was wir brauchen, ist eine einheitliche Klassifizierung aller Finanzprodukte nach ethischen, ökologischen und sozialen Kriterien. Es wäre schön, wenn die Finanzbranche hier freiwillig aktiv würde, bevor der Staat entsprechende Vorschriften erlassen muss.

Steueroasen austrocknen

Die Finanzbranche kann dieser Forderung jedoch nur nachkommen, wenn alle Unternehmen die entsprechenden Informationen liefern. Die Datenfülle in den Geschäftsberichten der Aktiengesellschaften täuscht darüber hinweg, dass in den meisten Fällen entscheidende Angaben fehlen. Erschwerend kommt hinzu, dass private Besitzer von Firmen, ob Familienunternehmer, Finanzinvestoren oder Staatsfonds in der Regel viel weniger Informationen preisgeben als Aktiengesellschaften. Aber nur mit umfassenden Informationen können sich Anleger ein vollständiges Bild von einem Unternehmen machen, nur mit detaillierten Veröffentlichungen ist mehr Anlegerdemokratie durchsetzbar. Jeder Anleger sollte wissen, ob seine Dividenden vielleicht daher rühren, dass das Unternehmen seine Gewinne mithilfe eines Geflechts von Tochterfirmen in Steueroasen steigert. Deswegen sollte jede Firma in transparenter, nachvollziehbarer Form folgende Informationen veröffentlichen: Namen und Sitz aller Tochtergesellschaften, einschließlich derjenigen in Steueroasen; Ausgaben für Güter und Dienstleistungen in diesen Ländern gegenüber Dritten wie auch konzernintern; Umsätze innerhalb und außerhalb des Konzerns; Kapitalanlagen des Konzerns in jedem einzelnen Land; sowie die dortigen Lohnkosten, die jeweiligen Gewinne und die jeweils gezahlten Steuern. Dies würde interessante Rückschlüsse zulassen: Wenn Gewinne in einer Steueroase anfallen, die meisten Umsätze dort jedoch nur konzernintern stattfinden und dort kaum Personal beschäftigt wird, wäre immer von einer Steuermanipulation zulasten der Regierungen und ihrer Bürger auszugehen. Bei den großen Bananenkonzernen dürfte das mit Sicherheit der Fall sein.

Sowohl auf nationaler als auch internationaler Ebene könnten die Politiker viel gegen die Steuerungerechtigkeit tun. Entscheidend ist der politische Wille. Solange der Kapitalverkehr völlig frei ist, fließt das Geld weiter dorthin, wo die Firmen die geringsten Steuern zahlen müssen. Abstellen lässt sich dies langfristig nur durch eine Angleichung der Steuersätze in den verschiedenen Ländern – und eine Abschaffung der Steueroasen. Damit wäre auch die Diskriminierung zwischen Konzernen und kleineren Unternehmen, die sich kein Heer an Beratern leisten können, um ihre Steuern zu optimieren, ein Stück weit beseitigt. Auch aus volkswirtschaftlicher Sicht wäre das zu begrüßen. Auf die eigentlich völlig unproduktiven Ausgaben für Steuerberater, Wirtschaftsprüfer und Anwälte zum Zweck der Steuervermeidung könnte verzichtet werden, dementsprechend würden sich die staatlichen Ausgaben für Steuerfahndung reduzieren.

Bis es so weit ist, könnten Steuervermeidung und -hinterziehung wieder mit Kapitalverkehrskontrollen eingedämmt werden. Wir sollten nicht vergessen: Steuerwettbewerb, selbst durch die wirtschaftsliberale Brille betrachtet, ist ineffizient für die Welthandelsstrukturen. Ressourcen werden nur wegen steuerlicher Anreize in Regionen gelenkt, wo sie weniger sinnvoll verwertet werden, fernab von Transportwegen oder benötigten Rohstoffvorkommen. Nutznießer davon sind einzig und allein Konzerne, die die Regierungen gegeneinander ausspielen.

Rendite für Risiko – und langfristiges Denken

Der Markt soll ein Ort der Konkurrenz sein. Hier sollen Unternehmen und deren Anteilseigner – ob Aktionäre, Anleihebesitzer oder Familieneigentümer – hohe Renditen verdienen, wenn sie tatsächlich unternehmerische Risiken eingehen. Schließlich wären viele große Erfindungen niemals auf den Markt gekommen, hätte nicht jemand sein Vermögen in diese Ideen investiert. Wer den Verlust seines Geldes riskiert, weil er es in die Entwicklung neuer Wirkstoffe gegen schwere Krankheiten investiert, soll am Ende belohnt werden. Unverhältnismäßig hohe Renditen erzielen Unternehmen oder Banken nur, weil sie soziale oder ökologische Kosten ausblenden – und nicht in die Rechnung mit aufnehmen. Solange ihnen das gestattet ist, werden Gewinne privatisiert und Verluste sozialisiert. Der spanische Steuerzahler wird eines Tages für die Renaturierung der zubetonierten Küstenabschnitte aufkommen müssen, an denen mit dem Bau illegal errichteter Hotels jahrzehntelang viel Geld verdient worden ist.

Der Markt soll sich selbst »heilen«, wenn er krank ist, und das im freien Wettbewerb der Marktkräfte, so die Theorie. Wer zu günstigen Konditionen gute Ware anbietet, müsste sich eigentlich durchsetzen können. Im Moment ist es ja leider so, dass weder die burkinische Baumwolle sich exportieren lässt, noch der senegalesische Bauer sein Gemüse auf dem Markt der Hauptstadt Dakar loswird. Warum? Weil die Nationen, die am lautesten mit den Kräften des freien Marktes argumentieren, ihre eigene Wirtschaft offensiv schützen, indem sie ihren Produkten durch Exportsubventionierung einen unaufholbaren Preisvorteil verschaffen.

Wieso müssen Unternehmen eigentlich Renditen von 15, 20 oder 25 Prozent erzielen, wenn mit zehn Prozent Rendite viel mehr Menschen beschäftigt, die Umwelt geschont, die Krankheitsrate der Mitarbeiter gesenkt und somit die Kosten für die Allgemeinheit geringer gehalten werden können? Auf nachhaltige Weise erwirtschaftet sind die heute gängigen Renditen vielfach nicht. Hier ist ein Umdenken notwendig, sowohl auf den Vorstandsetagen als auch bei jedem einzelnen Anleger. Wenn eine Volkswirtschaft im Schnitt mit zwei bis drei Prozent wächst, dann können logischerweise einzelne Unternehmen ebenfalls durchschnittlich nur diese Renditen erzielen. Erwirtschaften sie höhere Renditen, dann ist Umverteilung im Spiel, zum Beispiel durch Verlagerung der Produktion in Länder, in denen die Verschmutzung der Umwelt geduldet wird – nicht nur Geld kann umverteilt werden, auch Lasten. In Bereiche, die unter den gängigen Renditeanforderungen unrentabel sind, könnte bei einer Mäßigung der Erwartungen mehr Geld fließen. So würden eine Menge neuer Arbeitsplätze entstehen, zum Beispiel im kulturellen oder sozialen Sektor – was wieder allen zugutekäme.

Unternehmer, die wirklich Neues schaffen, brauchen Zeit. Eine ausgereifte Alternative zum Benzinmotor kann nicht innerhalb eines Jahres entwickelt werden. Lange Investitionsphasen sind dafür notwendig, doch Manager denken immer kurzfristiger. Potenzieller Erfolg in der Zukunft wird vielfach einem unmittelbaren Gewinninteresse geopfert. Angesichts der Probleme der Menschheit wie Hunger, Krankheit, Verkehrsbelastung, Alterung und Klimaerwärmung ist dies eine düstere Aussicht. Wenn wir so weitermachen wie jetzt, können sich zwar irgendwann einzelne Menschen mit viel Geld immer mehr Häuser, Yachten oder Flugzeuge kaufen, aber entscheidende Erfindungen und Fortschrittsentwicklungen für alle, auch die Vermögenden, bleiben der Menschheit vorenthalten – weil sie an der Hürde der kurzfristigen Renditegier scheitern.

Es ist deshalb absolut notwendig, längerfristige Geldanlagen zu fördern. Anleger könnten einen Bonus erhalten, wenn sie ihr Geld langfristig an ein Unternehmen binden. Unternehmen müssten Investoren außerdem davon überzeugen, dass ihre Ideen zukunftsfähig sind. Allein mit der Einsparung von Kosten und der Übernahmen von Konkurrenten werden sie langfristig orientierte Anleger nicht überzeugen.

Sinnvoll wäre die Besteuerung von reinen Finanzgeschäften. Bereits mit einer geringen Steuer für Finanztransaktionen könnten die abrupten Ausschläge an den Finanzmärkten abgeschwächt werden. Wäre jede Finanztransaktion anstatt mit einheitlichen Orderkosten mit einer Gebühr belegt, die sich am Umsatz orientiert und kurzfristige Gewinnmöglichkeiten übersteigt, würde die Spekulation eingedämmt. Angesichts der täglich an den Finanzmärkten bewegten Billionensummen wäre das schon ein wichtiger Beitrag zur dringend notwendigen Stabilisierung. Eine Steuer auf Kapitaltransaktionen wäre zudem ein entscheidender Schritt auf dem Weg zu einer gerechteren Verteilung der Steuerlast auf die Produktionsfaktoren Arbeit, Kapital und Boden. Und für langfristig orientierte Anleger würde eine solche Gebühr nichts am Einsatz ihrer Mittel ändern. Sie würde mit der Dauer der Investitionszeit immer bedeutungsloser.

Finanzmärkte brauchen ebenso wie die Wirtschaft einen Ordnungsrahmen sowie eine wirksame Kontrolle durch die Aufsichtsbehörden. Dass sie Gebrauch machen können von ihrer Macht, bewiesen diese Mitte September 2008. Nachdem innerhalb einer Woche mehrere Großbanken kollabiert waren, unter anderem durch Spekulanten, verboten die Aufsichtsbehörden der USA, Großbritanniens und Deutschlands kurzerhand Leerverkäufe. Dabei wird auf fallende Akienkurse gesetzt: Von Dritten geliehene Aktien werden verkauft, und ein Profit entsteht nur, wenn die Papiere zu einem günstigeren Kurs zurückgekauft und an den Verleiher abgegeben werden können. Diese Art von Geschäften kann den Kursverfall einer Aktie massiv beschleunigen. Notwendig wäre zudem eine Regulation von bislang weitgehend unkontrolliert arbeiten Finanzinvestoren wie Hedgefonds. Die Kreditpolitik von Banken sollte ebenso beobachtet werden wie die Anlagepolitik von Finanzinvestoren. Glücklicherweise sind die Aussichten auf eine globale Kooperation der politischen Akteure durch die Finanzkrise gestiegen. Einiges deutet hin auf eine Kehrtwende der US-Regierung, die als dominierende Wirtschaftsmacht entscheidenden Einfluss auf die Gestaltung der Rahmenbedingungen für die Finanzmärkte hat. US-Notenbankchef Ben Bernanke plädierte bei einer Konferenz der Notenbanker im August 2008 für eine stärkere Beachtung »systemweiter Risiken« durch die Aufsichtsgremien. Bislang achten die Aufsichtsbehörden nur auf Gefahren für einzelne Institute, deren Zusammenbruch gravierende Konsequenzen für das gesamte System haben könnte. Angesichts der Tatsache, dass die USA und Großbritannien mit ihren Finanzzentren New York City und London jahrelang mehr Regulierung verhindert hatten, sind das bemerkenswerte Aussagen. Sinnvoll wäre auch die Schaffung einer einheitlichen Aufsicht in der Europäischen Union für grenzüberschreitend tätige Finanzkonzerne.

Joseph Stiglitz machte bei einer Konferenz von Wirtschaftsnobelpreisträgern im Sommer 2008 den richtungsweisenden Vorschlag, über die Zulassung neuer Finanzprodukte eine Kommission entscheiden zu lassen, nach dem Vorbild der für Medikamente zuständigen Food and Drug Administration (FDA) in den USA. Diese neu zu schaffende Behörde hätte die Aufgabe, die Konsequenzen von Finanzprodukten zu prüfen, *bevor* sie auf den Markt kommen. Angesichts der hohen gesellschaftlichen Folgekosten von sogenannten Finanzinnovationen ist es sicher kein übertriebener Luxus, sich dafür ausreichend Zeit zu nehmen.

Das Verursacherprinzip

Besonders erfinderisch waren in der Vergangenheit die Bankmanager: Um den strengen Kontrollen zu entgehen, gründeten sie Zweckgesellschaften außerhalb der Bilanz, zum Beispiel für Immobilienwertpapiere. Weil es für solche außerbilanziellen Geschäfte Übergangsfristen gab, konnten sie so mehr Geschäfte tätigen und mehr Geld verdienen. Mittlerweile ist das nicht mehr möglich. Die Folgen kennen wir – eine Immobilienkrise, die eine Finanzkrise enormen Ausmaßes nach sich zog. Der Schaden geht in beträchtlichem Maß auf Kosten der Allgemeinheit, weil Banken staatlich gestützt wurde oder der Staat sogar, wie in den USA, für hunderte Milliarden Dollar faule Kredite aufgekauft hat.

Wenn ein Staat einspringt, sollte er eine Bank übernehmen, sie halten, bis sie wieder Geld verdient, und dann mit Gewinn verkaufen. Kommt er aber zu der Erkenntnis, dass die Bank nichts taugt, weil ihr Geschäftsmodell dauerhaft nicht funktioniert, sollte sie abgewickelt werden, ohne Rücksicht auf Aktionäre und andere private Investoren – so wie es im Fall der Investmentbank Lehman Brothers in den USA geschehen ist. Für die Kosten solcher Notfallaktionen könnten die Regierungen die Bankbranche mit einer Sondersteuer, einer Art Risikoaufschlag, belegen.

In den vergangenen Jahrzehnten gab es in der Wirtschafts- und Finanzpolitik einen Pendelausschlag weg von einem starken, hin zu einem schwächeren Staat. Es ist Zeit, dass das Pendel ein Stück zurückschlägt. Nur starke, handlungsfähige Regierungen beziehungsweise Staatengemeinschaften können, wenn es besser ist für die Allgemeinheit, auch gegen die Interessen des Kapitals agieren. Das Ziel ist dabei nicht eine Rückkehr in die heile Welt der Nationalstaaten, es geht vielmehr um wirkungsvolle internationale Regelungen für öffentliche Güter wie Stabilität des Finanzsystems und Erhalt der Umwelt, und auch um eine gerechtere Verteilung der Risiken und Ergebnisse des globalen Wirtschaftens. Wir brauchen eine soziale Marktwirtschaft für alle, weltweit. Notwendig ist eine ordnende Hand für die Weltwirtschaft, damit Unternehmen und Finanzkonzerne die Staaten nicht gegeneinander ausspielen – zum Schaden der Menschen.

Es geht nicht darum, dass der Staat selbst wieder mehr Wirtschaftsprozesse übernehmen solle – die Privatisierung vieler staatlicher Aufgaben war sinnvoll. Deswegen verfügen wir in den Industrieländern heute zum Beispiel über ein besseres und günstigeres Telekommunikationsnetz als zur Zeit staatlicher Monopolbetriebe. Allerdings darf Privatisierung kein ideologischer Selbstzweck sein. Wo die Ergebnisse unbefriedigend sind, sollten die Regierungen nicht vor einer erneuten Verstaatlichung zurückschrecken. Entscheidungen können revidiert werden, wenn eine objektive Evaluierung ergibt, dass sich die Situation verschlechtert hat anstatt verbessert. So haben einige Gemeinden in Europa die Müllentsorgung oder Wasserversorgung wieder selbst übernommen, weil es sich als wirtschaftlicher herausgestellt hat. Die Vorzüge von staatlichen Regelungen sollten außerdem viel offensiver vertreten werden. Welcher Bürger weiß schon, dass die gesetzliche Renten- oder Krankenversicherung hinsichtlich der Verwaltungskosten im Vergleich viel besser abschneidet als die privaten Anbieter?

Ein Staat sollte vor allem daran gemessen werden, wie seine Regierung ihre Aufgaben wahrnimmt. Dazu zählen eine vernünftige Bildung für alle, der Ausbau und Erhalt von Infrastruktur und Gesundheitssystem ebenso wie der Schutz gegen innere und äußere Feinde. Wenn sich die Menschen in einer Demokratie auf Ziele verständigt haben, dann müssen die Regierungen in der Lage sein, sie umzusetzen.

Fair handeln

Wir können als Konsumenten schon beim Einkaufen die realen Lebensverhältnisse beeinflussen. Wir können selbst entscheiden, ob wir das T-Shirt aus fair gehandelter Biobaumwolle oder aus herkömmlichem Anbau kaufen. Ein fairer Preis sollte die Produktionskosten decken und allen an der Herstellung beteiligten Menschen einen anständigen Lebensunterhalt ermöglichen. Außerdem sollte der Verkaufspreis beinhalten, dass Investitionen getätigt werden können sowie der Natur Zeit für die Regeneration gegeben werden kann. Beim Einkauf fair hergestellter und gehandelter Produkte entfaltet Geld eine ganz andere Wirkung als beim Einkauf konventioneller Waren. So fließt ein viel größerer Anteil zurück in die Herstellerländer, wodurch dort eine Besteuerung stattfinden kann, die deutlich mehr der Wertschöpfungskette entspricht. Damit können die Staaten besser ihren Aufgaben nachkommen, Schulen und Straßen bauen. Vor allem aber bekommen die Produzenten einen angemessenen Preis.

Die Prinzipien fairen Handels sollten auf die ganze Welthandelsordnung übertragen werden, auf Handelsabkommen zwischen Staaten wie auf Produktionsnetzwerke.[4] Wenn Umweltzerstörung oder die Verarmung von Menschen bei der Herstellung von Waren toleriert werden, stellt das nichts anderes dar als eine versteckte Subvention. In Übereinkunft sollten Regeln und Standards formuliert werden, die dem entgegenwirken – und dementsprechend sollten die Prinzipien einer fairen Produktion natürlich auch bei der Konzeption von Anlageprodukten gelten.

Die enorme Geldvermehrung hat die aus Produktions- und Dienstleistungen erzielten Gewinne so umfangreich werden lassen, dass sie nicht mehr vollständig in konstruktive Wirtschaftsprozesse investiert

werden. Für die Überschüsse suchen die Besitzer daher Anlagemöglichkeiten auf den Finanzmärkten, aber auch in Grund und Boden sowie
Immobilien. Diese massive Nachfrage hat die Preise für Immobilien
in einigen Ländern wie den USA, England oder Spanien in schwindel-
erregende Höhen klettern lassen. Mit gravierenden Konsequenzen:
Wohneigentum ist für viele unbezahlbar geworden, dazu steigen
mit den Kaufpreisen die Mieten. Für einige Firmen rechnet sich der
Bau von Anlagen nicht mehr. Dies könnte man ändern, wenn man
viel stärker auf ein befristetes Verfügungsrecht an den Produktionsmitteln setzen würde, vor allem beim Boden: Grund und Boden könnten öfter über bestimmte Zeiträume verpachtet werden. Dann zahlt
der Nutzer nur etwas für den Gebrauch, aber nicht für den Besitz.

Was erwarten wir von unserer Zukunft?
Wir brauchen eine Vorstellung davon, wie die Welt von morgen aussehen soll. In den Zwanzigerjahren lebten die Menschen in der Vorstellung, sie würden dank des technischen Fortschritts mit immer weniger
Arbeit produzieren können, was sie zum Leben brauchen. Sie stellten
sich vor, mit der eingesparten Arbeitszeit Familienleben, Kreativität,
politisches und kommunales Engagement zu stärken. Für diese gesellschaftlichen Vorstellungen hätten die obereren Einkommen allerdings
deutlich langsamer wachsen müssen als die unteren Einkommen. Doch
dies war nicht gewollt. Stattdessen sind die Einkommensunterschiede
gewachsen. Es gibt heute so viele Reiche auf der Welt wie noch nie,
das US-Magazin *Forbes* zählte zuletzt 1.125 Milliardäre. Die Spekulation sowie die starken Schwankungen von Wertpapier- und Wechselkursen speisen sich zu einem guten Teil aus der wachsenden Ungleichheit zwischen reichen und armen Menschen in den einzelnen Ländern
und zwischen den Ländern. So führte die schwache Nachfrage in den
Industriestaaten bei gleichzeitiger Umverteilung von unten nach oben
zur Anhäufung von Geld bei Konzernen und reichen Privatpersonen
– Geld, das häufig nicht wieder in die Produktion investiert, sondern
stattdessen auf den Finanzmärkten angelegt wird. Die Vermögensver-
teilung ist in vielen Ländern erschreckend.[5] Viele Menschen verfügen
über gar kein oder nur ein sehr geringes Vermögen, in Deutschland

sind dies zwei Drittel der Bevölkerung.[6] Und in den vergangenen Jahren hat eine permanente Verschiebung nach oben stattgefunden: Der Anteil der Unternehmens- und Vermögenseinkommen am gesamten Volkseinkommen stieg von 1996 bis 2006 in Deutschland um knapp vier Prozentpunkte auf 33,8 Prozent.[7]

Was innerhalb der Gesellschaften des Nordens gilt, gilt auch für das Verhältnis zu den Ländern im Süden. Die Staatengemeinschaft muss eine Lösung dafür finden, dass die Schere zwischen Armen und Reichen sich immer weiter öffnet, egal ob in Entwicklungs- oder Industrieländern. Bislang wiegeln die Gewinner ab und beruhigen ihr Gewissen mit der Theorie, dass am Ende der Wohlstand schon auch bei den Armen ankomme. »Das Ärgerliche ist, dass diese These empirisch nicht haltbar ist und dass die Ungleichheit politisch brisant ist. Man kann sehr wohl den wachsenden Hass und sogar den Terrorismus mit ihr in Verbindung bringen«, schreibt der US-Wissenschaftler Oran R. Young[8] im Bericht an den Club of Rome über die Grenzen der Privatisierung. Wenn wir ins zwanzigste Jahrhundert blicken, können wir feststellen, dass in nur hundert Jahren zahlreiche revolutionäre Entdeckungen gemacht wurden. Allerdings wurde zu viel entwickelt, was in unverantwortlichem Maß die Umwelt und das Sozialgefüge schädigte. Heute brauchen wir neue Fähigkeiten für ein neues soziales Miteinander ebenso wie für neue, umweltfreundliche Technologien. In diesem Sinne ist es notwendig, dass viel mehr Geld in Bildung, Kultur und Gemeinschaftsaktivitäten fließt. Nicht nur, weil das Geld hier den Nährboden für zukunftsweisende Ideen bildet, hier kann auch unendlich viel Geld ausgegeben – und damit auf höchst sinnvolle Art »vernichtet« werden.

1 Johannes Hoffmann, Gerhard Scherhorn, *Saubere Gewinne*, Freiburg 2002, S.139
2 www.sustainability-indexes.com, www.deutsche-boerse.com
3 www.nai-index.de
4 Wuppertal Institut für Klima, Umwelt, Energie, *Fair Future*, 2005, S. 150
5 In Irland gehören einem Prozent der Bevölkerung 10,4 Prozent des gesamten Privatvermögens, in den USA sind es 33 Prozent, in der Schweiz sogar 34,8 Prozent; diese Daten hat das World Institute for Development Economics Research (WIDER) der UN-Universität in Helsinki ermittelt.

6 und **7** Deutsches Institut für Wirtschaftsforschung, 7.11.2007

8 Oran R. Young, *Grenzen der Privatisierung*, Stuttgart 2006, S. 266

Making *Let's Make Money*

Auch sogenannte Dokumentarfilme haben ein Drehbuch, ein Konzept-papier, das geschrieben werden muss, bevor diese Filme gemacht werden können. Diese Papiere dienen dazu, Produzenten, Geldgeber und womöglich auch schon Verleiher für den Film zu gewinnen, ihnen ein Bild von dem zu geben, was da auf sie zukommen wird. Ein Drehbuch ist wie eine Hypothek für die Bank, wenn man einen Kredit aufneh-men will – das ist eigentlich der Hauptgrund, warum es ein Drehbuch geben muss.

Aber während beim sogenannten fiktionalen Film, also beim Spiel-film, dieses Drehbuch auch zur Umsetzung eingesetzt wird – Schauspie-ler lernen daraus ihren Text, Produktionsleiter erstellen Drehpläne, Casting-Agenturen suchen gezielt nach Schauspielern und Ausstatter nach geeigneten Drehorten –, muss beim sogenannten Dokumentar-film anders an die Sache herangegangen werden. Denn die Kunst des Dokumentarfilms besteht darin, zum richtigen Zeitpunkt am richti-gen Ort zu sein, die richtige Person vor der Kamera zu haben, die dann wenn möglich auch noch das Richtige sagt. Wir haben also eine Gleichung mit vier Unbekannten vor uns, die es zu lösen gilt. Bei »Let's Make Money« brauchten wir drei Jahre, um diese Gleichung zu lösen. Und immer wieder trafen uns dabei sehr schwere Rückschläge, aus den verschiedensten Gründen, mal von innerhalb, mal von außerhalb unseres kleinen Teams.

Als Gesprächspartner suche ich mir Menschen aus, die in den Struktu-ren relativ weit oben angesiedelt sind. Sie sind für mich interessant, weil sie auch zur Verantwortung gezogen werden können, und ich würde diese Gesprächspartner als Protagonisten bezeichnen. Sie sind Figuren, die eine Funktion im dramaturgischen Sinn erfüllen, manche stehen vorher fest, andere kommen erst im Laufe des Drehs dazu. Na-türlich sucht man sich Leute aus, von denen man weiß, dass sie etwas zu sagen haben, und von denen man annimmt, dass sie es auch gut rüberbringen können.

Einer dieser Gesprächspartner stand von Anfang an im Drehbuch: der Chef der Deutschen Bank, einer Privatbank wohlgemerkt, Josef Ackermann. Er war, glaube ich, einer der Ersten, der sich äußerte, als die finsteren Wolken über dieser entfesselten Finanzwelt aufzogen. Er sagte, die Selbstheilungskräfte des Marktes reichen nicht mehr aus, der Staat, also wir, müssten einspringen. Wenn das Finanzsystem nicht mehr funktioniert, wird es nämlich dem Staat, also uns, zurückverantwortet, und dann müssen wir die bankrotten Kassen übernehmen. Die Gewinne wurden aber vorher gemacht. Wenn also plötzlich die Renten oder die Finanzierung von Krankenhäusern oder auch nur die Arbeitsplätze in der Finanzindustrie gefährdet sind: Dann ist der zuvor so verschriene Staat wieder gut genug, um die Sanierung vorzunehmen. Unsere Steuern – ob Einkommenssteuern oder Umsatzsteuern (besser bekannt als Mehrwertsteuern), die von allen gezahlt werden, sind dann die Rückversicherung für die regelmäßig auftauchenden Krisen. Den Preis zahlen alle, ob arm oder reich, und unabhängig davon, ob sie zuvor von diesem absurden Finanzsystem profitiert haben oder nicht – vielmehr haben die Reichen im Unterschied zu den Armen auch noch die Möglichkeit, mit ihrem Geld auf Steueroasen auszuweichen. Mit anderen Worten: Der sogenannte normale Bürger bezahlt am Ende die Fehler der hoch bezahlten Manager.

Das weiß auch Josef Ackermann, und es hat sehr lange gedauert und bedurfte vieler Anläufe, bis wir bei ihm einen Termin bekommen haben. Schließlich kam die Zusage, für den 13. Mai 2008, 15 Uhr, in der Züricher Filiale der Deutschen Bank. Alles war vorbereitet, die Flüge gebucht, der Lichttechniker in Zürich bestellt – und dann kam am Tag des Drehs um acht Uhr morgens per Email die Absage. Die Presseabteilung der Deutschen Bank hat meinen Namen hinterfragt und dem Gespräch sofort einen Riegel vorgeschoben. Aus der Sicht der Deutschen Bank kann ich das verstehen, denn Ackermann kann in diesem Zusammenhang nicht gewinnen. Er begibt sich auch nur in Medien, die zu kontrollieren sind, dessen Chefredakteure unter seiner Kontrolle stehen, mit ihm befreundet oder vernetzt sind.

Ich fand es anfangs schade, Herrn Ackermann nicht im Film zu haben, hätte ihn gerne gefragt, wie diese riesigen Gewinne, auf die er bis vor Kurzem noch so stolz war, zu machen sind. Aber dazu kam es nicht. Die Antwort auf diese Frage jedoch hat in der Zwischenzeit die Welt erschüttert, und in einem sogenannten Dokumentarfilm kann man eben nicht nach Drehbuch vorgehen, es geht darum, die Gleichung zu lösen, und ein wenig erfüllt es mich doch auch mit Genugtuung, wenn der große Finanzfachmann Ackermann vor einem kleinen Filmemacher Angst hat. Im Grunde ist der Film ohne Ackermann besser. Der leitet nur eine große Bank – die Geschäfte, die Risiken und die Erfindung immer neuer Finanzprodukte, in denen auch unser Geld steckt, finden woanders statt, in anderen Abteilungen oder anderen Unternehmen. Außerdem ist Ackermann jemand, der stark polarisiert. Die Öffentlichkeitsarbeit des Films hätte davon sicherlich profitiert, aber im Film hätte das schnell ein Ungleichgewicht geben können. Man hätte viel Aufwand treiben müssen, damit sich die Emotionen nicht auf eine Person richten, die schließlich beliebig austauschbar ist. Ohne Ackermann lässt sich das System besser verstehen.

Mit Leuten zu drehen, für die man sich einsetzt, bringt Probleme ganz anderer Art mit sich. Zum Beispiel die afrikanischen Bauarbeiter in Spanien: Denen wurde in ihrer Heimat die Lebensgrundlage als Bauer oder Fischer entzogen, weil ihre Produkte gegen die subventionierten Agrarprodukte aus der EU nicht wettbewerbsfähig sind. Jetzt haben sie es irgendwie illegal übers Meer geschafft und sind für die spanischen Baufirmen eine ideale Arbeitskraft. Sie arbeiten zu niedrigsten Löhnen und werden mit Schwarzgeld bezahlt. Diese Leute haben unglaubliche Angst beim Drehen, vor allem, weil der Film im afrikanischen Fernsehen gezeigt werden könnte und die zu Hause gebliebenen Angehörigen und Freunde dann sehen könnten, unter welch unmenschlichen Umständen sie hier vegetieren müssen.

Die große Frage, die sich stellt, bevor wir mit unserer Ausrüstung losziehen, lautet: Wie und wo können wir Bilder finden und Zusammenhänge herstellen? Das ist das Schwierigste am Filmemachen und gleichzeitig auch sein Reiz.

Der Film beginnt jetzt mit einer Sequenz, die ich als den Goldraub bezeichne, in einer technisch hochmodernen Goldmine des zweitgrößten Goldschürfers der Welt, Newmont.

Abgesehen von der Umweltzerstörung und davon, dass einer hochprofitablen Firma wie Newmont ein Weltbankkredit für diesen Eingriff im afrikanischen Regenwald zur Verfügung gestellt wird, den die Afrikaner zurückzahlen müssen, fliegt zweimal in der Woche ein Helikopter in den tropischen ghanaischen Regenwald, um das Gold abzuholen und in die Hauptstadt Accra zu fliegen. Von dort werden die Barren mit einem Jet direkt in die Schweiz gebracht, wo sie auf 99,99 Prozent Gold verfeinert werden. 3 Prozent des Wertes bleiben in Afrika, 97 Prozent gehen in die Schweiz. Da haben wir viele Aspekte unseres Themas in einer Sequenz: Die Erschaffung von Geld (Gold), also von etwas, das nur einen Tauschwert besitzt. Denn wenn man von den spezifischen Metalleigenschaften absieht, besitzt Gold keinen wirtschaftlichen Wert. Man kann es nicht essen, es nimmt einem keine Arbeit ab, es macht keine Musik, aber es ist knapp und daher sehr begehrt. So ist es ein allgemein anerkanntes Tauschmittel, in dem man seinen Reichtum zwischenspeichern kann.

Diese Sequenz zeigt das ganze System in seiner unglaublichen Schieflage: Das Gold kommt aus ghanaischer Erde, es wird in Ghana von Ghanaern geschürft und eingeschmolzen, aber fast der ganze Wert geht in die Schweiz, also in eine Steueroase, sprich: Der ghanaische Staat und seine Einwohner haben praktisch nichts davon. Der Wert braucht in der Schweiz von Newmont auch nicht versteuert zu werden und fließt in Gänze der amerikanischen Aktiengesellschaft Newmont zu, die wiederum an der Schweizer Goldraffinerie beteiligt ist.

Umweltschäden und Schulden bleiben in Afrika zurück, und die Menschen haben angesichts der Perspektivlosigkeit keine andere Wahl als die Flucht. Dafür jedoch werden sie von uns als »Wirtschaftsflüchtlinge« diskriminiert und wie Kriminelle abgeschoben – wenn sie den langen, teuren und gefährlichen Weg bis in die Industrieländer denn überleben. »Jeder Liberale dieser Welt ist der Meinung, dass Geld [also Gold] und Dienstleistungen sich frei bewegen können sollen, anders ist es bei Menschen – da sollte man Eintrittspreise verlangen.« Dieser Meinung ist ein Freund von Josef Ackermann, der leitende Chefredakteur der NZZ Wirtschaftsredaktion Gerhard Schwarz, und diese Art von Wirtschaftssystem ist es, welches die Leute als Neoliberalismus bezeichnen. Solche Aussagen stehen für sich. Die liefern ihren eigenen Kommentar mit.

Es ist einer der absurdesten Aspekte unseres Systems, dass die klügsten Köpfe nicht dafür eingesetzt werden, unsere drängendsten Probleme zu lösen, wie Umweltzerstörung, Hunger und Krieg, sondern dafür, abstruse Konstrukte in die Welt zu setzen, die die sogenannte Finanzdienstleistungsindustrie anbietet.

In der City of London, dem größten Finanzplatz der Welt, arbeiten rund zwei Millionen Menschen in dieser Industrie. Es sind höchst ausgebildete Menschen, die sehr viel Geld verdienen, aber keinerlei Wert schaffen, im ursprünglichen wirtschaftlichen Sinn des Wortes. Sie kassieren Provisionen beim Spielen mit fremdem Geld und zwar von beiden Seiten: von denen, die diese Kapitalien besitzen, und von denen, die mit diesen Kapitalien Wetten abschließen. Seit *We Feed the World* ist der Getreidepreis um 250 Prozent gestiegen. Addiert man, wie viel Getreide an einem ganz normalen Handelstag auf den Börsen dieser Welt gehandelt wird, kommt man auf eine Menge, die in zweihundert Jahren nicht wächst. Das ist die zerstörerische Wirkung, die heute von diesem Finanzsystem ausgeht, und die auf den Systemfehler im Kapitalismus zurückgeht, nämlich auf den Grundsatz »Lassen Sie Ihr Geld arbeiten«. Es wird uns eingeredet, wir brauchten in unseren saturierten Gesellschaften ein Wirtschaftswachstum. Nicht wir brauchen es, das Kapital braucht es, um seine Zinstilgung zu befriedigen.

Wir haben nicht nur eine Finanzkrise, wir haben eine Gesellschaftskrise. Das Einzige, was wir verändern können, sind wir selbst, und dazu ist gutes Kino in jeder Form da. Es ist nichts anderes als eine Energieform, die uns jene Kraft gibt, die nur das Kino zu geben im Stande ist.

Für *Let's Make Money* hatten wir ein höheres Budget als für *We Feed the World*. Dadurch konnten wir mehr reisen und hatten eine bessere Technik. Dieses Geld haben wir mit dem letzten Film, mit *We Feed the World*, verdient und in *Let's Make Money* gesteckt, es waren circa 600.000 Euro. Auch diesmal war Lisa Ganser meine Assistentin und Hauptstütze. Ohne sie hätte ich diesen, wie auch schon den letzten Film, nicht machen können. Wir sind dieses kleine Team geblieben, auch wenn wir einige Leute im Hintergrund gehabt haben, die uns sehr geholfen haben.

Wir haben seit Oktober 2006 ungefähr 130 Stunden Material gedreht, und die letzten neun Monate haben wir damit praktisch durchgearbeitet; damit meine ich auch die Wochenenden und Feiertage. In der Phase der Montage ist es ganz wichtig, eine Distanz zum eigenen Material aufzubauen, und ich bin bei Gott nicht verliebt in die schönen Bilder, die ich selbst gedreht habe – die allein machen noch keinen guten Film. Beim Montieren geht es darum, den Film fahren zu lassen, wo er fahren soll, und zu bremsen, wo es ansonsten gefährlich wird. Es geht darum, einen Zug hineinzubekommen, und daran stricke ich lange herum. Das braucht Leidenschaft und Ausdauer, sonst wird daraus nichts. Und es ist mir diesmal enorm schwergefallen, die trockene Materie in den Griff zu bekommen, diese Sprache der Finanzwelt zu demaskieren, die sich einigelt gegen den kleinen Mann und die kleine Frau. Denn es geht darum, dass die Zuschauer verstehen, dass eine Veränderung auf den Finanzmärkten auch mit ihnen selbst zu tun hat. Ich stelle mir am Anfang eines Projektes die Frage, was soll dieser Film leisten können? Er soll leisten können, dass die Leute erkennen, dass am Schluss immer sie selber zahlen.

Erwin Wagenhofer, Wien, September 2008

Abschreibungen | Verfahren, um Wertverluste zu erfassen. In der Buchführung von Unternehmen werden Abschreibungen auf der Ausgabenseite (Aufwand) erfasst und reduzieren dadurch den (zu versteuernden) Gewinn. Könnte eine Maschine im Wert von 5.000 Euro über fünf Jahre genutzt werden, kann sie pro Jahr mit 1.000 Euro (zwanzig Prozent vom Anschaffungswert) abgeschrieben werden, nach diesen fünf Jahren stellt sie in der Bilanz keinen Wert mehr dar. Banken schrieben ab 2007 Kredite in Milliardenhöhe ab, weil die Aussicht auf Rückzahlung fraglich wurde. Damit nahm die sogenannte Subprime-Krise ihren Lauf, die heftige Bewegungen in der Finanzwelt nach sich zog.

Ad-hoc-Publizität | Verpflichtung eines Unternehmens, kursrelevante Informationen sofort zu veröffentlichen, damit alle Investoren innerhalb und außerhalb des Unternehmens dasselbe Wissen haben. Die Möglichkeit von Insidergeschäften soll so minimiert werden.

Agio/Disagio | Die Differenz zwischen dem Nennwert und dem tatsächlichen höheren Kurswert an der Börse (Agio) beziehungsweise die Differenz, um die bei einer Wertpapieremission der Ausgabekurs unter dem Nennwert bleibt (Disagio).

Aktie | Eine Aktie ist ein Wertpapier und verbrieft einen Anteil an einem Unternehmen. Mulipliziert man die Zahl der Aktien mit dem Kurswert, erhält man den aktuellen Börsenwert eines Unternehmens.

Analysten | Die Orakel der Börse. Arbeiten meist bei Geschäfts- oder Investmentbanken und geben Prognosen über einzelne Aktienwerte, über Branchen und über die allgemeine Lage an der Börse ab. Ihre Empfehlungen lauten »kaufen«, »halten« oder »verkaufen«, meistens aber »kaufen«.

Anleihen | Schuldverschreibungen, also Wertpapiere, bei denen sich der Aussteller verpflichtet, bei Fälligkeit einen bestimmten Geldbetrag zu zahlen und zusätzlich Zinsen zu zahlen, bis es so weit ist. Staaten, Regionen, Gemeinden und bestimmte öffentliche Körperschaften können genauso wie Aktiengesellschaften Anleihen auflegen und ausgeben (emittieren). Die Rendite ist abhängig von Zinssatz, Ausgabekurs und dem Rückzahlungskurs. Anleihen werden am so genannten Rentenmarkt gehandelt. Für die Unternehmen, die sie ausgeben, ist dieses Geld zuerst günstiges Fremdkapital, bei Fälligkeit wird es Eigenkapital. Da Anleihen beiden Formen zugehören, nennt man sie auch Mezzanine, benannt nach dem Zwischenstock. Man könnte sie auch Speedball nennen.

Arbitrage | (frz. Schiedsspruch) Ausnutzung von Kursdifferenzen bei Wertpapieren oder Devisen zur Gewinnerzielung. Wird eine Währung zum Beispiel an zwei Orten mit einem unterschiedlichen Wert gehandelt, kann ein Devisenhändler sie hier zu einem niedrigeren Kurs kaufen und da zum höheren Kurs verkaufen.

Baisse | (frz. Abschwächung) Anhaltendes Absinken der Wertpapierkurse an den Börsen.

Bankrott | (von ital. *banca rotta*, leere oder zerbrochene Bank) Schuldhaft herbeigeführte Zahlungsunfähigkeit eines Unternehmens, die zur Insolvenz führt. Die drittgrößte US-Investmentbank, Lehman Brothers, ging im September 2008 bankrott.

Benchmarking | Ein Lieblingswort von Unternehmensberatern, um Produktionsabläufe zu vergleichen. Natürlich geht es dabei darum, die wirtschaftlichsten Produktionsmethoden zu finden, also die, die am meisten Gewinn bringen. Konsequentes Benchmarking kann schon mal die Verlegung irgendeiner Aktivität in eine indische Sonderwirtschaftszone erforderlich machen.

Bonds | Englische Bezeichung für fest verzinsliche Wertpapiere, wie Anleihen.

Börsengang | Auch »Initial Public Offering«, kurz IPO. Erstmaliges Angebot der Aktien eines Unternehmens auf dem organisierten Kapitalmarkt. Die Abwicklung des Börsengangs erfolgt meist durch einige Investmentbanken gemeinsam. Man spricht von einem Konsortium. Das Gegenteil eines Börsengangs ist das »Going Private« oder »Delisting«: der Ausstieg aus der Börse.

Brokerage | Maklergebühr des Wertpapierhändlers.

Brief | Hat nichts mit dem Preis für eine Postsendung zu tun, sondern bezeichnet den Kurs, zu dem ein Angebot an der Börse besteht. Die Nachfrage an der Börse bezeichnet man dagegen als »Geld«.

Buchwert | Wert, mit dem ein Vermögen oder Schulden in der Finanzbuchhaltung aufgeführt ist. Stimmt nicht immer mit dem tatsächlichen Wert überein. Eine Immobilie könnte mit zwei Millionen Euro im Buch stehen, für acht Millionen verkauft werden und so ihrem Verkäufer einen Buchgewinn von sechs Millionen Euro bringen.

Bulle und Bär | Mit diesen beiden mächtigen Säugetieren bezeichnen Börsianer die beiden entgegengesetzten Richtungen an der Börse: Der stolze Bulle mit den prächtigen Hörnern steht für eine längerfristige Aufwärtsphase, der sich duckende Bär mit gesenktem Schädel für eine längerfristige Abwärtsbewegung. Man spricht von einem Bullenmarkt, wenn es aufwärts geht, von einem Bärenmarkt, wenn es abwärts geht. Die verbreitetste Erklärung für die tierischen Symbole leitet sich vom unterschiedlichen Kampfverhalten die beiden Tiere ab: Der Stier stößt mit seinen Hörnern nach oben, der Bär schlägt mit seiner Pranke nach unten.

Call | Englische Bezeichnung für eine Kaufoption. Man kauft mit ihr das Recht, ein Gut oder ein Wertpapier zu einem bestimmten zukünftigen Zeitpunkt zum heutigen Wert zu kaufen. Steigt in der Zwischenzeit der Basiswert eines Produkts, zum Beispiel der von Weizen oder der T-Aktie, kann die Option teuer verkauft werden. Sinkt der Basiswert, ist die Option wertlos. Siehe auch → Put

Cashflow | (engl. Geldfluss) Cash bezeichnet im Englischen Bargeld oder direkt verfügbare Geldmittel, und der Cashflow ist eine Kennzahl, mit der die Finanzkraft von Unternehmen oder Banken bewertet wird. Der Cashflow ist der Betrag, der einem Unternehmen in einer bestimmten Periode zur Verfügung steht, unter anderem für Investitionsausgaben, Tilgungszahlungen und Gewinnausschüttungen. Das Verhältnis von Cashflow zu Umsatzerlösen bezeichnet die Cashflowquote, eine Kennzahl, mit der man die Rentabilität eines Unternehmens misst.

CEO | (Abk. für engl. *Chief Executive Officer*) Aus der militärischen Rangordnung abgeleiteter Name für den verantwortlichen Manager eines Unternehmens. In einer Aktiengesellschaft ist damit in vielen Ländern der Vorstandsvorsitzende gemeint.

Charts | Grafische Darstellung von Kursverläufen einzelner Aktien, Derivate und Börsenindizes. Es gibt Chartanalysten, die aus dem Verlauf der Kurven Vorhersagen für die künftige Entwicklung machen. Man kann aber auch den Vogelflug beobachten, sich aus der Hand oder aus dem Kaffeesatz lesen lassen.

Corporate Governance | Definierte Werte und Grundsätze eines Unternehmens für eine gute und verantwortungsvolle Unternehmensführung. »In unserer Branche sind Integrität und ethisches Verhalten besonders wichtig, weil unsere Kunden ihr Vertrauen in uns setzen müssen. Dank enger Kundenbeziehungen hat Lehman Brothers sich im Lauf der Jahre das Vertrauen der weltweit führenden Institutionen, Organisationen und Individuen verdient.« (aus den Corporate Governance Leitlinien von Lehman Brothers)

Cross-Border-Leasing | Auch CBL genannt. Ein Leasing über Nationengrenzen, insbesondere die der USA hinweg. Die Renditen entstehen dabei nicht aufgrund konkreter Wertschöpfung, sondern durch die Verluste des US-Fiskus und werden von den dortigen Steuerzahlern finanziert. Die US-Finanzverwaltung lehnte CBL immer ab. Ursprünglich sollte damit der Absatz von Boeing-Flugzeugen angekurbelt werden, stattdessen profitierten europäische Leasingnehmer. Viele Kommunen (wie zum Beispiel die Wiener Linien) haben städtische Infrastruktur wie Gas- und Wasserleitungen oder Straßenbahnen auf diese Weise verkauft und zurückgeleast. 2004 verbot die US-Regierung CBL-Neuverträge, ein Jahr später, legte die

US-Finanzverwaltung fest, dass die bisherigen Leasingtransaktionen grundsätzlich als missbräuchliche Steuerumgehung anzusehen sind.

Dachfonds | Investmentfonds, die mit dem Geld ihrer Kunden Anteile anderer Investmentfonds kaufen. Dachfonds können im Idealfall die Risiken des Anlegers breit streuen. Allerdings brach in den Siebzigerjahren der erste deutsche Dachfonds, der Investors Overseas Services (IOS) zusammen, Hintergrund war eine Art Schneeballsystem. Bis 1998 waren Dachfonds deswegen in Deutschland verboten.

DAX | Abkürzung für *D*eutscher *A*ktien*i*ndex. Er ist der bekannteste der deutschen Aktienindizes und die »Benchmark« für den deutschen Aktienmarkt. Der DAX wird aus den Kursen von 30 ausgewählten deutschen Aktien gebildet und spiegelt die Branchenstruktur der deutschen Wirtschaft wider. Etwa 80 Prozent aller Börsenumsätze in Deutschland entfallen auf die DAX-Titel. Gewichtung und die Auswahl der Werte werden regelmäßig überprüft.

Depot | Bezeichnung für das Sammelsurium aus Aktien, Fonds und anderen Werten eines Anlegers.

Derivate | Von primären Finanzprodukten wie Aktien, Krediten oder Anleihen abgeleitete Produkte. Ihre Preisentwicklung ist abhängig von der Entwicklung ihres jeweiligen Basiswerts. Durch Derivate können Risiken abgesichert werden, zum Beispiel der Preis des Dollars für eine Lieferung im kommenden Jahr. Wer aber mit Derivaten spekuliert, geht besonders hohe Risiken ein. → Call

Devisen | Die D-Mark des Klassenfeinds in der Hand des Zonenbürgers genauso wie die Dollarreserven der Bundesbank: alle ausländischen Zahlungsmittel.

Dividende | Gewinnanteil je Aktie. Über die Höhe der Dividende entscheiden auf Vorschlag des Vorstands bei einer Hauptversammlung die Aktionäre. Das Verhältnis von Dividende zu Börsenkurs bezeichnet man als Dividendenrendite.

Dow Jones Index | US-Aktienindex, benannt nach den amerikanischen Wirtschaftsjournalisten Charles Henry Dow und Edward D. Jones. Berechnet wird der Durchschnitt der Aktienkurse von ausgewählten, umsatzstarken Unternehmen an der New Yorker Börse. Er umfasst dreißig Industrie-, zwanzig Transport- und fünfzehn Versorgungsunternehmen. Die Mutter aller Indizes.

Eigenkapital | Anteil des investierten Kapitals in einem Unternehmen, der dem/den Eigentümer/n oder dem/den Eigenkapitalgebern (wie zum Beispiel Aktionären) zu einem bestimmten Zeitpunkt gehört. Das Eigenkapital ergibt sich als Differenz zwischen Vermögen (Aktiva) und Verbindlichkeiten (Fremdkapital wie Kredite). Das Eigenkapital steht einem Unternehmen langfristig zur Verfügung.

Emerging Markets | Euphemismus für Entwicklungsländer oder Dritte Welt. Sammelbegriff für die Wertpapiermärkte der Volkswirtschaften in Osteuropa, Lateinamerika, Asien und Afrika. Häufig gibt es dort bei höheren Risiken höhere Renditemöglichkeiten als in den westeuropäischen und nordamerikanischen Kapitalmärkten.

Emission → Börsengang

Euribor | (Abk. für *Euro Interbank Offered Rate*) Zinssatz für Termingelder in Euro im Interbankengeschäft, wird täglich veröffentlicht. Wichtige Information, um mit der Bank über die Höhe des Festgeldzinses zu verhandeln. Banken verleihen sogenanntes Eurogeld zu EURIBOR plus Marge (Aufschlag in Höhe von 0,5 bis 2 Prozentpunkten).

Euro Stoxx | Aktienindex mit 50 europäischen Großunternehmen.

Expansionskurs | Ausweitung der Marktanteile eines Unternehmens in der globalen Wirtschaft, auch durch die Übernahme von Konkurrenten.

Europäische Zentralbank (EZB) | Zentralbank der Euro-Länder. Die EZB bildet zusammen mit den nationalen Zentralbanken das Europäische System der Zentralbanken (ESZB). Sie hat seit dem 1. Juni 1998 ihren Sitz in Frankfurt am Main und ist zuständig für die Geldpolitik. Die Notenbanker der EZB agieren unabhängig von den nationalen Regierungen. So kann nur die EZB Euronoten herausgeben. Ihre Aufgabe ist es vor allem, sich um die Preisstabilität in den Euroländern zu kümmern, wobei ihr wichtigstes Instrument der Zins ist.

Federal Reserve System (Fed) | Zentralbanksystem der Vereinigten Staaten. Besteht aus dem Board of Governors, zwölf regionalen Federal Reserve Banken und einer Vielzahl von Mitgliedsbanken und anderen Institutionen. Da die Mitgliedsbanken gleichzeitig die Eigentümer der Federal Reserve sind, das Direktorium aber vom Präsidenten der Vereinigten Staaten ernannt wird, ist das Federal Reserve System teils privat und teils staatlich strukturiert. Gegründet wurde die Fed am 23. Dezember 1913 vom US-Kongress. Ihr wichtigstes Gremium ist das Federal Open Market Committee, das die Geld- und Währungspolitik der Vereinigten Staaten betreibt. Sein Vorsitzender war von 1987 bis 2006 Alan Greenspan, am 1. Februar 2006 folgte ihm Ben Bernanke.

Fondsmanager | Angestellte der professionellen Vermögensverwalter, die das Vermögen der Anleger vermehren sollen, treffen Fondsmanager die konkrete Entscheidung, in welche Kapitalanlagen ein Fonds investiert. Von ihnen hängt damit auch die Wertentwicklung eines Fonds ab.

Fusion | Zusammenschluss von ehemals eigenständigen Unternehmen.

Giro | Giro bezeichnet bargeldlosen Zahlungsverkehr, in der Regel braucht man dafür ein Girokonto. Im Italienischen, der Heimatsprache des Bankwesens, heißt »girare« auch wandern. Und auf dem Girokonto wandert der Kontostand: mal vom Minus ins Plus und dann wieder zurück.

Hausse | (frz. *hausse*, Anstieg) Das Steigen aller oder einzelner Rohstoff-, Devisen- oder Wertpapierkurse über einen längeren Zeitraum. Gegenteil von → Baisse.

Hedgefonds | Auf Basis des Gelds der Anleger besorgt sich der Hedge-Fond Kredite in großem Umfang. Damit kauft er Devisen, festverzinsliche Anleihen, Aktien oder Rohstoffe und verfolgt dabei normalerweise eine riskante Anlagestrategie. Hedge-Fonds sitzen regelmäßig in Steueroasen und unterliegen keinen rechtlichen Restriktionen bei der Anlage der Gelder.

Holding | Muttergesellschaft eines Konzerns. Sie hält die Mehrheitsanteile der Tochterunternehmen. Eine Holding selbst hat weder Produktions- noch Handels- aufgaben, sondern ist meist eine reine Finanzierungs- oder Verwaltungsgesell- schaft ohne Geschäftsbetrieb. Häufig verlegen Unternehmen ihre Holding in eines der vielen Steuerparadiese, um ihre Gewinne zu steigern.

Hypothek | Griechisch-lateinische Bezeichnung für ein Unterpfand. Wenn zum Beispiel ein Hausbesitzer einen Kredit aufnimmt, kann er sein Haus als Unterpfand, also als Hypothek angeben. Mit einer Hypothek, beispielsweise auf Immobilien- kredite, werden langfristige Realkredite abgesichert.

Immobiliengesellschaft | Unternehmen, dessen Geschäftsfeld die Vermietung, Entwicklung, Finanzierung, Realisierung oder Vermarktung von einer oder mehre- ren Immobilien ist.

Index, Indizes | Eine statistische Messzahl, mit der durchschnittliche Veränderun- gen von wirtschaftlichen Kenngrößen wie Preise oder Börsenkurse berechnet werden.

Inflation | Steigen die Preise schneller als die Warenmenge, spricht man von Geldentwertung oder Inflation. Man misst die Inflation durch die Preisentwicklung eines bestimmten Warenkorbs. Der prozentuale Anstieg eines Preisindex' heißt Inflationsrate. Je nach Geschwindigkeit einer Inflation spricht man von schleichender, trabender, galoppierender Inflation oder auch Hyperinflation. Unterschieden wird auch zwischen offener, versteckter oder zurückgestauter Inflation. Steigen Löhne »real«, heißt das: Sie steigen stärker, als sie durch die Inflation an Wert verlieren.

Insolvenz | Zahlungsunfähigkeit eines Unternehmens. In Deutschland wird in dem

Fall ein Insolvenzverwalter eingesetzt, der versucht, mit den Gläubigern einen Weg für die Fortsetzung des Unternehmens zu finden. Scheitert eine Insolvenzregelung, kommt es zum Aus für das Unternehmen. Verursacht das Management eines Unternehmens bewusst seine Zahlungsunfähigkeit, dann spricht man von → Bankrott.

Internationaler Währungsfonds (IWF) | Sonderorganisation der Vereinten Nationen, im Dezember 1945 gegründet mit den Zielen, die Zusammenarbeit der Staaten bei der Währungspolitik zu unterstützen, eine erneute Weltwirtschaftskrise verhindern zu helfen und in Krisensituationen Kredite zu vergeben. Siehe auch Kapitel XIV.

Investitionsquote | Kennzahl, die prozentual den Investitionsanteil am Anlagevermögen eines Unternehmens wiedergibt. Eine hohe Investitionsquote ist eher positiv zu werten, da das Anlagevermögen erhalten wird und das Unternehmen eine fortwährend hohe Produktivität durch moderne Anlagen erwarten lässt. Zusätzlich gelten Investitionen in Forschung und Entwicklung als Voraussetzung für wirtschaftliche Innovation.

Investmentbanking | Bankgeschäfte, die nichts mit dem klassischen Geschäft mit Spareinlagen und Krediten zu tun haben. Zum Investmentbanking zählen insbesondere die Ausgabe von Aktien oder Anleihen, Beteiligungsfinanzierung bei Unternehmen oder Beratungsleistungen bei der Übernahme oder Umstrukturierung von Firmen.

Investor | Jemand, der Geld am Kapitalmarkt anlegt. Privatanleger oder auch Kleinanleger verfügen im Unterschied zu institutionellen Anlegern wie Banken, Versicherungen oder Anlagegesellschaften häufig über kein großes Finanzwissen und müssen deswegen besonders vom Staat geschützt werden.

Kartell | (frz. *cartel*, Vertrag, Zusammenschluss) Wenn sich zum Beispiel mehrere Unternehmen in ihrer Preisbildung absprechen, spricht man von Kartellbildung. Der Wettbewerb wird zulasten der Abnehmer von Waren oder Dienstleistungen ausgeschaltet. Da dies grundsätzlich verboten ist, sollen Wettbewerbsbehörden die Kartellbildung verhindern.

Kassabörse | An den Kassabörsen erfolgen Vertragsabschluss und Austausch von Leistungen wie Aktien fast zeitgleich. Bei den an der → Terminbörse gehandelten Termingeschäften dagegen wird die Leistung erst zu einem späteren Zeitpunkt erbracht.

Kommunalobligationen | Für sogenannte Gebietskörperschaften, also Städte, Bundesländer oder Kommunen von Banken ausgegebene Wertpapiere mit festgelegter Verzinsung. Die Zinsen dienen der langfristigen Finanzierung von öffentlichen Einrichtungen wie Schulen, Krankenhäusern, Wasserversorgungsanlagen. Kommunalobligationen gehören zu den sichersten Geldanlagen.

Konjunktur | Das wirtschaftliche Auf- und Ab einer Volkswirtschaft.

Konsortium | Zeitlich befristeter Zusammenschluss von Banken, um bestimmte Geschäfte, wie die Emission von Wertpapieren, zu tätigen.

Konto | Im Bankwesen ist das Konto ein für den Kunden geführtes Buch über die Eingänge (Haben) und Ausgänge (Soll) von Zahlungen. Die Differenz aus Sollseite und Habenseite bezeichnet man als → Saldo. Man unterscheidet Giro- oder Kontokorrentkonten, Termin- und Währungskonten.

Kredit | (lat. *credere*, vertrauen, glauben) Bezeichnet die zeitlich begrenzte Vergabe von Geld- und Sachgütern an Privatpersonen oder Unternehmen. Muss normalerweise mit Zinsen zurückgezahlt werden.

Kurssicherungen | Geschäfte, mit denen man sich gegen bestimmte Entwicklungen, beispielsweise extreme Währungsschwankungen, absichert.

Leitzins | Der wichtigste Zins, zu dem Notenbanken wie die Fed, die EZB oder die Bank of England ihr Zentralbankgeld an andere Banken verleiht.

Leveraging | (engl. für Hebelwirkung) Bezeichnet den positiven Effekt einer Kreditaufnahme auf die Rendite des eingesetzten Kapitals eines Investors. Wie das geht? Voraussetzung ist, dass die Verzinsung des Bankdarlehens niedriger liegt als die Verzinsung des eingesetzten Eigenkapitals. Wenn dann der Anteil des Investorenkapitals gegenüber dem Bankkredit reduziert wird, steigt die Rendite. → Rechenbeispiel in Kapitel XI, S. 96. Populär geworden ist dies vor allem durch private Beteiligungsfirmen und Hedgefonds. An der Börse steht Leverage auch für eine Kennziffer zur Beurteilung von Optionsscheinen. Sie drückt aus, um wie viel höher die prozentuale Kursänderung einer Option ist als die sie auslösende prozentuale Kursänderung des zugrunde liegenden Basiswerts.

Liquidität | (lat. *liquidus*, flüssig, fließend) Bezeichnet Mittel und Gelder, die einer Privatperson oder einem Unternehmen direkt zur Verfügung stehen, also alle Gelder, die nicht langfristig angelegt sind. Hält ein Unternehmen viele flüssige Mittel, kann sich dies negativ auf die Rendite auswirken.

MDAX | (Abk. für »*Midcap Deutscher Aktienindex*«) Umfasst 70 Aktienwerte, die von der Deutschen Börse ermittelt werden. Als Midcaps bezeichnet man Unternehmen, die bereits gut am Markt eingeführt sind. Zusammen mit den DAX-30-Unternehmen ergibt der MDAX dann den DAX 100.

Nasdaq | (Abk. für »*National Association of Securities Dealers Automated Quotations*«) Die Computerbörse in New York. Sie umfasst die wichtigsten Aktien von Unternehmen aus Wachstumsbranchen, zum Beispiel Biotechnologie, Chiphersteller, Computer- und Telekommunikations- sowie Softwarefirmen.

Nennwert | Der auf Münzen, Banknoten oder Wertpapiere aufgedruckte Wert. Bei Aktien ist der Nennwert eine rechnerische Größe, die den Anteil am Grundkapital bezeichnet, der auf eine Aktie entfällt. Der Nennwert kann von dem Kurswert, der an den Börsen ermittelt wird, deutlich abweichen.

New Economy | Phase lang anhaltenden Wachstums und Produktivitätssteigerungen in den Neunzigerahren, ausgelöst durch Fortschritte bei der Informations- und Telekommunikationstechnik. Häufig wird New Economy mit dem Neuen Markt für Risikokapital gleichgesetzt. Während der New Economy sind die Aktienkurse stark gewachsen – eine Blase, die 2001 platzte.

Nominalwert | → Nennwert

Offshoremarket | Internationale Finanzgeschäfte von Banken und Unternehmen, die den Finanzmarkt des Landes, in dem sie getätigt werden, nicht berühren und deswegen von wesentlichen nationalen Beschränkungen freigestellt sind. Kennzeichnend für einen Offshoremarket sind außerdem eine weniger strenge Bankenaufsicht und günstigere steuerliche Regelungen. Häufig zahlen ausländische Firmen dort überhaupt keine Steuern. Diese Steueroasen spielen eine wichtige Rolle bei der Steuervermeidung von Unternehmen und der weltweiten Geldwäsche. Bekannte Offshorezentren sind die Cayman Islands oder die Kanalinseln wie Jersey.

Ökologie | (von griech. *oikos*, Haus, Haushalt und *logos*, Lehre, also »Lehre vom Haushalt«) Bezeichnet ursprünglich ein Teilgebiet der Biologie, das sich mit den Wechselbeziehungen der Organismen untereinander und mit ihrer abiotischen Umwelt beschäftigt. Mit dem wachsenden Umweltbewusstsein in der zweiten Hälfte des zwanzigsten Jahrhunderts hat sich der Bedeutungsumfang des Begriffs erweitert. Ökologische Erkenntnisse werden seitdem zunehmend auf gesellschaftliche Bereiche übertragen.

Ökonomie | (von griech. *oikos*, Haus, Haushalt und *nomos*, Gesetz) Wirtschaftswissenschaft, beschäftigt sich mit Wesen, Ordnung, Aufbau, Ablauf und Ziel der Wirtschaft. Je nach untersuchtem Gegenstand spricht man von Betriebswirtschafts- und Volkswirtschaftslehre oder Finanzwissenschaft.

OPEC | (Abk. für *Organization of the Petroleum Exporting Countries*) Organisation

Erdöl exportierender Länder, 1960 in Bagdad gegründet von den Staaten Irak, Iran, Kuwait, Saudi-Arabien und Venezuela, um das bis dahin geltende Preisdiktat der multinationalen Erdölgesellschaften zu durchbrechen. Hauptsitz der Organisation ist Wien. Mittlerweile sind weitere Staaten beigetreten: Algerien, Indonesien, Katar, Libyen, Nigeria und die Vereinigten Arabischen Emirate. Die Preispolitik der OPEC löste in den Siebziger- und Achtzigerjahren Wirtschaftskrisen in den Industrieländern aus und war ein wichtiger Grund für die Schuldenkrise der Entwicklungsländer. Die OPEC agiert als Kartell, da die Mitgliedsländer Förderquoten absprechen.

Operativer Gewinn | Gewinn eines Unternehmens aus der laufenden Geschäftstätigkeit. Erlöse aus dem Verkauf von Tochtergesellschaften und Firmenanteilen oder Erträge aus Finanzanlagen gehören zum Beispiel nicht dazu.

Option | Börsenbezeichnung für die Anwartschaft auf den Erwerb eines Rechts durch eine eigene einseitige Willenserklärung. Durch den Kauf einer Option erwirbt der Käufer das Recht, innerhalb einer bestimmten Frist vom Verkäufer Lieferung (Kaufoption) oder Abnahme (Verkaufsoption) einer bestimmten Anzahl von Wertpapieren zum am Abschlusstag vereinbarten Kurs zu verlangen. Vgl. auch → Call

Optionsanleihe | Eine besondere Anleihe: Der Inhaber bekommt die Anleihe nicht nur verzinst und am Laufzeitende ausgezahlt – er hat außerdem das Recht, vom Schuldner Aktien oder Anleihen zu bekommen.

Order | Börsenauftrag, um eine bestimmte Menge eines Wertpapiers zu kaufen oder zu verkaufen. Kleinanleger können diesen meistens nicht direkt an der Börse tätigen, sondern müssen eine Bank oder einen Online-Makler dazwischenschalten und dafür bezahlen.

Outsourcing | Auslagerung von Unternehmensbereichen in eine eigene Gesellschaft oder zu einem Dienstleister. Auf diese Weise soll flexibler oder billiger gearbeitet werden. In den ausgegründeten Gesellschaften gelten häufig andere oder gar keine Tarifverträge für die Beschäftigten.

Parität | Das im Wechselkurs zum Ausdruck kommende Wertverhältnis zwischen zwei oder mehr Währungen. Bei einer Goldwährung ist die Goldparität maßgebend, also das Wertverhältnis des Währungsgeldes zu einer Gewichtseinheit des Edelmetalls. Bei einer Papierwährung bildet die an einem Warenkorb gemessene Kaufkraftparität die Grundlage für die Ermittlung des Wechselkurses.

Pensionsfonds | Von Unternehmen ausgelagerte Gesellschaften, in denen die Beschäftigten einen Teil ihres Gehalts für die Altersvorsorge ansparen. Vor allem in den angelsächsischen Ländern verbreitet. Problematisch ist es, wenn die Pensionsfonds vor allem in Aktien des eigenen Unternehmens investieren. Dann unterbleibt die notwendige Risikostreuung für die Altersvorsorge. Beschäftigte einiger Unternehmen haben auf diese Weise einen Großteils ihrer Altersrenten verloren. Prominente Beispiele waren die US-Unternehmen Enron und Worldcom, die betrügerisch in Konkurs gingen, zuletzt die Investmentbank Bear Stearns.

Performance | Englische Bezeichnung für die Wertentwicklung beziehungsweise den Anlageerfolg von Kapitalanlagen.

Portfolio | (von lat. *portare*, tragen, und *folium*, Blatt) Bezeichnet die Mischung von Wertpapieren in einem Depot oder einem Fonds.

Präsenzbörse | Urform der Börsen. Verkäufer und Käufer waren beziehungsweise sind dabei im Börsensaal zu festgelegten Uhrzeiten persönlich anwesend. Man unterscheidet Präsenzbörsen von Computerbörsen, bei denen sich die Handelspartner von überall aus einwählen können.

Private Equity-Fonds | Gesellschaften, die privates Beteiligungskapital von privaten und institutionellen Anlegern für meist nicht börsennotierte Unternehmen bereitstellen. Es gibt die Kapitalbeteiligungsgesellschaften, die vor allem in etablierte kleine und mittelgroße Unternehmen investieren. Wagnisfinanzierungsgesellschaften dagegen investieren in junge Unternehmen.

Privatisierung | (lat. *privare*, berauben) Umwandlung von öffentlichem Vermögen wie Staatsbetrieben (Post, Bahn, Versorger) in privaten Besitz.

Put | Bezeichnung sowohl für einen Verkaufsoptionsschein als auch für eine Verkaufsoption. Das heißt: Wer einen Put kauft, erwirbt die Option, einen bestimmten Bezugswert wie eine Aktie, eine Unze Gold oder ein Barrel Öl innerhalb eines festgelegten Zeitraums zum vereinbarten Preis zu verkaufen. Funktioniert umgekehrt wie ein → Call.

Rabatt | (ital. *rabatto*, Abschlag) Preisnachlass. Je nach Ursache des Rabattes spricht man von einem Mengenrabatt, Treuerabatt, Personalrabatt, Wiederverkäuferrabatt oder Naturalrabatt.

Realtime-Kurs | Wirtschaftsrelevante Daten wie Aktienkurse, die in dem Augenblick ermittelt werden, in dem sie tatsächlich entstehen.

Rendite | (von ital. *rendere*, sich rechnen, etwas abwerfen) Unter Rendite versteht man den jährlichen Ertrag einer Kapitalanlage im Verhältnis zum Anschaffungskurs und zum eingesetzten Eigenkapital; im engeren Sinne bezeichnet man damit auch die Verzinsung eines Wertpapiers. Bekannte Renditekennzahl: der Zinssatz.

Revision | In der Wirtschaftswissenschaft bezeichnet der Begriff eine unabhängige Überprüfung der Geschäftstätigkeit, häufig durch Wirtschaftsprüfer (Revisor). Berühmtes Beispiel: Der Revisor im gleichnamigen Theaterstück von Nikolai Gogol.

Rezession | Abwärtsphase mit leicht »rückläufigem Wirtschaftswachstum« im Konjunkturverlauf einer Volkswirtschaft mit seinen Auf- und Abwärtsbewegungen.

Saldo | Differenz aus Soll und Haben, beispielsweise auf dem Konto: Bei einem positiven Saldo gibt es ein Guthaben, bei einem negativen eine Schuld.

Schuldverschreibungen | Im Wertpapierbereich die Sammelbezeichnung für eine Urkunde, in der sich der Aussteller (Schuldner) dem Gläubiger gegenüber verpflichtet, eine bestimmte geliehene Geldsumme nach Ende der Laufzeit zurückzuzahlen und während der Laufzeit Zinsen zu zahlen.

Sektor | Das Wirtschaftsgeschehen wird in Sektoren eingeteilt. In der Wirtschaftswissenschaft bezeichnet man die Land- und Forstwirtschaft als Primärsektor, die Industrie als Sekundärsektor und die Dienstleistungen als Tertiärsektor.

Shareholder-Value | Im engeren Sinn der Wert eines Unternehmens für seine Aktionäre, die »Shareholder«, wörtlich Anteilseigner. Seit den Achtzigerjahren bezeichnet man damit außerdem die Ausrichtung des Managements am Shareholder-Value, also an einer größtmöglichen Vergrößerung des Aktionärsvermögens. Im Gegensatz dazu steht oft die Berücksichtigung der Interessen anderer mit dem Unternehmen verbundenen Gruppen, der »Stakeholder« – wie Gläubigern, Arbeitnehmern oder der Gesellschaft.

Skonto | Belohnung für schnelle Bezahlung. Wer Rechungen innerhalb einer bestimmten Zeit begleicht, darf einen prozentualen Preisnachlass abziehen.

Spekulation | Alle Verhaltensweisen, die darauf abzielen, unter Inkaufnahme eines bestimmten Risikos einen Gewinn zu erzielen, zum Beispiel aus einer erwarteten Veränderung eines Waren- oder Rohstoffpreises, eines Wertpapierkurses oder einer Währung. Berufsmäßige Spekulation findet vor allem an den Börsen statt. Hier spekulieren sowohl Händler von Unternehmen (Banken, Hedgefonds, Beteiligungsgesellschaften) als auch Privatpersonen. Käufer rechnen in der Regel mit steigenden, Verkäufer mit fallenden Kursen. Bei Termingeschäften (vgl. → Terminbörse) können auch fallende Kurse für Verkäufer von Vorteil sein.

Sperrminorität | Wo eine Sperrminorität vorgegeben ist, kann eine bestimmte Minderheit einen Mehrheitsbeschluss verhindern. Durch eine Sperrminorität von meist 25 Prozent können bei Abstimmungen auf Hauptversammlungen von Aktiengesellschaften Beschlüsse vereitelt werden, für die eine Dreiviertelmehrheit notwendig ist.

Stoxx | Eine Familie von Aktienindizes (→ Indizes), die seit 1998 von einem Gemeinschaftsunternehmen mehrerer Börsen und dem Medienunternehmen Dow Jones berechnet wird. So spiegelt der Dow Jones Euro Stoxx 50 die Kursentwicklung der 50 führenden Standardwerte der Euro-Länder wider.

Subventionen | Staatliche Unterstützungsleistungen, als Zahlung direkter Fördergelder oder durch steuerliche Vergünstigungen, beispielsweise in Sonderwirtschaftszonen. Subventionen gewährt der Staat auch Privatpersonen, beispielsweise in Form von Wohngeld – hier spricht man allerdings auch von Transferzahlungen oder Sozialhilfe. Mit Subventionen soll ein bestimmtes wirschaftliches Verhalten gefördert werden, derzeit spielen sie bei der Etablierung von alternativen Energietechnologien wie Solarenergie oder Windkraft eine große Rolle. Subventionen werden auch gezahlt, um die Folgen wirtschaftlichen Strukturwandels für eine betroffene Region oder Branche zu lindern, wie zum Beispiel im Bergbau oder der Landwirtschaft. Subventionen müssen vom Prinzip her nicht zurückgezahlt werden – es sei denn, die Subventionsempfänger verstoßen gegen bestimmte Auflagen.

TecDAX | Im TecDAX sind 30 der 35 größten deutschen Technologiewerte hinsichtlich der Marktkapitalisierung und des Orderbuchumsatzes zusammengefasst. Vierteljährlich wird neu entschieden, welche neuen Werte eventuell in den TecDAX aufgenommen werden und welche herausfallen.

Terminbörse | Hier werden standardisierte Geschäfte für einen fixen Liefertermin in der Zukunft abgeschlossen. Termingeschäfte können auf Waren, Devisen, Wertpapiere oder Aktienindizes geschlossen werden. Es gibt Termingeschäfte, bei denen beide Vertragspartner das Geschäft zu den festgelegten Bedingungen abwickeln müssen, beispielsweise bei Futures. Dagegen kann beim bedingten Termingeschäft ein Vertragspartner gegen die Zahlung einer Prämie von dem Geschäft zurücktreten, wie zum Beispiel bei Optionsgeschäften. Ursprünglich dienten Termingeschäfte dazu, sich gegen bestimmte Risiken abzusichern. Landwirte können so einen bestimmten Verkaufspreis für ihre Ernte in der Zukunft sicherstellen und damit besser kalkulieren. Heute nützen Termingeschäfte vielfach Spekulanten, zum Beispiel wenn diese auf bestimmte Währungsentwicklungen wetten.

Tilgung | Die Rückzahlung einer Geldschuld, der sogenannten Verbindlichkeit, entweder auf einen Schlag oder in Raten. Eine langfristige Tilgung bezeichnet man auch als Amortisation. Die regelmäßigen Tilgungs- und Zinszahlungen ergeben den Schuldendienst, ob von Privatpersonen, Unternehmen oder Staaten.

Trade-off | (engl. für Gegenleistung, Kompromiss) Wird im Deutschen unterschiedlich verwendet. Im Allgemeinen beschreibt er das Abwägen zwischen zwei gegenläufig voneinander abhängigen Aspekten. Ein Trade-off liegt vor, wenn man eine Verbesserung eines Aspektes nur unter Inkaufnahme der Verschlechterung des anderen Aspektes erreichen kann. Man kann den Begriff deswegen gut mit Zielkonflikt beschreiben. In der Wirtschaft meint er die wechselseitige Abhängigkeit von Kosten und Qualität. Für eine hohe Qualität muss man hohe Kosten in Kauf nehmen, umgekehrt sinkt die Qualität bei geringeren Kosten – zwischen diesen beiden Eigenschaften besteht also ein Trade-off.

Trading | Englische Bezeichnung für Handel.

Tranchen | Teil einer Emission, die aus markttechnischen Gründen in mehreren Schritten erfolgt. So werden insbesondere Anleiheemissionen aufgelegt.

Trust | Bezeichnung für das Gebilde, das entsteht, wenn Unternehmen sich zusammenschließen und rechtliche und wirtschaftliche Selbstständigkeit verlieren. Eine Fusion von Unternehmen zum Trust erfolgt durch die Übernahme des Vermögens der übertragenen Gesellschaft oder durch die Verschmelzung der Unternehmen und die anschließende Bildung einer neuen Gesellschaft.

Übernahme, feindliche | Ein Unternehmen übernimmt ein anderes, meist durch den Kauf der Aktienmehrheit. Dafür macht das Unternehmen den Aktionären ein entsprechendes Angebot, denn die Mehrheit der Aktionäre muss einer Übernahme bei einer Hauptversammlung zustimmen. Erfolgt eine Übernahme gegen den Willen des Managements des betreffenden Unternehmens, spricht man von einer feindlichen Übernahme. In einer der größten feindlichen Übernahmen hat der britische Vodafone-Konzern im Jahr 2000 Mannesmann geschluckt.

Vermögenswirksame Leistungen | Eine staatliche Subvention, mit der die Vermögensbildung von Arbeitnehmern gefördert wird.

Volatilität | Ausmaß von Preis- oder Kursschwankungen.

Washington Consensus | Ein Paket wirtschaftspolitischer Maßnahmen, die Regierungen zur Förderung von wirtschaftlicher Stabilität und Wachstum durchführen sollten. Dazu zählen unter anderem die Förderung der Exportwirtschaft, die Privatisierung von öffentlichen Betrieben und der Abbau von staatlichen Subventionen. Dieses Konzept wird von IWF und Weltbank propagiert und gefördert. Siehe auch Kapitel XX.

Wechsel | Ein schuldrechtliches Wertpapier, das eine schriftliche, unbedingt jedoch befristete Zahlungsverpflichtung in gesetzlich vorgeschriebener Form enthält. Der gezogene Wechsel stellt eine Anweisung des Ausstellers an den zahlungspflichtigen Bezogenen dar, zu einem bestimmten Zeitpunkt eine bestimmte Geldsumme an den im Wechsel genannten Wechselnehmer zu zahlen. Man unterscheidet nach dem Anlass der Wechselbeziehung Handelswechsel oder Warenwechsel, Finanzwechsel und Kautionswechsel. Der Wechsel ist als Kreditpapier eine der Grundlagen der Kreditschöpfung der Banken. Gegen die Vorlage von Wechseln können Banken bei der Zentralbank Notenbankgeld erhalten und damit ihr Kreditgeschäft auweiten.

Wechselkurs | Der Preis für → Devisen. Der Wechsel- oder Devisenkurs wird entweder vom Staat festgelegt (fester Wechselkurs) oder bildet sich durch Angebot und Nachfrage auf dem Markt (freier Wechselkurs).

Weltbank | Bank für Wiederaufbau und Entwicklung. Ursprünglich gegründet für den Wiederaufbau von Europa nach dem Zweiten Weltkrieg. Schon bald nach der Gründung kümmerte sich die Weltbank um die ehemaligen Kolonien.

Xetra | Abkürzung für den Online-Börsenplatz »EXchange Electronic TRAding«.

Zertifikate | Wertpapiere in der Rechtsform einer Schuldverschreibung beziehungsweise Anleihe. Ein Zertifikat steht für die Zweitverbriefung eines Basiswertes oder -papiers, es handelt sich damit um ein Derivat oder »strukturiertes Finanzprodukt«. 1989 wurde erstmals von einer Bank ein Zertifikat emittiert und an der Börse gehandelt. Zertifikate werden im Gegensatz zu Fonds vorwiegend direkt an Endkunden verkauft.

Zins | Der Preis für die Überlassung von Kapital. Die Höhe des Zinses hängt vor allem von Angebot und Nachfrage ab. Zwischen den Gläubigern und Schuldnern vermitteln die Banken. Man unterscheidet Aktivzinsen (Sollzinsen), die man auf eine Schuld bezahlt, und Passivzinsen (Habenzinsen), die man für Guthaben bekommt.

| Helmut Creutz
Das Geld-Syndrom. Wege zu einer krisenfreien Wirtschaftsordnung
5. überarbeitete Neuausgabe, München 2001

| Max Deml, Hanne May
Grünes Geld. Jahrbuch für ethisch-ökologische Geldanlagen 2005/2006
Stuttgart 2005

| Wuppertal Institut für Klima, Umwelt, Energie
Fair Future. Begrenzte Ressourcen und globale Gerechtigkeit
München 2005

| Eduardo Galeano
Die offenen Adern Lateinamerikas. Die Geschichte eines Kontinents
7. Auflage, Wuppertal 1991

| Alan Greenspan
Mein Leben für die Wirtschaft. Die Autobiografie
Frankfurt am Main 2007

| Johannes Hoffmann, Gerhard Scherhorn
Saubere Gewinne. So legen Sie Ihr Geld ethisch-ökologisch an
Freiburg im Breisgau 2002

| Jörg Huffschmid
Politische Ökonomie der Finanzmärkte
Hamburg 2002

| Jörg Huffschmid, Margit Köppen, Wolfgang Rhode
Finanzinvestoren: Retter oder Raubritter? Neue Herausforderungen durch die internationalen Kapitalmärkte
Hamburg 2007

| Bernard A. Lietaer
Das Geld der Zukunft. Über die destruktive Wirkung des existierenden Geldsystems und die Entwicklung von Komplementärwährungen
2. Auflage, München 1999

| Angela Maier
Der Heuschreckenfaktor. Finanzinvestoren in Deutschland
München 2007

| Jacob Needleman
Geld und der Sinn des Lebens
Frankfurt am Main, Leipzig 1993

| **Erik Orsenna**
Weiße Plantagen. Eine Reise durch unsere globalisierte Welt
München 2007

| **Hermann Scheer**
Die Politiker
München 2003

| **Ernst Friedrich Schuhmacher**
Small is Beautiful. Die Rückkehr zum menschlichen Maß
Bad Dürkheim 1993

| **Harald Schumann, Hans-Peter Martin**
Die Globalisierungsfalle. Der Angriff auf Demokratie und Wohlstand
Hamburg 1996

| **Richard Sennett**
Die Kultur des Neuen Kapitalismus
2. Auflage, Berlin 2005

| **Peter Sloterdijk**
Im Weltinnenraum des Kapitals
Frankfurt am Main 2005

| **Joseph Stiglitz**
Die Schatten der Globalisierung
Berlin 2002

| **Ernst Ulrich von Weizsäcker**
Grenzen der Privatisierung. Wann ist des Guten zu viel?
Bericht an den Club of Rome
Stuttgart 2006

| **Peter Watson**
Ideen. Eine Kulturgeschichte von der Entdeckung des Feuers
bis zur Moderne
München 2005

| **Michael Walzer**
Sphären der Gerechtigkeit. Ein Plädoyer für Pluralität und Gerechtigkeit
Frankfurt am Main 1998

| **Jean Ziegler**
Das Imperium der Schande. Der Kampf gegen Armut und Unterdrückung
München 2005

Mark Mobius
Emerging Markets
Fondsmanager, Managing
Director der Templeton
Asset Management Ltd.,
Singapur

Karafahan Tani
Baumwollbäuerin

Mirko Kovats
Industrieller,
Gründer und
Vorstandschef
der A-Tec

Francis Kologo
Produktionsleiter der
Baumwollfirma Sofitex

K. Sujatha Raaju
Abschluss
Wirtschaftsstudium
an der Universität
von Chennai

Animata Kompaore
fegt den Boden und
sammelt die Kieselsteine
ein, die sie dann für
ein Essen verkauft

Raj Kalaiselvan
wohnt im Slum,
möchte Anwalt werden
und die Korruption
bekämpfen

George Belton
Obdachloser
aus dem CCNV

Gerhard Schwarz
Journalist
und Autor;
Ressortleiter
NZZ Wirtschaft

John Perkins
ehemaliger
Economic
Hitman und
Buchautor

John Christensen
ehemaliger Wirtschafts-
berater der Regierung
von Jersey, Direktor
Internationales Sekretariat
Tax Justice Network

Werner Rügemer
Lehrbeauftragter
an der Universität
Köln, Autor

Yves Delisle
Agronom

Hermann Scheer
Mitglied des Deutschen
Bundestags, alternativer
Nobelpreis 1999,
Publizist und Autor

Anton Schneider
Managing Director eines
Privat-Equity-Fonds

Antonio Baena Perez
Sprecher
der Baufirma
Azata del Sol

Miguel Angel Torres
Vermessungsbeamter,
beobachtet seit 18 Jahren
die Entwicklung des
Bauprozesses an der
Costa del Sol

Ramón Fernández Durán
Professor für Städtebau,
(Universität Carlos III,
Madrid), Urbanist
und Buchautor

Laureano Ruiz Liaño
Immobilienverkäufer
bei Polarisworld

Terry Le Sueur
Stellvertretender
Ministerpräsident
und Finanzminister
von Jersey

Ein Film von | Erwin Wagenhofer
Assistenz | Lisa Ganser
Produzent | Helmut Grasser
Herstellungsleitung | Katharina Bogensberger
Beratung/Recherche | Corinna Milborn
Ton | Lisa Ganser
Musik | Helmut Neugebauer
Tonschnitt | Nina Slatosch
Tonmischung | Thomas Kathriner
Postproduktion | Martin Seiter
Montage | Lisa Ganser | Paul M. Sedlacek | Erwin Wagenhofer
Schnitt | Paul M. Sedlacek
Buch | **Kamera** | **Regie** | Erwin Wagenhofer
Aufnahmeleitung | Heidi Hasenzagel | Sabine Zhang
Grafik | Thomas Esterer | Christine Horn
Beleuchter | René Geske | Werner Stibitz
Filmgeschäftsführung | Tina Thurner
Marketing | Elisabeth Hinterholzer
Postproduktionskoordination | Elfi Freudenthaler
Farbkorrektur | Willi Willinger
Rückbelichtung | Herbert Fischer
Übersetzung | **Untertitel** | Isolde Schmitt
Übersetzungen | Haide Flores | Christine Hinterholzer | Salia Konaté | Praved Krishnapilla | Kris Krenn-Sicheritz | Corinna Milborn | Sabine Zhang
Fahrer | Sékou Bidiga | M. Mani | Solo Zoumbé
Piloten | Jorge Arias | Alvaro Garcia Gonzales
Teamarzt | Christian Konzett
Dank an | Margaret Akagwir | Chris Anderson | Stefanie Andrej | Jeffrey Ballinger | Martin Baltes | Brigitte Bauchinger | Christine Bauer-Jelinek | Ulrich Baumann | Herwig Büchele | CCNV | Juan Calvente | Alfred Cipera | Caspar Dohmen | Christian Felber | Erhard Glötzl | Hannes Hauser | Wolfgang Held | Christian Hoose | Jörg Huffschmid | Joseph James | Erich Kitzmüller | Sabine Kriechbaum | Karin Kübelböck | Ferdinand Lacina | Undine Löhlfelm | Martha's Table | Spitou Mendy | Moreau | Oebs | Daniel Owusu-Koranteng | Hannah Owusu-Koranteng | Stefan Prager | Raaju Raaju | Petra Radeschnig | Kunibert Raffer | Joana Reuterer | Christoph Robol | Günter Robol | Elke Rohmer | Renate Schlichting | Katharina Schneider | Stephan Schulmeister | Bea Schwager | Hubert Silecki | Spatz | Robert Josef Stadler | Street Sense | Mathilde Stanglmayr | Heini Staudinger | Johannes Stiedl | Erich Unger | Peggy Wang | Martin Walker | Brigitte Walter | Bernhard Walpen | Hans Weiss | u.v.m.
In Zusammenarbeit mit dem ORF. Hergestellt mit der Unterstützung des Österreichischen Filminstituts und des Filmfonds Wien.
© Allegrofilm 2008
www.lets-make-money.info | www.letsmakemoney.at

Bildnachweis | Alle Bilder © Erwin Wagenhofer

Dank | Der Autor dankt Thekla Dannenberg, David Klingenberger und Ludwig Dohmen. Der Verlag dankt Annika Herter, Katrin Seifert und Anne Wilcken.

WE FEED THE WORLD
Das Buch zum Erfolgsfilm von Erwin Wagenhofer.
Hintergründe zu den Folgen der globalisierten
Lebensmittelproduktion.

Vor *Let's Make Money* hat Erwin Wagenhofer mit *We Feed the World* einen Film gedreht, der das ungetrübte Verhältnis zu unserem Lieblingsgemüse, der Tomate, erschüttert hat.

Mit eindrücklichen Bildern von der Produktion unserer wichtigsten Energiequelle, der Nahrung, führte er uns vor Augen, was unser Konsum hinter den Kulissen der makellosen Produkte und ihrer Werbung anrichtet. Im Buch präsentiert er zusammen mit Max Annas die ausführlichen Recherchen zum Film. Die Autoren liefern die Hintergründe einer nur scheinbar im Dienste des Konsumenten global operierenden Lebensmittelindustrie und schildern die Wirklichkeit bei der modernen Produktion von Milch, Gemüse, Brot, Fisch, Fleisch und Wasser – und werfen die Frage auf, welche Auswege es aus diesem durchindustrialisierten System gibt, zum Wohl von Erzeugern, Verbrauchern und Natur.

15 x 20 cm | Fadenheftung | Klappenbroschur
192 Seiten | mit 32 Seiten farbigen Filmstills
ISBN 978-3-936086-26-3